Renate Hücking/Ekkehard Launer
Aus Menschen Neger machen

Die Photos und Karten in diesem Buch stammen (bis auf die aktuellen Aufnahmen der Autoren) aus zeitgenössischen Veröffentlichungen. Für Unterstützung bei der Bildersuche bedanken wir uns bei der Staats- und Universitätsbibliothek Carl von Ossietzky, Hamburg, sowie der Bibliothek des NDR. Ohne die Hilfe des Instituts für Angewandte Botanik der Universität Hamburg würden die schönsten Fotos fehlen: Seine Bibliothek stellte uns freundlicherweise mehrere Jahrgänge der Zeitschrift „Kolonie und Heimat" zur Verfügung. Dem Unionsverlag, Zürich, danken wir für die Abdruckgenehmigung der Gedichte von René Philombe („Bürgerklage-Gedichte").

CIP-Kurztitelaufnahme der Deutschen Bibliothek
Hücking, Renate: Aus Menschen Neger machen: wie sich
d. Handelshaus Woermann an Afrika entwickelt hat
Renate Hücking; Ekkehard Launer. — 1. Aufl. —
Hamburg: Galgenberg, 1986
ISBN 3-925387-08-0

© by Verlag am Galgenberg, Neuer Pferdemarkt 13
2000 Hamburg 6
Titelgestaltung Jan Buchholz
Titelfoto Baernd Fraatz
Titellithografie Graphische Kunstanstalt Bornemann, Hamburg
Satz- und Lithografieherstellung
Satz- & Repro Kollektiv GmbH, Hamburg
Gesetzt aus der Garamond Buch
Druck und Bindung
Graphische Betriebe Ebner Ulm
1. Auflage März 1986
ISBN 3-925387-08-0

Renate Hücking/Ekkehard Launer

Aus Menschen Neger machen

Wie sich
das Handelshaus Woermann
an Afrika entwickelt hat

Mit einem Vorwort von
Luc Leysen

Galgenberg

Inhalt

Luc Leysen: „Jeune Afrique" 5

Spurensicherung: Groß Soppo, 100 Jahre danach 9

Wie Pfeffersäcke wachsen
oder: Wie das Handelshaus C. Woermann das Grab des
weißen Mannes entdeckt 17

Von Kru, Dash und Trust
oder: Wie Adolph Woermann die Schuldenfalle aufstellt 31

Kamerun wird Kolonie
oder: Wie Kaufmann Woermann Reichskanzler Bismarck
einspannt und die Flagge dem Handel folgt 47

Die Branntweinpest
oder: Warum Adolph Woermann ostpreußischen
Negerschnaps als Kulturreiz preist 63

Spurensicherung: St. Pauli ist überall 73

Die Züchtigung der Kameruner
oder: Wie dem Woermannschen Handel der Weg gebahnt wird ... 79

Aus Menschen Neger machen
oder: Weshalb Gottesmänner auf Woermann-Schiffen
Rabatt erhalten 91

Spurensicherung: Verrückte Maßstäbe 105

Agro-Business
oder: Wie Adolph Woermann Kakao anpflanzt, um den
Deutschen das Leben zu versüßen 115

Monopole kontra Freihandel
oder: Wie Adolph Woermann mit einem Fünftel Kameruns
an der Börse spekuliert 133

Spurensicherung: Bauern-Los 147

Afrikaner als Aktivposten
oder: Warum die Woermanns öffentlich über die Vermehrung
der Neger nachdenken 151

Gewinn und Verlust
oder: Warum Adolph Woermann plötzlich als Kriegsgewinnler
dasteht 167

Vom Werden deutscher Größe
oder: Wie Woermanns Afrika-Haus zwei Weltkriege übersteht .. 181

Spurensicherung: Muster ohne Wert 191

Literatur 199

Luc Leysen
„Jeune Afrique"

Von schmunzelnden, selbstkritischen Afrikanern habe ich den Witz oft gehört: Ein reicher Geschäftsmann, korpulenter Mercedes-Fahrer aus einer westafrikanischen Großstadt, Lagos meinetwegen, bekommt nach der Untersuchung von seinem Arzt zu hören, daß er sich einer kleinen, ungefährlichen Operation wird unterziehen müssen und daß örtliche Betäubung, »local anaesthetic«, dabei nicht zu vermeiden sein wird. Der Patient reagiert prompt und empört: »Oh no, doctor, I beg you! Not local — international!«

Die Zeitschrift »Jeune Afrique-Magazine« wird in Paris vom florierenden J.-A.-Konzern verlegt und in den frankophonen Ländern Westafrikas für teures Geld — 500 Francs CFA, immerhin 3,50 Mark — verkauft; eine bunte Illustrierte, die »Paris-Match« des schwarzen Menschen. Die jüngste Ausgabe auf meinem Schreibtisch enthält: eine Titelgeschichte über Diana Ross; Rezensionen von drei amerikanischen und einem französischen Spielfilm; Porträts des Fußballspielers Platini und des Couturiers Azzaro; eine zehnseitige »Publi-Reportage« über den unbezahlbaren Diamantenschmuck des Pariser Juweliers Fred; Farbfotos über die langen Nächte in den »boîtes black«, den afrikanischen Schickeria-Lokalen von Paris; Anzeigen für »Eau Sauvage« von Dior, Mercedes, die neueste Revue des »Lido«, Martini und Givenchy; einen Fahrtest mit dem neuen Peugeot 309 und folgende Inserate mit Korrespondenzwünschen:
- Julie Williams (Cape Coast, Ghana), 22, Hobbies: Basketball, Musik, Disko, Tennis, Englisch.
- Mariam Fofana (Dakar, Senegal), Malierin, 16, Schülerin in Dakar, mag Michael Jackson, Wham, Bonnie Tyler, Kim Wilde, Musik und Hindu-Filme.
- Marie-Nadia Assogba (Lomé, Togo), 19, liebt Reisen und Musik. Alle Länder Europas, am liebsten Frankreich.

Für die Elite, die es sich leisten kann, für die häufig europeanisierte Führungsschicht der afrikanischen Städte, aber zunehmend auch für junge Leute in der Provinz ist nur Importiertes begehrt und Europa immer noch ein unumstrittenes Idealbild. Ein fast promiskuer Umgang mit europäischer Kultur und Sprache, der Besitz ausländischer Luxusgüter und mindestens eine Reise-Erfahrung im Großraumjet nach Norden: Das alles glauben sie zu brauchen, weil es sie angeblich vom Neger zum Menschen macht ... Ihre Haltung ist das Produkt einer penetranten weißen

Präsenz in Afrika, die lange *vor* Woermann begonnen hat, in der Kolonialzeit ihren Höhepunkt erlebte und noch heute, lange *nach* Woermann, andauert. Dieses Buch beschreibt am Beispiel eines deutschen Handelsimperiums, wie brutal die europäische Einmischung das Wirtschaftsleben, das Denken, die Verhaltensweisen, den Alltag von Afrikanern geprägt hat.

Schlösser an der Küste von Ghana: Am Gestade, das sie »Goldküste« nannten, bauten Europäer schon im 15. Jahrhundert — wie gesagt, lange vor Woermann — Burgen, Festungen und Faktoreien. Portugiesen, Holländer, Briten, Franzosen, Dänen und Schweden tauschten Wertloses gegen Sklaven und Gold, bekriegten sich gegenseitig unter Palmen, um Geschäftsprivilegien mit afrikanischen Königen zu erobern. Und, viele haben es vergessen, auch der brandenburgische Kurfürst Friedrich Wilhelm blieb nicht unbeteiligt. Am Ende des 17. Jahrhunderts ließ er an der Goldküste eine Festung bauen, die er Groß-Friedrichsburg nannte. Seine Schiffe transportierten Sklaven, mindestens 30.000, über den Atlantik. Damals fing die Begegnung an, deren Spuren dem Afrika-Reisenden bis heute fast täglich in jedem Land des Kontinents begegnen.

Es gibt den »dash«, der immer noch so heißt. »Master, dash me proper«, ist bis heute ein vielgehörter Ausdruck in Westafrika. Will der Reisende nicht auf notwendige Dienstleistungen verzichten oder will er längere Aufenthalte an den »road blocks« vermeiden, dann tut er gut daran, postkoloniale Bedenken wegzustecken und für das kleine pekuniäre Geschenk in die andere Tasche zu greifen.

Es gibt das kräftige, saftige, multinationale Pidgin-Englisch, das fast jeder an der westafrikanischen Küste, auch in vielen frankophonen Ländern, versteht. Wörter wie »pikin« (Kind), »sabie« (wissen) und »asparti« (Sandale) verraten frühen portugiesischen Einfluß.

Es gibt die Ressentiments gegen die Küstenvölker, die noch heute von denen im Inland gehegt werden. Bevor die Weißen kamen, galten sie nichts: Sie waren Fischer, Punkt. Denn die traditionellen Handelswege waren kontinental, verliefen quer durch die Sahara, Richtung Mittelmeer. Dann aber wurden die Chiefs an der Küste die Vertrauensmänner der europäischen Händler, sie handelten sogar mit menschlicher Ware. Und so gelten sie bis heute als Kollaborateure des weißen Mannes.

Und es gibt, immer noch, den Schnaps, der noch heute, völlig komplexlos, als Mitbringsel für jeden Besuch bei einem traditionellen Würdenträger geschätzt wird. Allerdings kommt er nicht länger aus Deutschland. Das Getränk wird im holländischen Schiedam, vermutlich als minderwertiges Nebenprodukt, eigens für den westafrikanischen Markt von namhaften, geschäftstüchtigen Spirituosenherstellern destilliert. Die Flaschen tragen auf dem Etikett den Namen »Aromatic Schnapps« und den Hinweis, der Inhalt sei gerade bei tropischen Temperaturen zu empfehlen...

Deutsche Spuren sind rar geworden in Afrika: Die Männer des Kaisers und die Vertreter von Woermann mußten ja gehen, bevor sie einen bleibend schlechten Eindruck hinterlassen konnten. Nur gelegentlich sieht man ein Bauwerk, das deutsche Wertarbeit vermuten läßt, oder trifft einen alten Herrn, der noch ein paar Brocken Deutsch spricht — und denkt. Als ich den rührigen, rührenden Robinson Lambe, der den Autoren bei der »Spurensicherung« hilft, vor einigen Jahren in Buea besuchte, erzählte er von einem Landsmann, der damals als Koch beim deutschen Pflanzungsdirektor diente: »Der war sauber, sehr sauber!« Ansonsten begegnet man, beispielsweise in Togo, jungen Menschen, die sich stolz an einen Großvater in deutscher Uniform erinnern: verklärte Nostalgie oder »goodwill« für den fremden Gast, mehr nicht.

Frischer noch, und deshalb sichtbarer, sind die Spuren aus der jüngeren Kolonialzeit — zumal der massive kulturelle Einfluß des jeweiligen »Mutter«-Landes nicht nachgelassen hat. Die Beispiele sind unzählbar, oft amüsant, fast immer tragikomisch.

So ist in Zaire der Sprachenstreit in der ehemaligen Kolonialmacht Belgien nicht unbeachtet geblieben — »sale Flamand!« ist bis heute ein beliebtes Schimpfwort.

Orts- und Straßennamen haben vielfach ihre willkürliche Bezeichnung aus der Kolonialzeit behalten. Kaum eine Stadt im frankophonen Afrika, die keine »Avenue Charles de Gaulle« vorzuzeigen hätte. Und manche Stadtteile heißen immer noch so, wie ein phantasieloser Kolonialverwalter sie einst nannte: »Quartier Numéro 4«, »Kilomètre Trois« oder »Mile Two«.

Der Zwang zur Fremdsprache — Englisch, Französisch oder Portugiesisch — ist ein Erbe, mit dem jede der ehemaligen Kolonien fertigwerden muß. Hoffnungslos fast, daß nur eine Minderheit die fremden Amtssprachen perfekt beherrscht — aber erfrischend oft, mit wieviel Phantasie (Neuschöpfungen, Sprichwörter, Slang) Afrikaner mit ihnen umgehen.

Konkret auch die Spuren der britischen Kolonialzeit in den englischsprachigen Staaten Afrikas: die Titel, die Bezeichnung politischer Organe, das Rechtssystem, die Schuluniformen, die schneeweißen Perücken von Richtern und Bürgermeistern. Das Schild, das am Heck nigerianischer Lkws die Höchstgeschwindigkeit angibt: 56 km/h — das waren einmal britische Meilen. Und der Desinfektionsstoff »Dettol«, der in den anglophonen Städten verwendet wird und einen Geruch wie in der Londoner U-Bahn verbreitet.

Das ist in den frankophonen Ländern ganz anders: Da riecht es nach »Eau de Javel«, wie in der Pariser Metro... Die einst französischen Kolonien sind überhaupt viel französischer als die britischen englisch. Das Schulsystem, das in der Kolonialzeit jungen Afrikanern einpaukte, ihre Vorfahren seien die alten Gallier, hat funktioniert. Wer in Afrika Französisch spricht, bemüht sich um einen Wortschatz, der manchen »académicien« erblassen ließe. Die Frage nach den Regenfällen des vergangenen Jahres beantworten Dorflehrer im Sahel mit einer komplizierten Satzkonstruktion, in der von einer »pluviométrie inadéquate au niveau du village« die Rede ist. In jeder Provinzstadt werden baguettes verkauft, liest man — siehe oben — »Jeune Afrique-Magazine«, laufen französische Fernsehsendungen auf den Videogeräten und hört man Radio »Africa No. 1« aus Libreville — Werbung und jingles wie bei RTL-Französisch. In jedem Dorf findet sich mindestens ein »ancien combattant«, ein Veteran, der stolz seine Medaille aus dem Zweiten Weltkrieg vorzeigt. Und überall junge Menschen mit der gleichen traurigen Frage: »Nimm mich mit nach Paris...«

Die Afrikaner stehen im Konflikt zwischen der eigenen Kultur — ein Wunder fast, daß sie überhaupt überlebt hat — und einer Zivilisation, die einst weiße Seefahrer, Händler, Missionare und Gouverneure importierten und die sich auch heute noch in Billigfilmen, Anzeigen, Trivialliteratur und Videokassetten von ihrer schäbigsten Seite zeigt. Dennoch: Es wäre zu simpel, die Afrikaner nur als hilflose Opfer eines brutalen weißen Kulturimperialismus zu sehen. Natürlich sind sie der ständigen Gefahr einer totalen Überfremdung ausgesetzt — und die kritischeren unter ihnen wissen das. Aber mit den Errungenschaften des Abendlandes gehen sie inzwischen beneidenswert virtuos, leger und flexibel um — mit Sprache und Technik genauso wie mit Religion. Gerade die Missionierung, den wohl radikalsten Eingriff des weißen Mannes in ihren Alltag, haben die Menschen in Afrika mittlerweile recht gut verkraftet. Vom Christentum pflücken sie nur jene Dogmen und Liturgien, die ihnen sinnvoll erscheinen und mit dem Glauben der Ahnen harmonieren. Ich kenne mehrere Familienväter, die *ein* Kind zu den Patres schicken, *eins* in die Koranschule und *eins* zum Geheimbund im Heiligen Wald, in der festen Überzeugung, daß es keinem schadet und daß wenigstens eines es zu etwas bringen wird... Im Kontakt mit fremden Kulturen zeigen sich Afrikaner anpassungsfähig und dennoch wählerisch — Qualitäten, die auch die Pfeffersäcke aus Hamburg nicht kaputtgekriegt haben.

Brüssel, im Januar 1986

Luc Leysen ist ARD-Korrespondent für Westafrika.

Spurensicherung: Groß Soppo, 100 Jahre danach

> HALT BITTE
> MOMENT
> DEUTSCHE UNTERHALTUNG
> LAMBE

Feinsäuberlich ist Buchstabe für Buchstabe mit schwarzer Farbe handgemalt. Das Schild prangt an einer Schirmakazie, gut sichtbar, wenn man die leicht ansteigende Teerstraße nach Buea fährt. Unter dem Baum steht, zum Plaudern einladend, eine roh gezimmerte Bank. Die Wäscheleine zwischen Baum und Veranda weist den Weg in das mittlere der kleinen Holzhäuser, dahin, wo der deutschkundige Kameruner zu finden ist. Ein ausgeschlachteter Eisschrank vor seiner Haustür zeugt von Wohlstand, zumindest von vergangenem Tropenluxus. Ein Lehrer vielleicht? Jemand, der in Deutschland studiert hat und nun sprachlich nicht aus der Übung kommen will? Die Wäsche auf der Leine gibt keinen Aufschluß darüber, wer hier in Groß Soppo den Reisenden bittet, eine Rast einzulegen, um sich mit ihm, dem Unbekannten, zum Plausch auf die Bank zu setzen.

Eigentlich sind wir gekommen, um uns Buea anzuschauen — einstmals die Hauptstadt der deutschen Kolonie Kamerun. Ihre historische Bedeutung verdankt die Ortschaft ihrer Lage in luftiger Höhe etwa 1000 Meter über dem Meeresspiegel. Wir bleiben vorerst in Groß Soppo, neugierig auf die Einladung zu deutscher Unterhaltung.

Ein etwa zehnjähriger Junge öffnet die Tür. Ohne daß wir unser Anliegen vortragen, weiß er Bescheid. Ganz geschäftsmäßig und selbstverständlich führt er uns vorbei an dampfenden Töpfen in ein kleines Zimmer gleich links hinter der Küche. Ein Mann erhebt sich vom Bett und lädt uns ein, auf der Bettkante Platz zu nehmen.

Erst langsam gewöhnen sich die Augen an das Halbdunkel im Zimmer. Vor uns sitzt ein grauhaariger Afrikaner im Morgenmantel. Er begrüßt uns auf deutsch, stellt sich vor, entschuldigt sich, daß er uns so empfangen müsse, doch sei er krank, habe sich bei einem Sturz verletzt und leide obendrein noch an Kreislaufschwierigkeiten.

Es ist Robinson Lambe.

Eher kokett als Verständnis heischend erwähnt er sein Alter.

„Ich schätze mich auf 99 oder 100 Jahre, genau weiß ich das nicht."

Wo er denn so gut Deutsch gelernt habe? Seine Lebensgeschichte wollen wir hören, und überhaupt, er soll uns von früher erzählen.

Bis vor ein paar Jahren, als Touristen hier noch zahlreicher waren, hat Robinson Lambe als Fremdenführer gearbeitet.

„1967 kamen die ersten Deutschen hierher — mit dem Flugzeug. Alle zwei Wochen ungefähr 50."

Sofern sie Strand und Swimmingpool im nahen Victoria den Rücken kehrten, stand Robinson Lambe als Ausflugsbegleiter bereit.

„Von Victoria nach Loum, Kongsamba, Bafang, Bafoussam und Foumban — sehr weit hab ich denen alles gezeigt."

5000 CFA, umgerechnet 35 Mark, hat ihm der Hotelbesitzer für eine Tour gezahlt, obwohl er — und das erbittert Robinson heute noch — von den Touristen diesen Betrag pro Kopf kassiert habe.

Ob er sich noch an den Gouverneur Jesko von Puttkamer erinnern könne? Er hat Buea zur Hauptstadt der Kolonie erkoren. Das schwüle Klima und die Malaria in der Küstenstadt Duala behagten dem Deutschen nicht. 1897 ersuchte er die Regierung in Berlin, das Zentralgouvernement von Kamerun sowie das Oberkommando der „Schutztruppe" nach Buea am Fuß des 4000 Meter hohen Kamerunbergs verlegen zu dürfen.

„Nein, Puttkamer kannte ich nicht. Aber ich habe ein Buch hier mit Bildern von ihm. Ich kannte nur Ebermaier."

Persönlich?

„Nein. Ein Schwarzer konnte einen Gouverneur nicht erleben. Vielleicht ein Schreiber. Aber andere waren nicht erlaubt. Ob er freundlich oder schlecht war, weiß ich nicht. Wir sahen ihn ja nie. Es war wie jetzt. Soldaten überall. Scharfe Wachen. Da kommt man nicht so leicht rein."

Der von Puttkamer erbaute prunkvolle Gouverneurspalast an höchster Stelle des Ortes ist noch heute weithin sichtbar. Grotesk nehmen sich Türme, Kuppeln und Bogenfenster über den angerosteten Wellblechdächern der einfachen Tropenhäuser aus. Fotografieren darf man diesen, einem Renaissancebau nachempfundenen Anachronismus nicht, denn noch immer ist es ein amtliches Gebäude, und zu besonderen Anlässen weht an der Fahnenstange über dem Mittelturm eine Flagge. Heute residiert hier ein Kameruner Gouverneur; er verwaltet die Südwest-Provinz des Landes.

Jesko von Puttkamer konnte seinen Offizieren und Beamten in Buea damals einiges bieten: Gesundheit in einer stechmückenfreien, reinen Bergluft; Geselligkeit im Billardzimmer der Residenz, die im übrigen mit einer Wasserleitungsanlage aus Berlin ausgestattet war. Ein Telefon hielt die Verbindung zum 70 Kilometer entfernten Handelszentrum Duala.

Das Gespräch mit Robinson stockt. Mr. Lambe schaut uns prüfend an.

Also: er gehöre ja zu den armen Leuten, habe eine große Familie und nicht viel Geld.

Nach diesem gut plazierten Wink des erfahrenen Touristenführers gilt es, das Portemonnaie zu zücken. Wir haben nur noch große Scheine und müssen uns die Reise in die Vergangenheit etwas kosten lassen.

„Ich werde euch viel erzählen!"

Robinson Lambe ist sichtlich zufrieden.

„Ich werde euch erzählen, wie mein Leben früher aussah. Ich war noch sehr jung, als Kamerun deutsch war."

So beginnt die Geschichte des alten Afrikaners — auch ein Stück deutsche Geschichte.

Am Kamerunberg leben die Bakwiri. Bevor die Kolonialherren ihnen das Land für ihre Plantagen raubten, waren sie Bauern. Einige bauten auf ihren kleinen Pflanzungen sogar schon Kakao für den Export an. Robinsons Dorf Groß Soppo liegt nur fünf Minuten von Buea entfernt. Er nennt sie „die Hauptstadt der Deutschen."

Außer einigen Soldatengräbern und mehreren verandaumrundeten Wohnhäusern früherer Kolonialbeamter ist in Buea nicht mehr viel deutsche Geschichte zu besichtigen.

Da ist noch der Bismarck-Brunnen vor dem Postamt. Wir kennen ihn von einem alten Foto: Puttkamers Adjutant, Leutnant Kramsta, posiert davor mit einer Trägerkarawane. Neben ihm mit Tirolerhut Gärtner Deister, der Rosen und Rasen im staatseigenen Park pflegte und im Botanischen Garten mit Spargel und Erdbeeren für Europäermägen experimentierte; für die Allgäuer Zuchtrinder der Staatsalm baute er roten Kopfklee und für die afrikanischen Arbeiter Kochbananen an. Heute ist der steinerne Kopf des ehemaligen Reichskanzlers Bismarck, der den Brunnen wie eine Medaille ziert, mit Moos bewachsen: ein Stück vergessene Vergangenheit.

Persönliche Erlebnisse bleiben haften. Robinson Lambe erinnert sich zum Beispiel an seine Schule — eine Missionsschule.

„Mein Vater konnte nicht lesen und schreiben. Er wollte nicht, daß ich zur Schule gehe. Aber das war verboten. Nur meine Mutter wollte gerne, daß meine Brüder und ich zur Schule gehen."

Ganz so alt, wie Robinson sich macht, kann er nicht sein. Nimmt man die Daten, an die er sich genau erinnert, dann ist er etwa um 1900 geboren und wurde 1908 oder 1909 eingeschult.

„Alle Kinder sollten zur Schule gehen. Aber sie wollten nicht gerne. Ich auch nicht!"

Doch hier in unmittelbarer Nähe der deutschen Station und inmitten des Plantagengebiets der Kolonie herrschte Schulzwang. Man brauchte kleine Angestellte, die in der Kolonialsprache lesen und schreiben konnten.

Buea (Kamerun): Auf der Alm

Groß Soppo, 100 Jahre danach 13

Kameruner Schnadahüpfeln

In Wadlstrümpf, kurzer Wichs, a schneidiger Bua,
So hüat i mei Alm und mei Algäua Kuah.
I schiass zwar koan Gamsbock im Urwald mit da Büchs,
Dafür aber andre Böck, do feit si nix.
Holdrio, Holdrio, Holdriohoh.

Und grüasst a vom Götterberg koa Gletschereis,
Und scheint af die Lavablöck die Tropnsunna heiss,
Und siach i am Abend koa Alpenglühn,
So gibts do, wo koa Schnee hikimmt, a koane Lawin.
Holdrio, Holdrio, Holdriohoh.

Und grüasst a koa Alpsee nit 'rauf zu mei'm Haus,
So siach i weit drunten af die Salzlachn naus. —
A bei uns gibts manche grosse Tier und Affn dazua,
Und gibts a koa Zentrum, gibts do Schwarze grod gnua.
Holdrio, Holdrio, Holdriohoh.

Am Sunnta wird diamoln af'n Fako afigrennt,
— Den selm in Buea da wenigste kennt —,
Und komma z'viel damische „Kulturpionier" raus,
Dann schüttelt er sein Stoakopf und speit tüchti aus.
Holdrio, Holdrio, Holdriohoh.

In Buea beim Whisky do dreschns' ihrn Skat,
Weil koana zum Bergsteign die Schneid in si hat.
Da Talsimpl sieht ja di Berg aa a so —
Bald koana nit afisteigt, fallt koana nit ro!
Holdrio, Holdrio, Holdriohoh.

Hol da Teifi den Whisky und den Soda dazua!
Da Whisky is für'n Kota, dös Wassa für die Kuah.
A Fufzgerl für a Preissn-Bia is a teuara G'spass,
I g'freu mi af a richtige Hofbräuhausmass!
Holdrio, Holdrio, Holdriohoh.

Ob in Algäu oder Kamerun, i bin allwei fidöll,
Mach an Kas un an Butta, bin a grüabiger G'söll.
Und hätt i a Sennrin, di ma bauat a Nest,
Dann war's wia dahoam, dann war's erst a Fest!
Holdrio, Holdrio, Holdriohoh.

„Kolonie und Heimat"
Nr. 1/1911-12

„Also, jeder mußte zur Schule gehen. Ich bin immer weggelaufen und habe mich im Busch versteckt. Doch dann schickte die Regierung Soldaten, um meinen Vater zu fangen, damit ich in die Schule gehe."

Heute ist Robinson Lambe Oberhaupt einer afrikanischen Großfamilie mit etwa 100 Mitgliedern. Seine engere Verwandtschaft zähle aber nur 58 Häupter, schränkt er ein. Die Vielehe lehnt der christlich erzogene Robinson ab. Seine zahlreichen Kinder und Enkel gehen heute alle zur Schule.

„Die Schule damals war nicht so wie heute. Es war eine kleine Volksschule. Zwei Sprachen mußten wir lernen."

Er zeigt auf ein dickes Buch, das griffbereit auf einem großen Koffer liegt, der als Schrank, zugleich aber auch als Tisch und Ablage dient.

„Das ist die Bibel in der Sprache der Duala. Die wohnen an der Küste. Mit dieser Bibel haben wir die Duala-Sprache gelernt. Es gab auch kleine Lesebücher in Duala und Deutsch. Fünf Jahre war ich in dieser Schule. Deutsch habe ich da nicht so tief gelernt. Wenn es nur die Schule gewesen wäre, dann könnte ich heute nicht so gut sprechen. Es ist, weil ich so viel mit Deutschen zusammen war. In der Schule haben wir nur sehr wenig gelernt."

Doch die Kolonialbeamten waren mit Robinsons Abschlußprüfung zufrieden. Er wurde in Buea bei einer deutschen Druckerei als Setzer angestellt.

„Wir haben kleine Zeitungen gedruckt mit Berichten für die Deutschen in Duala und Jaunde. Der Druckereileiter hieß Herr Nau. Ich habe da nur sechs Monate gearbeitet. Dann kam Krieg. Das war 1914. Ich erinnere mich noch an einen Herrn Kunz. Der hat sich in der Kriegszeit aufgehängt. Als er sah, wie fremde Soldaten die Deutschen gefangennahmen, hat er sich aufgehängt."

Bis Anfang 1916 wurde die Kolonie verteidigt. Nach dem Krieg kamen neue Herren, aber auch einige alte kehrten zurück. Wieder waren es Weiße, die das Heft in der Hand hielten: Kamerun wurde als sogenanntes B-Mandat des Völkerbundes zwischen England und Frankreich aufgeteilt. Buea und Groß Soppo lagen in der britischen Zone. Auf einer Versteigerung in London durften deutsche Pflanzer 1924 ihre früheren Plantagen zurückkaufen. Ein Jahr später wohnten am Kamerunberg wieder Deutsche.

Zu den erfolgreichen Auktionsteilnehmern, die in London ehemaligen Besitz zurückgewinnen konnten, gehörte der Vertreter der Hamburger Firma C. Woermann. Vor dem Krieg war sie eine der größten im Westafrikageschäft: Handel, Linienschiffahrt und Plantagen — alles unter einem Dach. Als Firmenchef Adolph Woermann, der als „King Woermann" in die Annalen der Kamerun-Geschichte eingegangen ist, 1903 seine Bimbia-Plantage besuchte, wurde dort gerade ein massiver Bismarckturm errichtet — ein patriotisches Denkmal der Kaiserzeit, aus Spenden der Deutsch-Kameruner finanziert. Sein Leuchtfeuer sollte die Küste für europäische Schiffe sicherer machen. Gouverneur von Puttkamer empfing den einflußreichen Gast aus Hamburg auf seiner Yacht vor Duala, wenige Tage nach dem Kaisergeburtstag. „Es waren genuß- und lehrreiche Stunden, die wir verplaudern konnten", erinnerte sich von Puttkamer noch Jahre später, „und besonders Frau Wörmann hatte ihre herzliche Freude, als abends nach einem gemütlichen Essen meine Musik ihre flotten Märsche und Lieder von Deck der hellbeleuchteten Yacht durch die laue Tropennacht über den schweigenden, von den dunklen Waldbergen eingerahmten Hafen hinschallen ließ."

Den „King Woermann" hat Robinson Lambe nicht mehr kennengelernt. Doch als er nach dem Ersten Weltkrieg erneut bei den Deutschen Arbeit fand, hieß sein Chef Carl Woermann, ein Sohn des berühmten Hamburgers. Robinson arbeitete jetzt für die Likomba Bananenpflanzungsgesellschaft in Tiko. Sein neuer Chef mochte ihn, und er stieg zum Oberaufseher über etwa 2.000 Arbeiter auf.

„Herr Woermann hat mir auch so eine kleine Maschine gegeben, wie ein Rad. Damit konnte ich überall hin- und herfahren, um die Arbeiter zu kontrollieren."

Eine Draisine vielleicht? Die Plantage war verwaltungstechnisch in zwölf Abschnitte unterteilt.

„Einige Sektionen hatten Orte mit richtigen Namen. Zum Beispiel Nummer vier hieß Ndungo. Das war die Pflanzungshauptstadt, wo Herr Woermann wohnte."

Robinson Lambe erinnert sich noch an viele Weiße, die auf der Plantage arbeiteten. Karstedt, Meyer, Reuter, Kistermann, „der alle Häuser in Tiko gebaut hat", und Jakobi. „Der hatte eine schwarze Frau."

1939 wurden alle Deutschen in Kamerun interniert.

„Wir haben es gut gehabt auf der Plantage."

Robinson arbeitete bis 1955 weiter als Aufseher.

In den 60er Jahren baute dann ein Deutscher in Victoria das Atlantic Beach und das Miramare Hotel — mit Klimaanlage, Swimmingpool, Bar und Andenkenladen. Robinson stieg in die Touristikbranche ein. „Das Hotel organisiert verschiedene Ausflüge", empfiehlt unser Reisehandbuch noch heute. Robinson Lambe steht als Fremdenführer nicht mehr zur Verfügung.

Seinen Verdienst, das zeigt ein Rundgang durch das verschachtelte Anwesen, hat er in Immobilien angelegt: mehrere Holzhäuser, die er vermietet, gehören dazu und, sein ganzer Stolz, eine Tanzbar mit einem „Mirror-Ball" an der Decke. Dieser „Night Club", wie Robinson das Etablissement nennt, bringt ihm im Monat 210 Mark.

Etwa zwei Stunden lang hat sich der alte Mann an weit zurückliegende

Ereignisse erinnert. Sein Deutsch läßt ihn selten im Stich. Er hat ein fabelhaftes Gedächtnis. Deutschland würde er gerne mit eigenen Augen sehen.
„Doch jetzt bin ich zu alt."

Auf der Bettkante sitzend ärgert Robinson sich heute, daß er das Flugticket ausgeschlagen hat, das ihm ein deutscher Urlauber spendieren wollte. Damals gingen die Geschäfte zu gut. Der Verdienstausfall wäre groß gewesen.

„Aber ich bin bekannt in Deutschland. Ich habe 100 Adressen hier im Schrank. Ich habe viele deutsche Freunde."

Trost für eine verpaßte Chance.

Bevor wir uns verabschieden, vergrößern wir Robinsons Adressensammlung um zwei weitere Visitenkarten. Er betrachtet sie durch eine Lupe. „Talk on bed", schreibt er auf die eine. Auf der anderen notiert er die Adresse einer uns gemeinsam bekannten Firma, die es nach über 100 Jahren immer noch gibt:

```
C. WOERMANN
GROSSE REICHENSTRASSE 27
AFRIKAHAUS
2000 HAMBURG 11
```

Wie Pfeffersäcke wachsen
oder:
Wie das Handelshaus C. Woermann das Grab des weißen Mannes entdeckt

„Diamanten muß man finden, nicht suchen."

Adolph Woermann

v.l.n.r.: Eduard, Adolph, Carl Woermann

„Hamburg hat Kolonien erhalten!" frohlockt 1822 der Präses der hanseatischen Handelskammer vor der „Versammlung Eines Ehrbaren Kaufmann", als die spanischen und portugiesischen Besitzungen in Lateinamerika unabhängig werden. Endlich, nach Jahren der Wirtschaftsflaute, verursacht durch die Kontinentalsperre gegen Großbritannien und die napoleonische Besatzung, soll der Handel mit Brasilien, Mexiko und Kolumbien der Hansestadt den langersehnten Aufschwung bringen.

„Versammlung Eines Ehrbaren Kaufmann" — so nennen die, die man „Pfeffersäcke" schimpft, in Hamburg ihren Interessenverband. Selbständig, fleißig, rechtschaffen und ehrenhaft, so hätten sie vermutlich ihre Tugenden beschrieben. Trägheit und Zeitvergeudung, Leichtsinn und Übermut, Egoismus und Genußsucht — das sind die Laster der anderen. In den Kontoren der patriarchalisch geführten Familienbetriebe verpflichtet die protestantische Ethik das Familienoberhaupt, den Reichtum zum Wohlgefallen Gottes und für die eigenen Kinder zu mehren.

Inmitten dieser wohlanständigen Herren lernt Carl Woermann seinen Beruf. Fotos zeigen ihn erst später, als auch er — mit weißem Backenbart und im schwarzen Gehrock — ein erfolgreicher „Ehrbarer Kaufmann" geworden ist. Als 16jähriger wird der Sohn eines Bielefelder Leinenfabrikanten und -exporteurs in die Hamburger Firmenfiliale geschickt, um — wie damals üblich — im väterlichen Betrieb das Geschäft des Außenhandelskaufmanns von der Pike auf zu erlernen. Carl ist ein gelehriger Schüler. Schon nach acht Jahren, 1837, macht er sich selbständig, vergrößert die Warenpalette und weitet die überseeischen Geschäftsverbindungen aus. Das Handelshaus C. Woermann bezieht die Große Reichenstraße 27. Schon bald wird die Firma um eine Reederei erweitert: Carl Woermann kauft ein Segelschiff. „Eleonore" heißt es, wie seine Frau. 1847 tritt „Eleonore" als erstes Schiff der Kaufmanns-Reederei ihre Jungfernfahrt an. Jedes Jahr kommt ein neuer Segler dazu, 1856 sind es schon acht.

Mitte des 19. Jahrhunderts ist die Freie und Hansestadt Hamburg die führende Handelsstadt auf dem Kontinent und nach London die zweitgrößte Hafenstadt Europas. In nur vier Jahren, zwischen 1846 und 1850, verdoppelt sich der Warenumschlag im Hafen, und fast so schnell steigt die Zahl der Schiffe, die unter Hamburger Flagge fahren.

Dessenungeachtet werden Hamburgs Stadttore wie in einer mittelalterlichen Kleinstadt jeden Abend verschlossen. Überhaupt, liberale Prinzipien lassen Hanseaten nur im Bereich des internationalen Handels gelten. Innerhalb der Stadtgrenzen sind sie konservativ. Eine verkrustete Ständegesellschaft, die feinsäuberlich zwischen der Minderheit von Bürgern und der Mehrheit von rechtlosen Einwohnern unterscheidet, herrscht noch bis zum Ende des Jahrhunderts. Jeder, „der in Hamburg ein selbständiges Geschäft anfangen, Grundeigentum besitzen oder sich verheiraten will", muß das Bürgerrecht kaufen. Nur wenige können sich das leisten. Noch 1894 haben weniger als vier Prozent der Hamburger die 30 Mark für das Bürgerrecht übrig, denn mehr als die Hälfte der mittlerweile 620.000 Einwohner verdient weniger als das amtlich errechnete Existenzminimum.

> *„Da Hamburg nur von seinem Handel lebt, kann man sich denken, daß es dort viele Kaufleute gibt. Das sind Wesen von ganz besonderer Rasse, deren Hirne mit Geschäften angefüllt sind, und vollgestopft mit Spekulationen. Daher hat auch ihr Benehmen die ganze Anmut einer Preisliste, die ganze Liebenswürdigkeit einer Rechnung, ja die Artigkeit eines Frachtbriefes. Kommt man ihnen mit Literatur, so reden sie von Zucker und Kaffee, und auf das Thema Gefühle antworten sie mit Kakao und Gewürz. Begegnet man zufällig einem Kaufmann auf der Straße und begrüßt ihn, so macht er ein Gesicht, als erwarte er zwei Prozent Provision für die Erwiderung des Grußes."*
>
> *Jacob Gallois*
> *Französisch-Lehrer am Hamburger Johanneum*
> *1835*

Freiheit bedeutet Freiheit des Handels, freier Warenverkehr nach Nord- und Südamerika, nach China und Ostindien, nach Mittelamerika und in die Karibik. 1845 gibt es 393 deutsche Handelsniederlassungen im außereuropäischen Ausland, darunter 277 aus der Hansestadt. Die rote Flagge mit den weißen Hamburger Türmen ist international bekannt. Ein preußischer Kapitänsleutnant wird 1858 in Asien gefragt, ob dieses Preußen mit der unbekannten Flagge der Hansestadt Hamburg tributpflichtig sei. Die Hanseaten sind stolz darauf: „Wo Handel ist", heißt es damals in einer Denkschrift, „dahin hat auch der Hamburger seinen Fuß zu setzen gewußt."

Für Afrika, befindet Carl Woermann, stimmt das nur begrenzt. Portugiesen, Briten und Franzosen — sie haben Afrikas Küsten schon lange für sich entdeckt. Nach dem Verbot des Sklavenexports, dem Ende des einträglichen Dreieckshandels zwischen Afrika, Amerika und Europa, ist es ruhig um den schwarzen Kontinent geworden. Von Hamburger, überhaupt von deutschen Kaufleuten ist er bislang weitgehend verschont geblieben: In ganz Afrika gibt es nur elf deutsche Handelsniederlassungen, neun davon allerdings gehören hanseatischen Firmen.

Die Herren Hertz und O'Swald machen soeben erste traumhafte Gewinne. Zentnerweise verschiffen sie die im ostafrikanischen Sansibar wertlosen Kaurimuscheln nach Westafrika, wo sie als Währung hoch im Kurs stehen und gegen Waren eingetauscht werden können. Ein Spekulationsgeschäft. Ganze Schiffsladungen der „light blue Zanzibar" werden von einer Küste zur anderen expediert, denn die beiden Hamburger Kaufleute wollen Rendite sehen, und zwar schnell — ehe die Konkurrenz hinter das eifersüchtig gehütete Geschäftsgeheimnis kommt. 500.000 Sack Kauris überschwemmen den westafrikanischen Markt. Das macht die Preise kaputt. Die importierte Inflation bewirkt den Verfall der westafrikanischen Kauri-Währung. Mit einem ungeheuren Preissturz bricht das Geschäft zusammen.

Carl Woermann ist kein Spekulant. Muscheln, das ist dem „Ehrbaren Kaufmann" zu windig. Er setzt auf Arbeit, Fleiß und solide Ware: Palmöl, zum Beispiel.

Den Briten hat der Handel mit Palmöl den verbotenen Menschenexport ersetzt. Und das Geschäft floriert. Das in Deutschland als Lampenöl und Speisefett benutzte, zu Kerzentalg und Seife verarbeitete Öl wird bislang vorzugsweise aus Rußland importiert. Doch durch den Krimkrieg wird der Rohstoff knapp, und die Preise steigen. Glück für Carl Woermann. Er importiert den Saft aus dem Fleisch der rotbraunen, pflaumenähnlichen Früchte der Ölpalme seit kurzem direkt aus Westafrika.

Hamburg

Das Segel schwillt: Hurra! Ihr Schiffe fort ins Meer:
Tragt deutsche Kraft hinaus und fremde Schätze her.

Felix Dahn

Am 24. März 1849 nimmt erstmals ein Schiff im Auftrag der Firma C. Woermann Kurs auf Westafrika. An Bord der Brigg „Therese Henriette" ist Carl Goedelt, der die Woermann-Waren gegen afrikanische Produkte eintauschen soll. Mit einem Drittel ist er am Nettogewinn dieser Unternehmung beteiligt. Im gleichen Jahr noch folgt der Kutter „Constance", der im Golf von Guinea als Transporter und Kundschafter pendeln soll. Die „Therese Henriette" kehrt beladen mit Palmöl und Elfenbein aus der freien „Negerrepublik" Liberia zurück, und schon 1854 errichtet das Haus C. Woermann in Monrovia, im Staat der befreiten amerikanischen Sklaven, eine erste Handelsstation.

Carl Woermann wickelt den größten Teil des liberianischen Außenhandels ab. Auf Drängen des Firmenchefs schließt der Hamburger Senat 1855 im Namen der drei norddeutschen Hansestädte einen „Freundschafts-, Handels- und Schiffahrtsvertrag" mit der liberianischen Regierung ab. Darin werden den hanseatischen Kapitänen und Kaufleuten die Rechte der meistbegünstigten Nation eingeräumt.

Zu diesem Zeitpunkt hat der deutsche Afrikahandel ein Volumen von sechs Millionen Mark erreicht. Etwa die gleiche Summe haben die Kaufleute in den Afrikahandel investiert. Als Ende der 50er Jahre eine Pleitewelle aus den USA bis nach Europa schwappt und der „Weltbankerott" befürchtet wird, wächst das Interesse am dunklen Kontinent. Afrika ist noch so weit außen an der Peripherie des Welthandels, daß es von der Krise ziemlich unberührt bleibt. Auch die Firma C. Woermann reagiert auf den Rückschlag: Australien wird von der Kundenliste gestrichen, das Ostindiengeschäft eingeschränkt. Westafrika soll die Rendite sicherstellen. Nach der ersten Faktorei in Monrovia entsteht eine Handelsniederlassung in Gabun am Ogowefluß, ein Ort, der später als Albert Schweitzers Lambarene bekannt wird. Dann dehnt das Unternehmen seinen Geschäftsbereich bis zum Kamerunfluß aus — nach Eloby, Batanga und Belltown.

Die Woermann-Agenten sind nicht die ersten Europäer, die hier an Land gehen. Schon im 16. Jahrhundert, als die Portugiesen auf der Insel Sao Thomé ein Handelszentrum errichtet haben, werden an der Kamerunküste Sklaven zur Deportation zusammengetrieben. „Camaroes" haben die Portugiesen das riesige Delta des Kamerunflusses wegen der vielen Krabben genannt. Englische Firmen, die sich nach ihnen dort festsetzen, machen daraus „Cameroons", und als das Haus C. Woermann 1868 dort eine Faktorei einrichtet, sprechen die Hamburger von den „Kamerunplätzen".

Am Vorgebirge von Viktoria

Undurchdringliche, schwarze Nacht
Ruht auf des Meeres Wellen,
Die wie des dunkeln Schicksals Macht
Dunkel das Ufer umschwellen.

Nur auf des Vorgebirges Grat
Schimmert des Leuchtturms Feuer,
Führt dem Schiffer, der einsam naht,
Sicher zum Hafen das Steuer.

Aber nur spärlich hat Menschenhand
Leuchten bestellt am Gestade;
Finster dehnen von Land zu Land
Nachts sich die feuchten Pfade.

Hier und dort nur am Rande der Bahn
Leuchtender Lichter Gefunkel;
Rings der unendliche Ozean,
Schaurig umhüllt vom Dunkel!

Carl Woermann

Es ist eine unwirtliche Küste. Nur direkt im Delta gibt es einen ruhigen Liegeplatz. Anderswo müssen die Schiffe wegen der starken Brandung weit draußen ankern, und es bedarf besonders geschickter Ruderer, um die Weißen und ihre Waren sicher an Land zu bringen. Der dichte Tropenwald beginnt gleich hinter dem Strand und verschließt den Weg ins Hinterland. Am Flußdelta ist es sumpfig, und in undurchdringlichem Mangrovendickicht brütet Ungeziefer. Malaria macht den Neuankömmlingen zu schaffen — vom „Fieber" ist allenthalben die Rede, und es dauert nicht lange, bis die „Kamerunplätze" das „Grab des weißen Mannes" genannt werden.

Hier leben die Duala, insgesamt etwa 20.000 Menschen. Selbstbewußt und an den Umgang mit Europäern gewöhnt, sind sie gewiefte Händler. Ihr Pidgin-Englisch macht sie den deutsch-nationalen Kolonialisten noch suspekter, zumal dieses „Beach-Englisch" an der Küste zur Lingua franca zu werden droht. So hegen die Deutschen wenig Sympathie für die Duala, nennen sie schlichtweg „träge, feige, hinterlistig, verlogen und dabei anmaßend".

„In Kamerun hört man fast nur englische Laute. Daneben oder vielmehr weit häufiger als die richtige englische Aussprache und Wörter existirt aber ein ganz eigenthümliches Sprachidiom,... ein Gemisch aus verdorbenem Englisch und Portugiesisch in das sich einzelne Worte verschiedener Negersprachen oder richtiger die den Negern eigene konkrete Ausdrucksform darein mischen. Es ist das sog. Beach (Küsten)-Englisch, das Volapük (künstliche Weltsprache; d. A.) der Westküste Afrikas. Ein Wort davon ist fast schon in Europa bekannt: ‚palaver'. Wahrscheinlich stammt es von dem portugiesischen parlare und ist damit auch seine engere Bedeutung gegeben. Aber für was wird es nicht verwendet! Alles, von den schwierigsten Unterhandlungen, wo es um Tod und Leben, um Krieg und Frieden geht, bis zu der wichtigen Frage, was wir heute Mittag essen, alles ist dem Neger palaver. Geht's in den Krieg, so ist es das war palaver, geht's zum Essen, so wird das chop palaver erledigt! ‚chop' das ist gleich wieder ein Wort aus diesem Kauderwälsch. Es spielt eine große Rolle in dem Mund und Schädel eines Negers, heißt es ja doch ‚Essen'! ... Drei Ausdrücke hört der Europäer nur allzuoft und allzubald und bringen ihn in gelinde Verzweiflung, wenn sie ihm immer wieder — in gleichmütiger Ruhe oder mit zudringlicher Bettelei ausgesprochen — entgegentönen: ‚me no sabe' ‚ich weiß es nicht' ist beliebteste Antwort auf jede Frage; ‚he live for come' ‚er (es) kommt gleich', wörtlich, ‚er (es) ist für kommen', das soll uns beruhigen, wenn wir ungeduldig immer wieder nach jemandem oder etwas fragen! Das dritte dieser Worte, ‚dash' wird trotz seiner Kürze bald ekelhaft, es übersetzt sich am besten und wird in seiner Aufdringlichkeit am rasche-

sten klar, wenn ich sage, dash bedeutet beim Neger, was Bakschisch dem Orientalen ist. Ein wahres Tohuwabohu richtet auch, bis man's weiß und danach die Frage stellt, die Gewohnheit des Negers an, auf jede Frage mit ‚yes' zu antworten, ganz gleich, ob er positiven oder negativen Bescheid geben will: ‚me be him' lautet die klare Antwort auf die Frage ‚who that' des patrouillirenden Postens!

*Hauptmann Hutter
in der „Deutschen Kolonialzeitung" Nr. 17/1898*

Die Familien Bell und Akwa stellen die Könige. Ihre „Head-Men" regieren über fast selbständige Dörfer. Sie haben Teil am florierenden Handel und seinen Gewinnen. Es hat sich eine mächtige Oberschicht gebildet, die auch politisch mitredet.

Die Landwirtschaft — Ackerbau und Fischfang — besorgen die Duala-Frauen und die Haussklaven. Da das Land nur dünn besiedelt ist, hat jede Sippe genug Anbaufläche, um sich selbst zu versorgen. Grund und Boden ist unveräußerliches Gemeineigentum, wie bei fast allen der etwa 130 autonomen Völker des Kamerungebiets, die sich ansonsten in Kultur, Wirtschaft und Sozialverfassung erheblich voneinander unterscheiden.

Die islamischen Feudalstaaten im Norden oder die gesellschaftlich hoch differenzierten Königreiche im dichtbesiedelten Grasland sind den Kapitänen und Kaufleuten bislang allenfalls aus Büchern bekannt. Die Städte im Landesinnern mit 10.000 bis 30.000 Einwohnern, den blühenden Handel und die hochentwickelte Handwerkskunst — Töpferei, Metallverarbeitung, Spinnerei und Weberei — werden die Deutschen auch bis Mitte der 90er Jahre nicht mit eigenen Augen sehen. Sie haben vorläufig nur mit einer Vielzahl unterschiedlich großer Stammesgruppen in der Nähe der Küste zu tun.

Europäer im Inneren von Südkamerun

Hier regieren Häuptlinge, Kings oder Chiefs, die bei allen wichtigen Entscheidungen den Stammesrat einberufen und befragen müssen. Das gilt für interne Rechtsangelegenheiten genauso wie für Verträge mit den Weißen: ein demokratisches Verfahren, das den zukünftigen Kolonialherren einige Schwierigkeiten bereiten wird.

Auf regelmäßig stattfindenden Märkten tauschen benachbarte, befreundete und durch Verwandtschaft einander verbundene Ethnien Handwerksprodukte und komplettieren gegenseitig ihre Speisezettel. So liefern die Duala Salz und Trockenfisch für die Subsistenzwirtschaften weiter im Inland und erhalten dafür Palmöl, Maniok und Kochbananen. Die Märkte in den küstennahen Gebieten finden auf neutralem Boden statt, denn: „Jeder Stamm, auch der kleinste Stamm hielt sich möglichst abgeschlossen und ließ keine fremden Händler durch sein Gebiet", beschreibt der spätere Gouverneur Kameruns, Theodor Seitz, diesen sogenannten Sperrhandel: „Wenn die Produkte des Binnenlandes an die Küste gelangen sollten, so mußten sie von Stamm zu Stamm gehen. Vor allem ließen die Eingeborenen an der Küste keinen Menschen aus dem Innern in unmittelbare Handelsbeziehungen mit den weißen Kaufleuten kommen."

Ein Ärgernis für die Hamburger, wo doch gerade die zahlreichen Flüsse zur Erschließung des Hinterlandes einladen. Mit Geschenken — Schnaps, Tabak, Gewehren und Pulver — müssen die Deutschen um die Gunst der einflußreichen Duala-Kings Bell und Akwa werben, denn sie wollen die Weißen zunächst gar nicht an Land lassen. Ihre ersten Faktoreien, die sogenannten Hulks, sind „große, alte seeuntüchtige Segelschiffe", berichtet Hauptmann Hutter vom königlich-bayrischen 2. Fuß-Artillerie-Regiment, „die man absichtlich mit der Flut am Strand auflaufen ließ. Dann wurden sie abgetakelt, verankert und verpfählt, ein Dach ward über dem Deck errichtet, und so war die erste Faktorei entstanden. Hier wohnten die Händler, hier bargen sie ihre Vorräte und Tauschwaren und die eingehandelten Produkte."

Woermanns Statthalter am Kamerunfluß residiert auf einem alten russischen Kriegsschiff von „600 Tons Inhalt". Ein Palmdach an Deck schützt gegen Sonne und Regen. Die Europäer wohnen in einem kleinen Holzhaus auf dem Hinterdeck. „Die ununterbrochene frische Seebrise, welche das ganze Jahr hindurch in die Mündung des Kamerun von Morgen bis Sonnenuntergang hineinbläst, macht den Aufenthalt an Bord der Hulk zu einem bei weitem angenehmeren als am Lande, abgesehen davon, daß die vielen Unannehmlichkeiten von tropischen Insekten und Reptilien fast ganz in Wegfall kommen."

Dieses bescheidene Netz von eher vorläufigen Afrika-Kontoren und die ständige Anwesenheit eines Firmenvertreters sind ein erster Schritt, den Warenaustausch zwischen Hamburg und Westafrika nach betriebs-

Woermann-Hulk im Wuri

wirtschaftlichen Gesichtspunkten zu organisieren. Solange jeder Schiffskapitän mit den Küstenhäuptlingen neu verhandeln mußte, war zuviel dem Zufall überlassen: Die Absatzchancen der mitgebrachten Güter waren ebenso wenig im voraus zu kalkulieren wie die Aufenthaltsdauer eines Schiffes. Seine Ladung an tropischen Produkten mußte ja erst einmal herbeigeschafft werden. Jetzt kann der Faktoreileiter die Ankunft der Segler sorgfältig vorbereiten. Er erkundet den Markt für europäische Erzeugnisse und legt einen Vorrat an gängigen Waren an: Alkohol, Steinschloßflinten fürs Hinterland, modernere Gewehre für die Zwischenhändler, Schießpulver, billige Stoffe, Salz, Haushaltsgeräte, Werkzeuge, Tabak und Seife. Er verhandelt mit den Chiefs über die abzuliefernden Warenmengen und wickelt den oft zeitraubenden Warentausch ab, lagert in seiner Faktorei Elfenbein, Ebenholz und Kautschuk, Palmkerne oder fertig gepreßtes, in Fässer abgefülltes Palmöl. So ist die Auslastung des Seglers garantiert, die Liegedauer viel kürzer geworden. Ein Segler schafft jetzt nicht mehr nur eine, sondern zwei oder gar drei Afrikafahrten im Jahr: Investitionen werfen schneller Gewinne ab. Unter der Woermann-Flagge fahren mittlerweile zehn Schiffe zwischen Hamburg und Westafrika. Die Firma hat sich ganz auf diesen Handel spezialisiert.

Carl Woermann hat einen arbeitsreichen Tag. Nicht nur die eigenen Geschäfte hat er zu erledigen — er ist gleichzeitig Mitbegründer und Direktionsmitglied der HAPAG, Vorstandsmitglied der Hamburg-Südamerikanischen Dampfschiffahrtsgesellschaft und Mitbegründer der Commerz- und Discontobank, derem Verwaltungsrat er viele Jahre vorsitzt. Auch politisch ist er aktiv — als Bürgerschaftsabgeordneter, Leiter der Finanzdeputation und Oberalter nimmt er auf die Stadtregierung Einfluß. Mit seiner Frau und zehn Kindern residiert er in einem parkumgebenen, komfortablen Landhaus an der Elbchaussee 131. Jeden Morgen reitet er von Neumühlen nach Hamburg in die Große Reichenstraße. Seine Kinder gehen zu Fuß durch Ottensen ins dänische, später schleswig-holsteinische Altona und fahren weiter mit der Pferdebahn zu ihrer Hamburger Schule. Um in die zollfreie Hansestadt zu gelangen, muß die Familie Zollschranken passieren, die die deutschen Kleinstaaten gegeneinander errichtet haben. Hamburg ist absolutes Zollfreigebiet: Kaffee aus Java kann hier eintreffen und nach Rußland weiterverkauft werden — kein Zöllner wird je die Ladung begutachten. Doch soll der Kaffee nach Berlin, Braunschweig oder Frankfurt, so muß er an den Landesgrenzen verzollt werden.

Eigentlich sollte der 1834 gegründete Deutsche Zollverein diese Handelsschranken zwischen den Kleinstaaten aufheben und nach außen für gemeinsame Schutzzölle sorgen. Seither schwelt der Streit, ob sich die Hansestadt dem Zollverein anschließen soll oder nicht. Die traditionelle Kaufmannschaft mit ihren Außenhandelsinteressen verteidigt den Freihandel. Verarbeitenden Betrieben allerdings sind Schutzzölle gegen britische Industrieprodukte willkommen. Und für Großhändler und Fabrikanten, die ihre Waren und Erzeugnisse ins deutsche Hinterland verkaufen wollen, ist ein zollfreies, gesamtdeutsches Wirtschaftsgebiet eine verlockende Perspektive.

1868 überrascht der Chef des angesehenen Handelshauses C. Woermann die Hamburger mit der Gründung eines Vereins, der den Zollanschluß unterstützt. Damit stößt er bei seinen Kollegen in der Handelskammer, im Senat und an der Börse auf wenig Gegenliebe. Noch im gleichen Jahr erhält Carl Woermann die Quittung für seinen ungewöhnlichen Schritt. Als er für den Reichstag des Norddeutschen Bundes kandidiert, fällt er mit Pauken und Trompeten durch.

Als Hamburg mit Gründung des Deutschen Reichs 1871 fester Bestandteil des preußischen Staates wird und seine politische Unabhängigkeit verliert, wird die Weigerung, dem Deutschen Zollverein beizutreten, immer unhaltbarer. Schließlich kommt 1881 ein für die Hamburger folgenreicher Kompromiß zustande: Die Hansestadt verliert ihren Status als zollfreies Gebiet, erhält aber eine begrenzte Freihandelszone — den Freihafen. Ihm wird ein ganzer Stadtteil geopfert. Historische Wohnquartiere, alte Renaissance- und Barockhäuser werden abgerissen und 26.000 Menschen vom Hafen an den Stadtrand umgesiedelt. Die Speicherstadt entsteht. Hier werden nun — zollfrei — die Waren gestapelt, die bislang direkt in den Handelshäusern an den Fleeten der Innenstadt lagerten. Auch in der Großen Reichenstraße sind jetzt nur noch Büros.

Das Hafengebiet muß fortlaufend erweitert werden: neue Kaianlagen für die See- und Binnenschiffahrt werden gebaut, denn in den letzten zwanzig Jahren hat sich die Zahl der ankommenden Schiffe verdreifacht.

Das aufstrebende Bürgertum setzt sich mit noblen Villen Denkmäler an Alster und Elbe. Der Boom bringt 606 Millionäre nach oben. Ihren Arbeitern zahlen die Unternehmer niedrigere Löhne als anderswo im Deutschen Reich. Halb Hamburg verdient 1888 weniger als 100 Mark im Monat. 1892 bricht in den engen, feuchten und überfüllten Hafenslums die Cholera aus. 8.500 Menschen sterben — Hamburg zählt weit über eine halbe Million Einwohner, dreieinhalbmal so viel wie noch Mitte des Jahrhunderts.

Anschluß an das Deutsche Reich, Beitritt zum Zollverein, Bau des Freihafens und Hafenerweiterung — alles zielt auf Wachstum. Auch die Industrialisierung Hamburgs macht in den 70er und 80er Jahren Fortschritte. Kaum einer, der hier nicht vom Hafen lebt: Reeder, Kapitäne, Lotsen, Quartiermacher und Hafenarbeiter; Handwerker, die Segel fertigen, Takelagen, Kisten, Fässer, Ballonflaschen und Waagen; Klein-, Groß- und Kolonialwarenhändler; Handelsagenten, die ganze Schiffsladungen makeln, Spediteure, die sie transportieren; Börsenmakler, Geldwechsler und Bankiers, die sich um den Finanztransfer kümmern, und Versicherungsagenten, die vor Unvorhergesehenem schützen sollen.

In Hamburger Fabriken werden Schiffsmotoren, Ketten und Anker gebaut. 1877 gründen die beiden jungen Ingenieure Hermann Blohm und Ernst Voß die erste Dampferwerft an der Elbe. Die Lebensmittelindustrie beschert den Verbrauchern Biere und Likör, Margarine und Fischkonserven, Zucker und Kekse. An importierten Rohstoffen werden Leder, Jute und Wolle verarbeitet, Fette, Reis, Tabak, Kaffee und Kakao; es werden Farben, Salpeter, Gummi und Asbest produziert. Auch die Nachfrage nach Rohstoffen aus Westafrika wächst: Elfenbein, Holz und Kautschuk, Palmkerne und Palmöl — Produkte aus dem fernen Kontinent, die auf europäischen Märkten gute Preise erzielen. An den „Kamerunplätzen" sind sie preiswert zu haben. Auch die überseeischen Handelsniederlassungen verspüren den Aufschwung. Nachdem die Duala 1881 der Firma C. Woermann als erster eine „Landeerlaubnis" erteilt haben, werden aus den dümpelnden Hulks ansehnliche Faktoreien an Land. „Manchmal waren das schon große Handelshöfe, die nachts abgesperrt werden konnten", schreibt der Firmenchronist. „Ein Wächter ging darin herum und klapperte mit Muscheln in einer leeren Konservenbüchse, Diebe und Geister zu bannen... Den festen Kellern vertraute das örtliche Staatsoberhaupt seine Schätze und die gefangenen Gegner an. Andere Faktoreien wieder waren nur *ein* großer Schuppen, Wohnhaus und Lager in einem, mit Wellblech gedeckt und nur erträglich, weil eine breite Veranda um das ganze Obergeschoß lief. Aber in solchen Faktoreien vollzog sich das afrikanische Geschäft."

„Es wird in der Regel auffallend früh aufgestanden, an den Werktagen schon um sechs Uhr morgens, also unmittelbar nach dem Tagwerden. Ein längeres Glockensignal, von der Nachtwache angeschlagen, besorgt das Aufwecken...

Um sieben Uhr morgens ist bereits Alles in Thätigkeit. Denn auch die schwarzen Händler pflegen sich frühzeitig einzustellen und um halb sieben Uhr sind ihrer schon soviele im Hofe unten versammelt, schwatzend, schreiend und gegen die Thüren trommelnd, daß an Schlaf nicht zu denken ist.

Gewöhnlich teilt sich die Arbeit des Tages in zwei Abschnitte. Von morgens sieben Uhr bis etwa elf Uhr werden die von den Negern gebrachten Produkte eingenommen, geprüft und gemessen. Die Beträge werden dann einerseits in die Bücher notirt, andererseits auf Zettel geschrieben und diese als Quittung oder Zahlungsanweisung dem Verkäufer übergeben. Solche Zettel, indem sie ein Wertversprechen enthalten, stellen also sozusagen eine Augenblicksmünze dar, die das fehlende Geld vertritt.

Um zwölf Uhr wird gefrühstückt und etwa um zwei Uhr, je nach der Menge des vorhandenen Geschäftes, geht es wieder ins Magazin zum Auszahlen. Die schwarzen Händler haben unterdessen im Hof gewartet oder sind in die Dörfer gegangen und treten nun mit ihren Zetteln an. Da heißt es dann: ,Du hast heute morgen fünf Kru Palmöl oder Palmkerne gebracht. In deinem Schuldbuch stehen zwanzig Kru. Davon streiche ich jetzt drei, und zwei Kru will ich dir meinetwegen zur Aufmunterung auszahlen. Was willst du dafür?' Antwort: ,Zwei Stück Zeug von dieser Sorte und eines von jener, dann so und soviel Rum, einige Stränge Perlen usw.' Obwohl der Gauner ziemlich genau weiß, wie viel er für zwei Kru bekommen kann, da ja alle Waren ihren stehenden Tarif haben, verlangt er natürlich immer etwas mehr, und erst nach längerem Hin- und Herschachern gibt er sich zufrieden."

Max Buchner
1887 in „Kamerun. Skizzen und Betrachtungen"

Die Verdienstmöglichkeiten dabei mag man am raschen Wachstum des Hauses C. Woermann erkennen, daran, wie aus dem Handelshaus in 30 Jahren auch eine Großreederei wird. Mit einem Segelschiff von 200 Bruttoregistertonnen hat Carl Woermann 1847 angefangen — im gleichen Jahr, in dem sein Sohn und Nachfolger Adolph geboren wird. Als Carl Woermann 1880 stirbt, ist seine Afrika-Flotte auf zwölf Segler mit 65.000 BRT angewachsen, der erste Dampfer angeschafft.

Adolph Woermann, erst Lehrling, dann Kompagnon seines Vaters, setzt nach dessen Tod ganz auf die Dampfschiffahrt. Die Firmentradition, die Schiffe nach Familienmitgliedern zu benennen, behält er bei: „Aline Woermann", „Carl Woermann", „Professor Woermann", „Ella Woermann", „Anna Woermann" und „Erna Woermann". Jedes Jahr ein neues Schiff — auch das hat Tradition. Doch mit der Dampfschiffahrt kommt das Ende der Kaufmanns-Reederei in Sicht. Die Risiken der Segelschiffahrt kann ein Handelshaus allein tragen, doch Bau- und Unterhaltskosten eines Dampfschiffes sind wesentlich höher, und die Tonnage übersteigt den Bedarf einer einzelnen Firma. Fremde Ladung muß an Bord genommen werden. Das Übersee-Transportgeschäft etabliert sich als eigenständiger Wirtschaftszweig. Gütertransport zu festen Terminen und zu festen Preisen — die Linienschiffahrt wird zum zweiten Standbein des Unternehmens: die „Afrikanische Dampfschiffs-Actiengesellschaft (Woermann Linie)" wird als „Woermann Linie" überall bekannt.

Die ersten Frachter dieser Gesellschaft fahren alle sechs, dann alle vier Wochen nach Westafrika. Einzige Konkurrenz ist eine britische Reederei, die seit 1860 — allerdings mit staatlicher Subvention — dieses Ziel anläuft. Nachdem Adolph Woermann einen Postvertrag mit dem Deutschen Reich abgeschlossen hat, erhalten die rund 300 Weißen in den 60 deutschen Handelsniederlassungen in Westafrika ihre Post aus der Heimat mit Woermann-Dampfern. Von den 1.30 Mark Paketgebühr erhält Woermann 80 Pfennig, und seine Schiffe werden dank der Postflagge in den Häfen bevorzugt abgefertigt.

20 Tage braucht ein Woermann-Dampfer von Westafrika nach Hamburg. Jedes Jahr im Januar bringt er die Jahresabrechnungen aus den Faktoreien mit. Der Firmenchef persönlich stellt das Soll und Haben für jeden einzelnen Betrieb draußen fest. Noch gibt es keine Schreibmaschine im Kontor. Handschriftlich benachrichtigt Adolph Woermann seine Angestellten — den Herrn Schmidt in Monrovia, Eduard Schmidt in „Cameroons", den die Afrikaner „Smitti" nennen, Emil Schulze in Gabun. Der hat 1882 trotz „enormer Unkosten", wie der Chef bemerkt, „immerhin ein ganz hübsches Resultat" erzielt. Bei einem Bruttogewinn von 482.959 Mark rechnet der Kaufmann einen Reingewinn von 271.852 Mark aus. Zehn Prozent erhält der Faktoreileiter als Gewinnbeteiligung. Für das

folgende Jahr erstellt Adolph Woermann folgende Bilanz: 1883 haben seine Schiffe Waren im Wert von 2,7 Millionen Mark nach Westafrika gebracht, drei Viertel davon Erzeugnisse der deutschen Industrie. 280 Fabriken und Zwischenhändler im Reich haben daran verdient. In umgekehrter Richtung sind westafrikanische Naturprodukte im Wert von 3,2 Millionen Mark vor allem nach Hamburg exportiert worden. Doch das ist erst der Anfang. „Es liegt auf der Hand", konstatiert der Unternehmer selbstsicher, „dass in Afrika zwei grosse ungehobene Schätze sind: Die Fruchtbarkeit des Bodens und die Arbeitskraft vieler Millionen Neger. Wer diese Schätze zu heben versteht, und es kommt nur auf die richtigen Leute dabei an, der wird nicht nur viel Geld verdienen, sondern auch gleichzeitig eine grosse Kulturmission erfüllen."

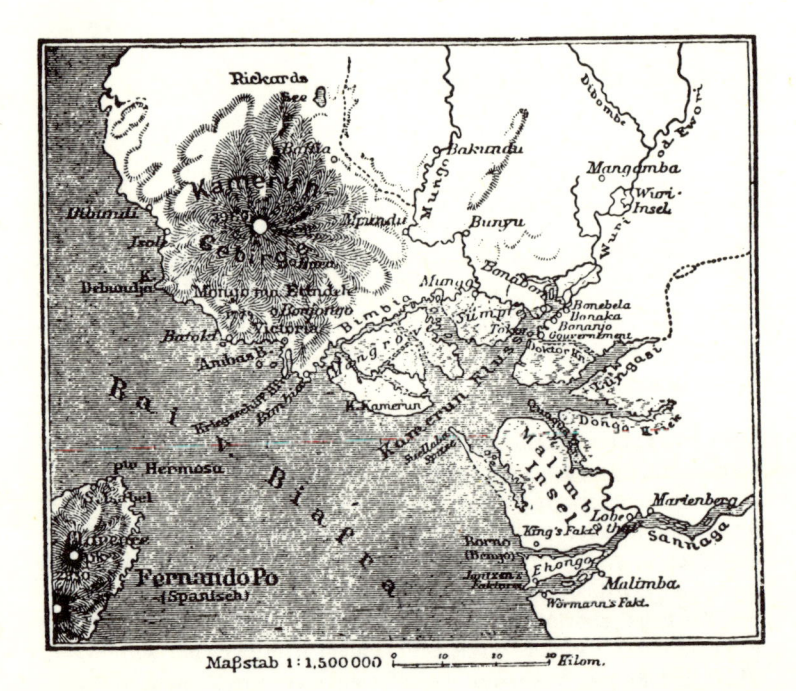

Die Kamerunplätze

Von Kru, Dash und Trust
oder:
Wie Adolph Woermann die Schuldenfalle aufstellt

„*Ich möchte... behaupten, dass weder der Handel mit Rum noch mit Waffen oder Pulver im Speciellen, noch das Trust-System einen verderblichen Einfluss auf den Neger gehabt haben, sondern dass der Grund in der Thatsache wurzelt, dass alle daselbst gelandeten Europäer nur H a n d e l getrieben haben... Deshalb haben die Neger niemals etwas Anderes gelernt und gesehen als ‚handeln!' Anfangs, als wenige Europäer kamen, wurden einige grosse Häuptlinge durch den Handelsverkehr mit denselben gross und mächtig; als immer mehr Europäer kamen, trachteten immer mehr Eingeborene darnach durch den so bequemen Handel mit den Weissen reich zu werden, bis denn kein Küstenneger mehr daran dachte, etwas anderes zu treiben, als wie ‚trader' für den fremden Kaufmann zu sein... Der demoralisirende Einfluss der Europäer ist allein in diesem Umstande zu suchen; denn niemals haben Europäer den Neger zum sesshaften Arbeiten angehalten... Anstatt den Boden zu bebauen, erntet der Neger mühelos die für den Export-Handel fast fertigen Produkte und verkauft sie dem weissen Händler an der Küste... eine leichte, oder vielmehr gar keine Arbeit; denn Schwatzen und Lügen, wodurch der Neger seine Geschäfte abzuschliessen sucht, ist zugleich seine Lieblingsbeschäftigung.*"

Adolph Woermann
in einem Vortrag über „Kulturbestrebungen in Westafrika"
am 1. Mai 1879

Die Duala an den „Kamerunplätzen" sind weder „edle Wilde" im Bastgewand noch kriegerische Barbaren mit Pfeil und Bogen in der Hand. Seit mehr als 100 Jahren sind sie „trader' für den fremden Kaufmann". Ein natürlicher Vorteil ist die Lage ihrer Siedlungen an einem der wenigen guten Hafenplätze Westafrikas, mitten im Zentrum eines breit gefächerten Netzes von Wasserstraßen, die ins Hinterland führen. Ihre Macht, ihr territorialer Einfluß und ihr Reichtum gründen auf Gewinnen aus dem Sklavenhandel, den sie mindestens bis 1840 aktiv betrieben haben.

In diesem Jahr sichern die Kings einem britischen Kapitän erstmals zu, in ihrem Gebiet keinen Sklavenexport mehr zuzulassen. In einem zweiten Vertrag garantieren die Briten ihnen fünf Jahre lang eine Entschädigung für die Einkommensverluste. 1842 trifft die erste Zahlung ein: 60 Gewehre, 100 Stück Tuch, 2 Faß Pulver, 2 Fässer Rum, 1 Uniformmantel und 1 Schwert. Zwar hört der Sklavenhandel nicht von heute auf morgen auf, doch suchen die Duala nach neuen Einnahmequellen. Auch im „Legitimate Commerce" wollen sie das beste Stück vom Kuchen abbekommen.

Die ersten britischen und französischen Händler, die nicht Menschen, sondern Tropenfrüchte exportieren wollen, sind an Elfenbein und Palmöl interessiert.

> „Ölkochereien — meist nur ein Mattendach auf Pfählen — findet man in den Urwaldgegenden häufig genug. Die Nüsse werden in Wasser gekocht, dann in Holztrögen gestampft und so das Öl herausgepreßt. Wird nun Wasser hinzugegeben, so schwimmt das Öl oben. In geflochtenen Sieben gereinigt, wird es in mit Bananenstöpseln geschlossene Kalebassenflaschen gefüllt und so den Europäern zum Kauf angeboten."
>
> August Seidel
> 1906 in „Deutsch-Kamerun. Wie es ist und was es verspricht"

> „Seit 1858 hatten sich die Neger auf gutes Zureden herbeigelassen, die harte Schale auch aufzuklopfen, das heißt, sie ließen ihre Frauen die Arbeit tun, um die darin enthaltenen Palmkerne auf die Faktorei zu bringen. In Hamburg hatten sie zunächst nichts damit anfangen können. Dann wurde eine Presse gefunden, die aus den harten Kernen das Öl herauspreßte. Der Wert der versandten Palmkerne erreichte jetzt fast den des Palmöls."
>
> Theodor Bohner
> 1935 in „Die Woermanns. Vom Werden deutscher Größe"

Afrikaner, die in großem Stil Handel treiben wollen, brauchen gute Beziehungen zu den Völkern im Hinterland. Da die Duala schon früh Zugang zu begehrten europäischen Luxusgütern haben, ist es ihnen gelungen, ihre Verwandtschaftsbeziehungen und Handelsfreundschaften weit auszudehnen. So kann die Bell-Familie das Brautgeld für „viele hundert Weiber" aufbringen, die der King „mit weisem Vorbedacht aus den Familien aller Könige weit und breit entnahm, sodaß die Letzteren ihm mehr oder weniger verpflichtet sind".

Der Handel der Duala ist auf mehreren Ebenen organisiert. Sie makeln nicht nur die Rohstoffe, die ihnen die Leute an die Küste bringen, sondern unternehmen auch wochen-, ja monatelange Handelsexpeditionen ins Binnenland. Sie bringen europäische Waren bis dahin, wo die Schiffbarkeit der Flüsse endet, und tauschen sie gegen Tropenfrüchte ein. Sie lassen sich sogar dauerhaft als Agenten in fremden Stammesgebieten nieder. Jeder Chief hat seine festen Reviere. „König Bells Handelsgebiet ist Abo, Wuri, Quaqua, Debombari, Bomano sowie vor allem das Mungo-Land", berichtet der Journalist Hugo Zöller, der 1884 durch Westafrika reist. „König Acqua handelt hauptsächlich mit Debamba und Donga, sowie nebenbei mit Quaqua, Debombari und Bomano. Jim Equalla, der auch König Dido genannt wird, beherrscht den Handel mit Abo und steht außerdem mit Wuri in Verbindung. Lock Prisso, unter König Bells Vasallen der mächtigste, hat seit alter Zeit den Mungo-Fluß bis nach Mbundju aufwärts ausgebeutet. Um wie große Summen es sich hierbei handelt, mag daraus entnommen werden, daß König Bell während meines Aufenthaltes in Kamerun für 60- bis 80.000 Mark Waren im mittleren Flußgebiet angehäuft hatte und an einem Tage 11 Elefantenzähne im Gesamtwert von 7- bis 8.000 Mark zum Verkauf anbot."

Im großen und ganzen deckt sich das weitverzweigte Handelsnetz dieser professionellen afrikanischen Kaufleute mit den schiffbaren Strecken des Deltagebietes. Der gemeinsame „Port of Trade" liegt an der Mündung des Kamerunflusses, da, wo das Haus C. Woermann 1868 seine erste Faktorei errichtet hat. „Der Verkehr zwischen den europäischen Firmen und den eingeborenen Händlern vollzog sich durchweg in der Weise, daß der eingeborene Händler in die Faktorei kam und erklärte, er habe im Binnenland... eine Quantität Palmkerne oder Palmöl liegen. Für diese müsse er dem Häuptling soundso viel Kru... Waren als Tauschobjekt geben. Er bekam dann diese Waren auf Vorschuß."

Rum oder Stoff, Spiegel oder Werkzeuge, Gewehre oder Perlenstränge — diese Warenkredite werden Trust genannt und müssen in Landesprodukten an die Kaufleute zurückgezahlt werden. „Im Allgemeinen", beschreibt Adolph Woermann die Regeln dieses Handels, „verlangt der Neger an der Küste für seinen eigenen Gebrauch viel bessere Waaren, als diejenigen sind, die er an seinen schwarzen Bruder im Inneren weiter verhandelt. Für Elfenbein z. B., welches weit aus dem Innern kommt und wofür die Bezahlung auch wieder weit in's Innere versandt wird, werden eigentlich nur Waaren von geringer Qualität bezahlt... Für Gummi elasticum dagegen, welches von dem Producenten selbst zum Verkauf gebracht wird,

wird für gewöhnlich viel feinere Waare bezahlt. Oder, wenn der Verkäufer nur als Zwischenhändler dient, so wird er einen Theil der Bezahlung, seine Kommission, in feineren Waaren nehmen und einen anderen Theil in ordinairen Waaren, die er selbst weiter bezahlt."

Der Zwischenhandel der Duala ist ein einträgliches Geschäft. Ihre Verdienstspannen können 100 Prozent oder mehr betragen. Mancher kommt so zu einigem zivilisatorischen Luxus, wie Max Buchner beobachtet, als er im Auftrag des Kaisers die „Kamerunplätze" besucht: „Betritt man das Zimmer des Mannes, so wird man erstaunt sein über das europäische Aussehen desselben. Da steht in der Mitte ein größerer Tisch mit mehreren guten Stühlen, alles natürlich europäischen Ursprungs. Darüber hängt eine schöne Petroleumlampe und dahinter an der Rückwand ein großer Spiegel. Außerdem sind die Wände mit Bildern, Lithographien und Öldrucken, und nicht einmal immer ganz schlechten, sowie mit Gesimsen geschmückt, auf denen alle möglichen Flaschen und Gläser sich reihen. Links und rechts neben einer schön polirten Kommode, die vielleicht auf einem Blechschild den Namen des Besitzers preisgibt, steht ein Dutzend verschiedenartiger, wahrscheinlich mit Zeugen gefüllter Koffer aus Blech und aus Holz, alle sauber glänzend und wenig gebraucht, neben und über einander, und wo es nur immer angeht, ist jede horizontale Fläche mit Nippsachen, Prunkgeschirr u. dergl. bedeckt. Aus der Ecke aber, hinter einem Vorhang, sieht eine europäische eiserne Bettstelle hervor, auf welcher der Gebieter all dieser Herrlichkeiten zu schlafen pflegt, freilich ohne Matratze, überaus hart und unbequem."

Die Bell-Familie

King Bell

Die Quelle solchen Reichtums gilt es abzusichern. Ausdauernd verteidigen die Duala ihr Monopol auf den Zwischenhandel gegen die Weißen, die die Profite der lokalen Oberschicht gerne selbst einstecken möchten, aber auch gegen die Palmölkocher und Elefantenjäger aus dem Hinterland. „Jeder Küstenplatz hat seine Hintermänner oder Buschleute, die man mit allen Mitteln der List und Gewalt von jedem directen Handelsverkehr mit den Weißen fernzuhalten sucht", schreibt Zöller. „Woher die große Menge des Palmöls eigentlich kommt, d. h. wo die Producenten sitzen, die das Öl nicht erst von ihren Buschleuten kaufen, kann betreffs vieler Gegenden bloß geahnt werden, ohne daß man einstweilen des genauern darüber Bescheid wüßte."

Viele Modalitäten des lukrativen Handels zwischen den Europäern und den Duala stammen noch aus den Zeiten der Sklavenjagd. Die Kings kassieren von jedem Kapitän, der mit seinem Schiff vor der Küste auftaucht, ein Schutzgeld, den Kumi. Dafür erlauben sie ihm, Handel zu treiben, und garantieren Sicherheit für Leib, Leben und Eigentum. Anfangs ist der Kumi nach der Anzahl der deportierten Sklaven berechnet worden, dann nach dem Fassungsvermögen der Handelsschiffe. Die Kaufleute, die sich nun an der Küste niedergelassen haben, entrichten ihn einmal im Jahr entsprechend ihrem Handelsvolumen an den King, in dessen Siedlung sich ihre Faktorei befindet. Aber auch die Chiefs der Nachbarschaft wollen je nach ihrer Bedeutung als Handelspartner bedacht werden. Der Kumi ist keine persönliche Pfründe. „Hat ein Häuptling ein gutes Geschäft gemacht", notiert Max Buchner, „so kommen alsbald seine Untergebenen, um ihren Anteil davon zu fordern. Gibt er ihnen nichts oder weniger, als sie wünschen, so rebelliren sie, indem sie sich mit Gewehren und sonstigen Waffen versammeln und ganze Nächte lang währende Entrüstungs-Palaver abhalten, bei denen unter wüstem Schreien und Lärmen und gelegentlichem Abfeuern der Gewehre die Person des Häuptlings verhöhnt wird: ‚Wenn du uns nicht das und das gibst, so kannst du morgen deine Kanuus selber rudern!' Wie man sieht, es ist die reinste Sozialdemokratie."

Der Woermann-Mann in „Cameroons", Eduard Schmidt, entrichtet Schutzgelder an die Kings Bell, Akwa und Dido. Laut Vertrag vom 31. 1. 1883 zahlt er eine Pauschale von 80 Kru an King Akwa. Dafür garantiert dieser, „Smitti" und das Firmeneigentum zu schützen und bei etwaigen Verstößen Entschädigung zu zahlen: 1 Puncheon (ca. 720 l) Palmöl für versuchten Diebstahl; 10 Kru (ca. 450 l) für Behinderungen des Handels in der Nähe der Faktorei; 8 Kru (ca. 360 l) für handgreifliche Bedrohungen nahe dem Handelshof. King Akwa treibt das Palmöl bei den Missetätern ein, stattet „Smitti" einen Besuch ab und erhält für seine ordnungsstiftende Polizeitätigkeit die Hälfte der Entschädigungszahlungen vom Faktoreileiter in europäischen Waren zurück.

Stand der Kumi-Angelegenheit vom 19. Februar 1885					
Agent und und Firma	Faktorei/Hulk im Bereich von	Zahlt in Krus an			
		Bell	Akwa	Priso	Dido
E. Schmidt (C. Woermann, Hamburg)	Akwa Bell Dido Daniel Bell	- 80 - -	80 10 - -	10 - - -	10 - 50 -
J. Voss (Jantzen & Thormählen, Hamburg)	Akwa	10	80	10	10
F. Buchan (R. u. W. King, Bristol)	Akwa Bell	- 80	80 -	- 10	10 -
J.W. Splatt (A. Ashmoll, Liverpool)	Lock Priso	10	10	80	10
Thos. Richards (Rider Low u. Andrews, Bristol)	Bell	80	10	10	10
W.U.L. Harris (John Holt, Liverpool)	Bell	80	10	10	10
J. D. Holder (A. Herrschel, Liverpool	Bell	80	10	10	-
J.S.W. Ewart (Lucas Bros., Bristol)	Bell	80	10	10	-

Max Buchner
1887 in „Kamerun. Skizzen und Betrachtungen"

Bis ins 20. Jahrhundert hinein bleibt der Im- und Export am Kamerunfluß ein Warentauschgeschäft. „Hier existirt, wenn man so sagen darf, die reine Palmöl-Valuta, da das Geld noch ganz unbekannt ist", erzählt Adolph Woermann 1880 vor der Geographischen Gesellschaft in Hamburg. „Bis vor wenigen Jahren konnte man dort mit einer Tasche voll Gold oder Silber landen, ohne die geringsten Lebensbedürfnisse erhandeln zu können. Mit einem Stücke Zeug, etwas Tabak oder eine(r) Flasche Rum war unendlich viel mehr zu erreichen, als mit baarem Geld." Es ist ein ausgeklügeltes, kompliziertes System, in dem die Tauschwerte durch bestimmte, wenngleich lokal variierende Verrechnungseinheiten bzw. Handelswährungen festgelegt sind. Sie heißen Dollar oder Bar, Neptune oder Kru — auch Kroo, Crew, Crue oder Cru geschrieben —, von dem dann Puncheon, Keg und Piggin abgeleitet werden.

Das Kru, Woermanns „Palmöl-Valuta", ist vor allem im Handel mit den Duala die Verrechnungseinheit, die das Tauschverhältnis zwischen afrikanischen Rohstoffen und europäischen Industrieprodukten, die „terms of trade", festlegt.

Früher, als einzelne Kapitäne die „Kamerunplätze" nur gelegentlich anliefen, dauerte es oft Tage, bis sie ausgehandelt hatten, wie viele Gewehre, Pulver oder Schnaps ein King für sein Palmöl erhielt. Die Faktoreileiter haben dann im Laufe der Jahre das Kru als Währungseinheit standardisiert. „1 Kiste Gewehre gilt 10 kroos, 2 Fass Pulver 1 kroo", schildert Adolph Woermann 1880 diese Rationalisierung im Tauschhandel. „Bringt nun ein eingeborner Händler einen grossen Posten Produkte, z. B. 10-20 Fässer Oel oder ein grösseres Quantum Palmkerne, so muss der europäische Händler zunächst die Qualität der Waare prüfen und das Quantum feststellen. Alsdann bietet er dem Verkäufer, der vielleicht 200 kroo fordert, nur 150 kroo, gerade wie man hier bei einem jeden Ankauf handelt. Hat man sich über die Zahl der kroos geeinigt, so ist die Zahlung sehr einfach, indem der Neger sich von dem Europäer aus seinem Lager die ihm passend dünkenden Waaren zu den festen, vorher vereinbarten Preisen aussucht."

Bis 1884 sind 45,4 Liter Palmöl ein Kru und werden mit europäischen Waren im Wert von 20 Mark aufgewogen. Doch verschlechtern sich die „terms of trade". Auch eine Handelsblockade der Duala kann eine Abwertung nicht verhindern. Nach 1884 müssen sie den Kaufleuten 57 Liter Öl für ein Kru Waren abliefern, Waren, die nominell nur noch 12 Mark wert sind.

Woher aber soll ein Afrikaner wissen, was eine Holzkiste oder ein Paket Nähnadeln in Hamburg kosten, eine Flasche Gin oder ein Demijohn Rum? Die Kaufleute selber schweigen sich aus gutem Grund über ihre Einkaufspreise aus. Eine Flasche Gin, so berichtet Hugo Zöller, koste die Unternehmer in Hamburg 20 Pfennig; an der westafrikanischen Küste werde sie mit 45 bis 47 Pfennig in Rechnung gestellt. Allgemein, schätzt der Journalist, liege der Selbstkostenpreis eines Kru in Waren bis 1884 zwischen 9 und 17 Mark, während sein Nominalwert auf 20 Mark lautet. Ein anderer Reisender meint, daß „der angenommene Wert der Waren oft das Vierfache des Einkaufspreises" betrage, und die Kolonialverwaltung spricht von einer Diskrepanz von 40 Prozent. Auf jeden Fall liegt im Kru-System für die Weißen doppelter Gewinn: dank der hohen Bewertung der abgesetzten Waren und der niedrigen Bewertung der Rohstoffe. „Der Werth dieser Produkte besteht hauptsächlich im Arbeitslohn", urteilt Adolph Woermann aus Europäer-Sicht, „man zahlt daher hierfür meist solche Waaren, die als Arbeitslohn dienen, z. B. geringes Zeug zum Tragen für die Arbeiter, Spirituosen, Tabak und Steinzeug." Sind die Rohstoffpreise auf den europäischen Märkten hoch, dann können die Gewinne 500 bis 1.000 Prozent betragen.

Handelswährung im Kamerun-Gebiet (Stand 1884)

	1/16	Puncheon	
10 Imperial Gallons	1	Kru	1 £/20 Mark in Waren
	4	Keg	
	8	Piggin	
	20	Bar	1 Sh/1 Mark in Waren

Versteckte Preismanipulationen sichern die Handelsspannen auch bei Preisschwankungen am Weltmarkt ab. „Das Wirksamste war", heißt es in einem Regierungsbericht, „die Qualität der Waren und auch die Quantität zu verringern, die Stücke Zeug schmaler und kürzer weben zu lassen, die Faltenbreiten derselben zu verringern und dergleichen Handhaben mehr." Auch die Zusammenstellung der verschiedenen Industrieprodukte, das Sorting bei einem größeren Geschäftsabschluß, entscheidet über den Verdienst des Kaufmanns: Je mehr Waren mit niedrigem Einkaufspreis, desto höher der Profit. Besonders wichtig ist das Feilschen ums Sorting im — so Woermann — „sehr viel komplicirtere(n) Elfenbeinhandel". Der Hamburger Firmenchef beschreibt die besonderen Regeln bei diesem Handel: „(E)s wird nur nach dem Gewicht des betreffenden Zahnes zunächst die Anzahl Gewehre festgesetzt, die man dafür bezahlen will, ehe man sich auf ein weiteres Handeln einlässt. Ausserdem werden für einen grösseren Zahn etwa 50-60 verschiedene europäische Waaren bezahlt... Faktisch aber erfordert jede der 60 Waaren ein separates Handeln bei jedem einzelnen Zahn. Alle diese Waaren zusammen heissen ein Elfenbeinbündel."

Tauschrelationen (Stand 1884)

1 Kru =	10 Gallonen Palmöl
	72 kg Palmkerne
	1 Pfund Elfenbein
	2 „big things": 1 Neptune, 1 Gewehr oder 1/4 Barrel Schießpulver
	„little things":
	16 Faden Common Prints oder Small Madras (bedruckter Baumwollstoff)
	12 Faden Big Prints oder Big Madras
	24 Faden Chillos (leichte Karostoffe)
	4 Säcke Salz à 125 Pfund
	60 Head Tabak (Büschel von je 5 Blatt)
1 Keg =	1 Ginkiste Palmkerne (ca. 25 kg)
	1 Faden besten Kattuns oder schlechtester Seide
1 Piggin =	4 bis 5 Flaschen Rum
	1 Ente
	10 Stränge größerer Perlen à 10 Stück
	25 große Yamswurzeln
1 Bar =	3 Matten von Dibombari (die Duala kaufen das Stück dort für 1 Head Tabak)
	10 weiße Tonpfeifen
	1 Huhn
	3 Head Tabak à 5 Blatt
	8-10 Eier
	1 Flasche Hamburger Bier
	6 Stück Schiffszwieback
	10 Ohrringe, leichteste Ware (Da sie eben als neuer Artikel aufgekommen waren, gaben sie eine gute Münze zum Ankauf von Eiern ab: 1 Ei = 1 Ohrring. Ohne neue Reizmittel ließen die Weiber ihre Eier lieber verfaulen. Tonpfeifen, die frühere Münze dafür, zogen nicht mehr.)

Max Buchner 1887 in „Kamerun. Skizzen und Betrachtungen";
Albert Wirz 1972 in „Vom Sklavenhandel zum kolonialen Handel"

Ein Elfenbeinbündel für einen „gradezu tadellosen Zahn von 50 Pfund englisch":

8 Steinschloßgewehre.
8 Fäßchen (kegs) Pulver, die Hälfte zu 7 und die Hälfte zu 4 Pfund.
16 messingene Kessel (dafür kaufen die Neger gewöhnlich andere Sachen; ein solcher Kessel gilt einen Dollar).
50 große, aber ganz dünne ,Neptunes' genannte Messingpfannen, wie sie vielfach als Geld im Umlauf sind und die nominell 2 Dollars gelten. Das sehr dünne Messingblech der Neptunes, die wohl ursprünglich zum Salzsieden und zum Kochen gebraucht worden sind, wird von den Fan vorwiegend zum Verzieren ihrer Waffen verwandt.
50 Dollars Zeug.
20 Dollars Tatoki, worunter allerlei feinere und bessere Sachen nach Auswahl verstanden werden.

8 Gallonen Rum.
8 Holzkisten.
8 eiserne Stangen.
8 große Messer (cutlasses).
8 leere Demijohns.
8 kleine Töpfe.
8 Feilen.
7 Scheren.
7 Kessel mit Salz.
8 rote Mützen.

8 kleine eiserne Töpfe.
8 gewöhnliche Messer.
8 bessere Messer.
50 Stück Messingdraht.
200 Feuersteine.
4 Strohhüte.
3 gewöhnliche seidene Taschentücher
6 Stück Seife.
5 Pakete Nähnadeln

8 gewöhnliche und sehr billige Hemden.
60 Thonpfeifen.
60 winzig kleine Glöckchen, die, man weiß nicht zu welchem Zwecke, sehr weit ins Innere hinein gebracht werden müssen, denn an der Küste kommen sie einem nie mehr zu Gesicht.
8 gewöhnliche Hängeschlösser.
10 Schnüre Perlen, wie sie auch nirgendwo an der Küste getragen werden.
12 kleine messingene Ketten.
33 gewöhnliche Teller.
5 Nachtgeschirre.
80 Bündel Tabak, die 8 Dollars wert sind.
20 kleine Spiegel.

Hugo Zöller 1885 in
„Forschungsreisen in der deutschen Kolonie Kamerun. Dritter Teil"

1884 verlassen 30.000 Pfund Elfenbein Groß Batanga in Richtung Europa. In einem günstigen Monat, berichtet Hugo Zöller, kauft allein die Woermann-Faktorei hier am wichtigsten Kameruner Elfenbeinmarkt von ihren Stammlieferanten 86 Stoßzähne — durchschnittlich 15 Pfund schwer. Für ein Pfund erhält der schwarze Küstenhändler Waren im Nominalwert von höchstens 7 Mark, in Europa bringt das Pfund bis zu 15 Mark. So schlagen allein die 86 Stoßzähne aus Groß Batanga in der Großen Reichenstraße mit bestimmt 10.000 Mark auf der Haben-Seite zu Buche, zumal, wenn der Faktoreileiter sich an die Faustregel des „traders" hält: je mehr Schnaps und Salz im Sorting, je weniger Gewehre und Stoffe, desto besser das Geschäft.

Eine Möglichkeit der Duala, die Preisgestaltung zu ihren Gunsten zu beeinflussen, ist das traditionelle Handelsgeschenk. „Beim Abschluss eines jeden etwas grösseren Geschäftes, beansprucht der Neger ausser dem vereinbarten Preis noch ein ‚dash'", klagt Adolph Woermann, „ein Geschenk, welches man gewissermassen als ein Draufgeld, oder, wenn man es anders herum nehmen will, einen Rabatt oder Decort (Preisnachlaß wegen Mängel; d. A.) nennen kann." Der gewiefte Kaufmann fügt sich in das Notwendige. „Dieses dash ist theilweise gar nicht unbedeutend, und es kommt sehr darauf an, dafür billige Artikel zu wählen; doch kann man Waaren, welche nicht vollgültig sind, z. B. halbe Stücke Zeug, auch nicht als dash gebrauchen." Ohne dash kein Geschäftsabschluß. Anfangs sollen die Duala für ein Kru Palmkerne ein Glas Rum als dash erhalten haben, 1881 dann Waren im Wert eines Keg. Mitte der 90er Jahre fordern sie für ein Kru Palmkerne schon „Geschenke" im Wert von einem, und 1898 von 1 1/4 Kru.

Warentransport in Eingeborenen-Fahrzeugen

Ladung der "Aline Woermann"
(aus der Hamburger Waaren-Einfuhrliste vom 2. Mai 1883)

Kakao, 39 Säcke, Ordre.
Kaffee, 340 Säcke,
  Jantzen & Thormählen 47 Säcke,
  Wölber & Brohm 25 Säcke,
  C. Woermann 268 Säcke,
Kalabarbohnen, 1 Sack, Jantzen & Thormählen.
Koprah, 2 Säcke, C. Woermann.
Elfenbein, 2 Kolli, 290 Stück,
  C. Bauermeister 2 Kolli,
  Jantzen & Thormählen 54 Stück,
  C. Woermann 4 Stück,
  Ordre 232 Stück.
Erdnüsse, 60 Tons, Ordre.
Farbeholz (Camwood), 35 974 Pfund, C. Woermann,
do. (roth), 32 050 Stück, Ordre.
Felle, 1 Kiste, C. Bauermeister.
Gummi, 76 Fässer.
  Jantzen & Thormählen 6 Fässer,
  C. Woermann 3 Fässer,
  Ordre 67 Fässer.
Holz, Eben-, 1 488 Stück, Ordre.
Ingwer, 16 Fässer, C. Woermann.
Kaufmannsgüter, 8 Kisten, 117 Säcke.
  C. Bauermeister 2 Kisten,
  Grumbach & Co. 117 Säcke,
  Ordre 6 Kisten.
Oel, Palm-, 353 Fässer,
  Jantzen & Thormählen 50 Fässer,
  R. Müller 10 Fässer,
  Wölber & Brohm 26 Fässer,
  C. Woermann 151 Fässer,
  Ordre 116 Fässer.
Palmkerne, 3 624 Pfund, 2 195 Säcke, 570 Tons,
  G. L. Gaiser 400 Tons,
  Jantzen & Thormählen 117 Säcke,
  Wölber & Brohm 120 Säcke,
  C. Woermann 3 624 Pfund, 17 Säcke,
  Ordre 1 941 Säcke, 170 Tons.
Wachs, 1 Faß, Ordre.

Reichstagsdrucksache Nr. 41 vom 4. Dezember 1884, S. 127.

Die Anpassung der Hamburger an „Rechtsauffassungen und Kaufmanns Usancen des Negers" dient meist nur dem eigenen Vorteil. So birgt der bargeldlose Handel größere Profite als die Geldwirtschaft, die auch lange umgangen wird. Genauso ist es mit dem Trust, der vergeben wird, um die Tropenfrüchte aus dem Hinterland zu beschaffen. Die Palmnüsse müssen gepflückt, entkernt, das Fleisch gepreßt und das Öl gesiedet werden; Kautschuk-Bäume werden gefällt und angezapft, Lianen gekappt, in Stücke geschnitten und ausgekocht; und anschließend muß alles an die Küste transportiert werden. „Aber", schreibt Hugo Zöller, „eine wirkliche Arbeit unternimmt der Neger fast nie, ohne vorher wenigstens einen Teil seines Lohns erhalten zu haben. Selbst die Weiber verlangen Vorschüsse von ihren Gatten, sobald sie, um Kautschuksaft zu sammeln, in den Wald hinaus geschickt werden."

Im Handel mit den Europäern hat es sich eingebürgert, daß dieser Arbeitsvorschuß, der Trust, in Waren gegeben wird. Und das hat Methode: Der Trust ist ein idealtypischer Produktionsanreiz, zumal er in Landesprodukten zurückgezahlt werden muß. Er macht auch das Hinterland mobil. Der kaiserliche Bezirksrichter Lämmermann berichtet 1902 nach Berlin: „Der Händler bietet in den Dörfern des Gummigebietes die Waren aus und reizt dadurch die Habgier und Kauflust der Ortseingesessenen. Da diese aber den entsprechenden Vorrat an Gummi erst gewinnen müssen, zieht der Händler in die nächsten Dörfer, gibt auch dort Waren ab und treibt dann auf dem Rückwege die Gummischulden bei." Auch wenn im Hinterland nur der Ausschuß ankommt — so werden Märkte erobert und Schuldner herangezogen. Perlen und Spiegel, Schnaps und Tabak, Messer und Feile — all das soll die Afrikaner, die bislang nur für den eigenen Bedarf pflanzen und ernten, zur Mehrarbeit motivieren. Die weißen Herren haben sich viel vorgenommen: „Die Umformung des Menschen ist die Grundlage der Kolonialwirtschaft."

Adolph Woermann verteidigt die „Kreditwirtschaft" gegen die Kritik, sie sei nicht kaufmännisch: „Bei dem Trust-System im uncivilisirten Afrika kommt es im Gegentheil dem europäischen Kaufmann zu gute, dass er seine Waaren dem Neger nicht eigentlich verkauft, sondern dem Zwischenhändler dieselben nur anvertraut (trusted), damit dieser als bezahlter Angestellter für die immer das Eigenthum des Europäers bleibenden Waaren Produkte eintauscht." Adolph Woermann zieht Schuldknechte heran — bleibt die Rohstofflieferung aus, haften die Zwischenhändler. Aber ohne den Trust läuft auch ihr Geschäft nicht. Er festigt die Stellung der Duala gegenüber den Rohstofflieferanten und stärkt ihr Zwischenhandelsmonopol, die Quelle ihres Reichtums. Andererseits geraten sie durch die Warenkredite in Abhängigkeit zu den Weißen.

Schnell schnappt die Schuldenfalle zu, zumal Adolph Woermann besonders großzügig ist im Verteilen des Trust. So großzügig, daß er neue Kredite gibt, bevor die alten „gewaschen", d. h. zurückgezahlt sind. So großzügig, daß er sich deshalb mit seinem alten Freund und Mitstreiter Johannes Thormählen überwirft. So großzügig, daß bald ganze Dörfer bei ihm in der Kreide stehen und der hochverschuldete King Bell ohne Einwilligung des Woermann-Faktoreileiters nichts mehr unternehmen kann. 1885 — 17 Jahre besteht die Niederlassung, ein Jahr ist Kamerun deutsch — sind die Küsten-Duala bei den Hamburger Handelshäusern mit einer halben Million Reichsmark verschuldet.

Selbstverständlich müssen auch die Europäer Verluste einstecken: Ihr „Vertrauen" wird mißbraucht, und der Trust verschwindet mitsamt dem Schuldner auf Nimmerwiedersehen; andere wollen zu allem Übel noch hofiert werden, damit sie nicht bei der Konkurrenz ein neues Schuldenkonto eröffnen. Dennoch scheitert 1885 Gouverneur von Sodens erster Versuch, das Trust-System abzuschaffen, am Widerstand der Hamburger Kaufmannschaft. Denn langfristig erfüllt es zwei wichtige Aufgaben: Es ist Transmissionsriemen zwischen der traditionellen afrikanischen Subsistenzwirtschaft und der exportorientierten Europäer-Ökonomie. Und es erschließt Absatzmärkte für den Ramsch aus deutschen Fabriken, noch ehe ein deutscher Kaufmann einen Fuß ins Kameruner Hinterland gesetzt hat. Dort gelten selbst die billigsten Industrieprodukte noch als Prestigeobjekte. Sie sind begehrt, denn für den Erwerb von Frauen und Sklaven investiert, verhelfen sie zu Ansehen und Reichtum. Adolph Woermann ist Optimist: „Ich glaube auch, dass dem Neger im Innern Afrika's gerade so gut wie dem Küstenneger, noch sehr viele Lebensbedürfnisse beigebracht werden können, was eine stetige Zunahme des Bedarfs an europäischen Waaren mit sich bringen würde."

„Solange der Bamumstamm abgeschlossen von der Außenwelt nur für sich lebte, waren seine Bedürfnisse gering. Der Schmied lieferte Waffen, Geräte und Schmuck aus Eisen, Messing und Kupfer. Jede Frau formte ihre Töpfe, wie sie sie brauchte, und brachte aus angeborenem Schönheitssinn schlichte Zierde an. In jedem Gehöft kannte man den Baumwollstrauch und seine Verwertung, und ein gewisser Baum lieferte den allbeliebten Rindenstoff. Doch trugen nur die vornehmsten Herren Kleider, die anderen ließen sich den ganzen Körper tätowieren, und noch heute begegnet man einem alten Mann oder einer Greisin, die derart bemalt, wie ein Überbleibsel aus untergegangener Welt anmuten... Seife und Streichhölzer verdrängen die alten Gewohnheiten. Billiger Schmuck sticht in die Augen, und der Armreif wie der Fingerring des Bamum-Schmiedes werden geringgeachtet. Zwirn und Bindfaden ersparen die Zeit, die man sonst zur Herstellung von Raphiefaden und

Aloeschnur verwendete. Ledergürtel und ‚Imitationen' finden guten Absatz. Papier, Tinte, Feder und Bleistift ziehen in manche Hütte ein, und das Windlicht macht dem offenen Herdfeuer und der Palmrippenfackel Konkurrenz. Eiserne Feldgeräte werden gern gekauft, besonders gern vom Schmied, der sie umarbeitet zu Speer- und Pfeilspitzen und Messer und Schwert. Emaille- und Eisentöpfe trifft man heute in jedem Frauenhaus, und unter den bescheidenen Gefäßen aus Ton und Kürbisschale schreien die eisernen Teller, die Emaille-Becher, die Flaschen und Gläser: ‚Made in Europe'. Fruchtsäfte, Parfümerien und allerlei Tändelkram findet man leider auch in der Faktorei, und der Bamumstamm läßt sich von diesen Kostbarkeiten nichts entgehen... Am wenigsten sympathisch sind die Leute, die ihre schöne Tracht abgelegt haben und sich europäisch kleiden. Zum Glück sind es ihrer nicht viele, Frauen überhaupt nicht. Man kann dem Neuen nicht wehren, oft möchte man sich aber mit beiden Händen dagegenstemmen, wenn das Schöne, Alte, Bodenständige, Praktische und Einfache durch Minderwertiges verdrängt wird."
Missionslehrerin A. Rein-Wuhrmann
1925 in „Mein Bamumvolk im Grasland von Kamerun"

Ausländische Konsumgüter überschwemmen den afrikanischen Markt. Traditionelle Handwerkserzeugnisse verlieren an Wert, ganze Heimindustrien sterben aus. Bald haben die Afrikaner auch keine Zeit mehr, zu töpfern, zu weben, Holz oder Metall zu bearbeiten. Sie müssen Kautschuk kochen, Öl sieden, Holz schlagen, auf Plantagen arbeiten oder Lasten für die Weißen schleppen: Sie müssen ihre Trust-Schulden abtragen. Der kurzlebige Reiz der Waren hat langfristige Folgen: „Das ganze Geschäft ist darauf angelegt, daß der Gläubiger selbst im schlimmsten Fall immer noch dabei etwas gewinnen muß", empört sich Gouverneur von Soden 1886 in einem Brief an Reichskanzler Bismarck. „Dieser schlimmste Fall — nämlich die schließliche Zahlungsunfähigkeit des Schuldners — wird sogar mit Sicherheit vorausberechnet. Und die Seele des Geschäfts besteht lediglich darin, dessen Eintritt so lange als möglich hinauszuziehen. Deshalb wird auch nicht auf völlige Rückzahlung, die ja der Befreiung gleichkäme, gedrungen. Im Gegenteil dieselbe, wenn tunlich, hintertrieben und die drohende Miene des auf seinen Schein zählenden Gläubigers herausgekehrt, wenn das Opfer einen Versuch macht, an seinen Ketten zu rütteln. Im Grunde genommen handelt es sich dabei um eine Art Sklaverei... wie sie ähnlich heutzutage bei uns zuhause mit Vorliebe — Eure Durchlaucht verzeihen hochgeneigtest das harte Wort — nur von professionellen Wucherern und Bordellbesitzern betrieben wird."

Kamerun, Deutsches Kolonialleyifon 1920

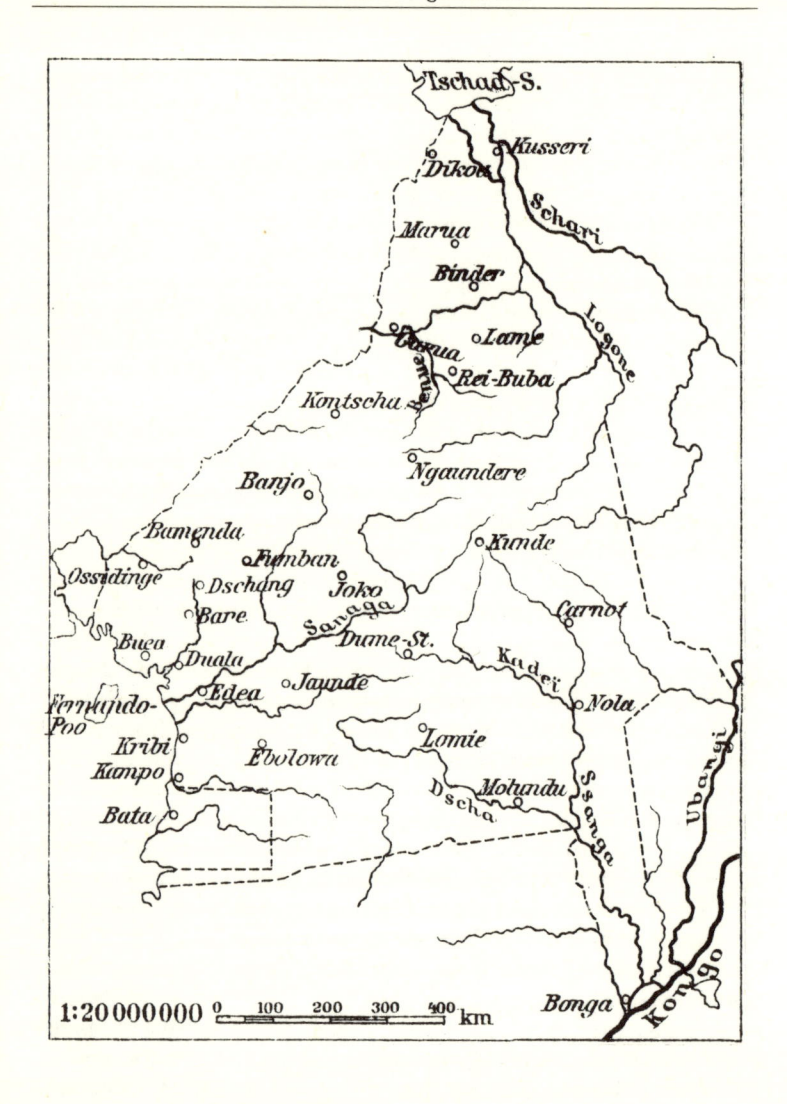

Kamerun wird Kolonie
oder:
Wie Kaufmann Woermann Reichskanzler Bismarck einspannt und die Flagge dem Handel folgt

„Das Innere Central-Afrikas biete mit seiner dichten, konsumfähigen Bevölkerung und den von allen Reisenden geschilderten großen Märkten ein besonders günstiges Absatzgebiet für europäische Industrieerzeugnisse, besonders da nicht allein alle Landesprodukte, sondern auch jede Arbeitsleistung nicht mit baarem Gelde oder Tratten (Wechsel; d. A.), sondern stets mit fremden Waaren bezahlt werden. Die Erschließung dieses Absatzgebietes für die exportbedürftige deutsche Industrie sei daher von größthem Werthe; sie werde aber nicht weniger, als durch fremde Kolonien, durch die die Küste bewohnenden unabhängigen Negerstämme erschwert. Die Kamerun-Neger z. B. lassen keinen Weißen über die Flußmündung ins Innere hinein, und wenn es in einzelnen Fällen gestatten werde, so gehe stets ein Häuptling zur Begleitung mit, um jeden Verkehr mit den benachbarten Völkern zu verhindern... Daher sei zur Erweiterung des Absatzes europäischer Industrieerzeugnisse der direkte Verkehr der Europäer mit den Negern im Innern erforderlich; dieser könne aber nur herbeigeführt werden, wenn die Küste im Besitze einer europäischen Macht sei, und diejenige Macht, welche die Küstenstrecke innehabe, werde den Löwenantheil an dem Verkehre haben."

Adolph Woermann
in einer Denkschrift der Hamburger Handelskammer,
Juli 1883

Mit einer Denkschrift der Hamburger Handelskammer, die die Argumente der Kaufleute — vor allem des Handelshauses C. Woermann — referiert, versucht ihr Präses Adolph Woermann im Juli 1883, dem Reichskanzler Bismarck Kolonien schmackhaft zu machen. Er drängt seit Jahren. Die Annexion Kameruns hat er schon mehrfach angeregt — bislang erfolglos. Bismarck ist stur: Er will keinen außenpolitischen Ärger, mag keine Kolonien. Afrika interessiert ihn nicht.

Woermann zieht in seiner neuen Denkschrift alle rhetorischen Register: der Schutz der deutschen Kaufleute im wilden Afrika, der riesige, lockende Absatzmarkt des schwarzen Kontinents, der Extraprofit durch den Tauschhandel, der mögliche Plantagenanbau, die Versorgung mit eigenen Rohstoffen, die kräftigen Arbeiter in Afrika — und die neuen Arbeitsplätze im Deutschen Reich. 25 Seiten braucht er um zu zeigen, wie sich Kaufmannschaft und Industrie an Afrika entwickeln könnten. Alles spricht für Kolonien.

Woermann rührt nicht als erster die Werbetrommel. Wilhelm Hübbe-Schleiden, ebenfalls ein Kaufmann aus Hamburg, wirbt seit Jahren für eine Plantagen-Kolonie in Westafrika. Bis nach Berlin dringt er mit seinen Plänen. Auch die zweite deutsche Handelsfirma in Kamerun, Jantzen & Thormählen, weiß davon. Die beiden früheren Faktoreileiter Woermanns haben im Afrika-Geschäft so gut verdient, daß sie seit 1874 selbständig arbeiten.

Aufruf

Noch ist die Welt nicht ganz verteilt,
Noch manche Flur auf Erden
Harrt gleich der Braut. Die Hochzeit eilt;
Des Starken will sie werden.

Noch manches Eiland lockt und lauscht
Aus Palmen und Bananen;
Der Sturmwind braust, die Woge rauscht,
Auf, freudige Germanen!

Felix Dahn, 1886
Auch veröffentlicht im Organ der Woermann-Linie, „Afrika-Post"
Nr. 12/25. 6. 1909

Auch Hübbe-Schleiden will reich werden. Die kapitalkräftigste Bank des Reiches, die Berliner Disconto-Gesellschaft, zeigt sich an seinen Plänen interessiert. Großbankier Adolf von Hansemann winkt nicht nur mit Geld, er hat auch Beziehungen: Sein Schwager, Heinrich von Kusserow, ist Referent für Überseehandel im Auswärtigen Amt und eifriger Anhänger des kolonialen Gedankens. Es eilt: Im Februar 1883 läuft in Hamburg das Gerücht um, England bereite zielstrebig die Annexion der „Cameroons" vor.

Hübbe-Schleiden kommt nicht weiter. Die Woermann-Kollegen Jantzen & Thormählen haben ihm ihre Unterstützung entzogen, obwohl ihre Nachforschungen in Afrika für die Rentabilität seines Vorhabens sprechen. Von der Disconto-Gesellschaft wird er hingehalten. Im März legt Adolph Woermann dem Auswärtigen Amt eine Denkschrift über die „Gestaltung der politischen Verhältnisse an der Westküste Afrikas und Mitwirkung des Deutschen Reiches bei denselben" vor. Er arbeitet eng mit der Disconto-Gesellschaft zusammen. Im April erhält Hübbe-Schleiden von der Bank eine Absage. Zwei Jahre später sitzt Woermann in ihrem Aufsichtsrat. Hübbe-Schleiden ist ausgeschaltet. In einem Privatbrief beklagt er sich, daß Woermann „in der gehässigsten und gemeinsten Weise gegen mich agitiert mit dem ihm eigenen ungezügelten, an Wahnsinn grenzenden Jähzorn". Psychisch am Ende, widmet sich Hübbe-Schleiden in seinen letzten Lebensjahren dem Okkultismus.

Seine Pläne werden weiterverfolgt — von Adolph Woermann, dem „königlichen Kaufmann", wie Bismarck ihn nennt. Die Flaggenhissung in Kamerun ist heute nur noch mit dem Namen des Handelshauses C. Woermann verbunden. Nur 1905 heißt es in einem Werk über den Beginn deutscher Kolonialpolitik dunkel: „Man geht vielleicht nicht fehl, anzunehmen, daß durch den Hamburger Hübbe-Schleiden diese Weltfirma zu solchem Beginnen angeregt wurde."

Kamerun eine deutsche Kolonie — das soll den Kaufleuten die Konkurrenz vom Halse halten: zum einen die afrikanischen Küstenbewohner, zum anderen die europäischen Kollegen.

Die Duala behindern den geregelten Geschäftsgang. Sie pochen hartnäckig auf ihr Zwischenhandelsmonopol — und jeder King versucht, einen möglichst guten Schnitt zu machen. Streitereien sind häufig. Schon 1872 beklagt Carl Woermann, der alte Firmenchef, Übergriffe der „Eingeborenen" und vermißt den deutschen Schutz: „Die englischen Händler im Flusse verhöhnen nun die Meinigen; ‚wenn so etwas einem englischen Schiffe passiert wäre, wäre längst ein Kriegsschiff dagewesen' — ‚wo denn nun der Schutz des mächtigen Deutschen Reiches wäre'." Er bittet den Hamburger Senat, sich in Berlin für die Entsendung eines Kriegsschiffes zu verwenden.

Unter den Kaufleuten gilt Kamerun als gefährliches Pflaster. Weiße sind für die Duala Handelspartner und keine Herrenmenschen, und politisch ist die Situation mit Ende des Sklavenhandels unübersichtlicher geworden: Der Verkauf von Menschen war Sache weniger einflußreicher Häuptlinge, mit Palmöl kann jetzt jeder handeln. Die Autorität der Chiefs bröckelt. Einige Häuptlinge versuchen, sich von den Kings unabhängig zu machen, die Untertanen fordern mehr Gewinnbeteiligung. Und: Nicht nur den weißen Kaufleuten, auch den Stämmen im afrikanischen Hinterland ist das Zwischenhandelsmonopol der Duala eine Profitbremse.

Eine heftige Handelsfehde zwischen King Akwa und King Bell samt ihren Gefolgsleuten legt den Handel 1872 für ganze fünf Monate lahm. Zeit spiele für den Neger eben überhaupt keine Rolle, stöhnt Kaufmann Thormählen und trauert dem entgangenen Gewinn hinterher: „Erst nachdem alles verzehrt und verbraucht ist, so daß sie ihren Lebensunterhalt nicht mehr gewinnen können, erst dann drängt die eiserne Notwendigkeit sie dazu, Frieden zu schließen, der dann immer durch Vermittlung der Europäer zustande gebracht werden muß." So auch jetzt: Auf der Hulk „Thormählen" der Firma C. Woermann einigen sich die streitenden Parteien über die zu zahlenden Entschädigungen, jeder King trinkt einige Tropfen Blut des ehemaligen Gegners, der Frieden ist wiederhergestellt. Aber wie lange wird er halten?

Zwei Jahre später fragt der Reichskanzler höchstpersönlich bei C. Woermann an. Bismarck will die Forderungen der Kaufleute wissen. Ein deutsches Kriegsschiff vor der afrikanischen Küste und einen Berufskonsul auf der Insel Fernando Po vor dem Kamerun-Delta — das ist die Wunschliste, die der damalige Woermann-Vertreter Thormählen aus Westafrika nach Berlin schickt. Alles weitere werde der Handel schon selbst erledigen.

Nicht nur die „Eingeborenen" machen den Kaufleuten Sorgen. Zollschranken behindern ebenfalls die Geschäfte. Engländer und Franzosen haben begonnen, die afrikanische Westküste unter sich aufzuteilen. Paris belegt alle ausländischen Waren in den Kolonien mit hohen Zöllen, und London droht mit drastischen Steuern für Schnaps und Pulver, die wichtigsten deutschen Afrika-Exporte. Der belgische König Leopold wirft begierig ein Auge auf das Kongo-Gebiet. Überall Handelsschranken — ein Alptraum für Adolph Woermann. Im Wettlauf um die letzten weißen Flecken auf der afrikanischen Landkarte, dem „Scramble for Africa", entdecken traditionell freihändlerisch gesonnene Hanseaten die Vorteile der Kolonialpolitik.

Sie können Bismarck nur langsam überzeugen. Erst als der Reichskanzler sicher ist, sich die europäischen Rivalen mit den Kolonialplänen der Kaufleute nicht zu Feinden zu machen, und er außerdem entdeckt, daß mit der Verheißung afrikanischer Reichtümer die innenpolitische

Kamerun wird Kolonie 51

Sprengkraft der Massenarmut entschärft werden kann, findet er Gefallen am schwarzen Kontinent. Afrika soll helfen, die Probleme im Reich zu lösen. Ende 1883 ist klar: Der Afrikaforscher Gustav Nachtigal soll als Reichskommissar Verträge mit den westafrikanischen Häuptlingen abschließen, um dem Überseehandel unter die Arme zu greifen.

Karawanenweg am Dscha

Adolph Woermann reibt sich die Hände: Endlich ist es soweit. Schon seit einigen Monaten kaufen seine Agenten afrikanischen Chiefs ihr Land ab. Er weiß: Wenn das Deutsche Reich sich noch Kolonien sichern will, ist Eile geboten. In Hamburg ist bekannt, daß der britische Konsul Hewitt schon seit Jahren mit den Duala über eine Annexion verhandelt. Am 28. April 1884 bespricht Woermann die Instruktionen für Nachtigal mit Bismarck. Zwei Tage später leistet er dem Reichskanzler Formulierungshilfe und faßt die Wünsche der Kaufleute in einem Brief zusammen: „Wenn deutsche Firmen ... gemeinschaftlich oder auch einzeln mit den eingeborenen Häuptlingen Verträge abgeschlossen haben oder abschließen können, nach welchen diese Häuptlinge ihre Hoheitsrechte an Seine Majestät den Kaiser von Deutschland abzutreten gewillt sind, so ist der Kaiserliche Kommissar ... befugt, solches Land im Namen Seiner Majestät des Kaisers für Deutschland in Besitz zu nehmen... Die Besitzergreifung erfolgt sofort, nachdem genannte Firmen die Verträge abgeschlossen haben; dieselbe wird dokumentiert durch Aufziehen der deutschen Flagge in einem jeden der abgetretenen Gebiete, sowie durch eine öffentliche Erklärung, daß das Land nunmehr deutsches Eigenthum sei."

Woermann will keinen Ärger: Bestehende Verträge anderer Handelshäuser sollen gültig bleiben, Rechte anderer Nationen werden respektiert, und: „Den eingeborenen Häuptlingen ist zunächst die Erhebung von Abgaben ganz in bisheriger Weise zu gestatten." Bismarck verfaßt nur noch das Begleitschreiben, und am 19. Mai geht der Woermann-Brief nach Lissabon an den Reichskommissar Nachtigal, der auf dem Kriegsschiff „Möwe" bereits auf Instruktionen wartet. Anfang Juni nimmt er Kurs auf Afrika.

Noch ein zweiter Brief aus dem Kaufmanns-Kontor in der Großen Reichenstraße ist mit gleichem Ziel unterwegs: Vertraulich schreibt Adolph Woermann am 6. Mai seinem Kamerun-Vertreter Eduard Schmidt, der gemeinsam mit dem Thormählen-Mann, Johannes Voß, die Verträge mit den Häuptlingen aushandeln soll: „Nach früheren Berichten, besonders auch nach den Verhandlungen mit dem englischen Konsul scheinen die Chiefs gar nicht abgeneigt zu sein, eine ordentliche reguläre Regierung eines zivilisierten Staates anzuerkennen. Die Streitigkeiten der Chiefs untereinander würden aufhören, auch würden dieselben eine ganz andere Macht gegenüber ihren Sklaven entwickeln können. Es wird Ihre Aufgabe sein, denselben die Vorteile darzustellen, welche sie dadurch haben, daß nunmehr der Kaiser von Deutschland sie beschützt... Wenn Sie diesen Häuptlingen gemeinschaftlich mit Jantzen & Thormählen die Sachen richtig darstellen, so zweifle ich gar nicht, daß Sie Erfolg haben werden. Etwaige Geschenke gehen für gemeinschaftliche Rechnung mit J. & Th. Wir sind hier der festen Überzeugung, daß ein Opfer an Geschenken, welches etwa jetzt gebracht werden muß, durch spätere Ausdehnung des

Geschäfts reichlich wieder eingebracht wird. Die Hauptschwierigkeit scheint mir die zu sein, daß alle Vorbereitungen getroffen werden, bevor die Engländer Wind davon bekommen und uns etwa zuvorkommen. Die ‚Möwe', auf welcher sich Dr. Nachtigal befindet, wird denke ich in den ersten Tagen des Juli bei Ihnen sein; dann muß alles Schlag auf Schlag gehen, und Cameroons muß deutsch geworden sein, ehe die Engländer auch nur eine Ahnung davon haben... Es wäre zu schade, wenn die Geneigtheit des Fürsten Bismarck, jetzt vorzugehen, nicht benutzt werden sollte."

Die Hamburger Anweisungen treffen am 20. Juni am Kamerun-Fluß ein. Schmidt und Voß machen sich an die Arbeit — nachts, damit die Engländer nichts merken. Die Häuptlinge haben schon länger mit einer europäischen „Schutzmacht" geliebäugelt. Sie soll den Autoritätsverlust bei den eigenen Untertanen wettmachen, und die Stämme im Hinterland wären dann leichter in Schach zu halten. In den Augen der Hamburger haben die Duala-Chiefs allerdings den falschen Schutzengel gewählt: Königin Victoria. Schon im August 1879 haben sie Großbritannien gebeten, Kamerun zu annektieren, und als sich London nicht regt, wiederholen sie die Bitte — jedes Jahr. Die Kings stellen allerdings Bedingungen: Auf ihr Zwischenhandelsmonopol wollen sie um keinen Preis verzichten. Genau das aber fordern die Briten — im Interesse ihrer Kaufleute. Verträge scheitern daran. Ende 1883 will Konsul Hewitt einen neuen Anlauf unternehmen. Aber die britischen Händler weigern sich, die Kosten seiner Reise zu tragen. Wichtige Zeit geht verloren. Erst mit vier Monaten Verspätung kann der Konsul nach Westafrika aufbrechen, mit vorgedruckten Verträgen im Gepäck und ebenfalls in aller Heimlichkeit, da die Briten zwar nicht die Deutschen, aber die Franzosen in Verdacht haben, ihnen die letzten Küstenstreifen vor der Nase wegschnappen zu wollen.

Dann geht es wirklich Schlag auf Schlag.

Mittwoch, 9. Juli 1884. Zusammen mit Emil Schulze, Woermann-Agent und deutscher Konsul in Gabun, trifft Eduard Woermann, jüngerer Bruder des Firmenchefs, am Kamerunfluß ein. Die Stimmung dort ist schlecht: Schmidt und Voß haben wenig erreicht und sind ziemlich mutlos. Die dashes, die „Geschenke", haben nur die Chiefs deutschfreundlich stimmen können. „Die beiden Könige Bell und Aqua wollten wohl das Schriftstück unterzeichnen", vertraut Eduard Woermann seinem Tagebuch an, „aber ihre mächtigen Untertanen wollten es nicht zugeben und opponierten heftig gegen jede Unterzeichnung eines Kontraktes mit dem Deutschen Reich. Überhaupt sind die Kamerunneger die frechsten und unverschämtesten Neger der ganzen Küste und ich kann nur nicht begreifen, wie die Weißen sich hier haben die Neger so schlecht erziehen können. Selbst der Einfluß der Könige auf das Volk ist gering und der berühmte King Bell kann sich nicht einmal zu einer Unterschrift bequemen, ohne seine Großen zu befragen."

Und Eduard Schmidt klagt den Hamburgern in einem Brief: „Gestern abend, nachdem wir mit King Aqua, King Bell und Green Joss eine Besprechung über diese Punkte hatten, zogen Aquas Neger und eine Menge Boys jodelnd und schreiend immer an unserer Beach vorüber, sich in den rüdesten Ausdrücken über King Aqua und King Bell ergehend, dieselben anklagend, daß sie ihr Land an die Germans verkauft und sie zu Sklaven gemacht hätten. Die Feder sträubt sich zu schreiben, welche Insulte wir von diesen Kerls hinnehmen mußten... King Aqua und King Bell sind ganz auf unserer Seite und sind nur noch auf ihre Leute wartend."

Den ganzen Mittwoch über wird auf der Veranda der Woermannschen Faktorei verhandelt. Schließlich wollen die Duala am Freitag ein „Meeting" abhalten und sich dann entscheiden. „Zeit spielt bei den Leuten keine Rolle", seufzt nun Eduard Woermann und hofft, daß das deutsche Kriegsschiff mit Nachtigal an Bord noch rechtzeitig kommen werde, um den Duala „Entscheidungshilfe" zu leisten.

Donnerstag, 10. Juli 1884. Der dash wird immer größer. „Viel Geld wird die Sache kosten, wenn sie gelingt", schreibt Konsul Schulze an seinen Chef nach Hamburg, „denn es sind zu viele Leute da, die haben müssen. Die Kings haben nicht den Einfluß, wie Sie wohl angenommen haben." Woermann, Schmidt und Schulze entschließen sich, nach Bimbia zu fahren, um wenigstens dort einen Vertrag abzuschließen. Kaum haben sie den Kamerunfluß verlassen, entdecken sie ein Kriegsschiff am Horizont. Ihr Jubel ist kurz: Es ist nicht die „Möwe", sondern der „Habicht" — die britische „Goshawk", die Kurs auf die Duala-Dörfer nimmt. „Cameroons ist verloren", sagt sich Eduard Woermann und befiehlt „Volldampf voraus" nach Westen: „Bimbia wollten wir bekommen auf alle Fälle."

Aber auf der „Goshawk" ist nicht Konsul Hewitt, sondern nur Kapitän Moore. Er kündigt den Duala-Kings eine freundliche Botschaft von Königin Victoria und ihren Abgesandten für nächste Woche an und bittet King Bell und King Akwa, bis dahin keinerlei Verträge abzuschließen.

„Die unterzeichneten Head-Leute von Bimbia traten am heutigen Tage das ihnen als unabhängigen Leuten eigentümlich gehörende Land von dem Flusse Mosimoselle in Man of war bay beginnend und der Küste folgend bis zu dem kleinen Creek an der deutschen Factory in King-Williams-Town und fünf Meilen in Land vom Seeufer aus gerechnet an Herrn Eduard Schmidt, Agenten der Firma C. Woermann, Hamburg, käuflich ab. Die Kaufsumme ist auf 15 (fünfzehn)

Rum Puncheons zu 10 (zehn) Kroos, in Summa 150 Kroos, festgesetzt, und bestätigen die Unterzeichneten hiermit den richtigen Empfang dieser Summe.

Bimbia, 11. Juli 1884."

Zitiert von Gustav Noske 1914 in
„Kolonialpolitik und Sozialdemokratie"

Freitag, 11. Juli 1884. In Bimbia geht alles glatt: Gegen Mittag haben die „Eingeborenen" die Verträge unterzeichnet, Konsul Schulze beglaubigt sie: Das Gebiet ist deutsch. Auf dem Rückweg treffen die Deutschen wieder ein Kriegsschiff, und diesmal ist es wirklich die „Möwe". Es wird schon dunkel. Wegen der Sandbänke ankert das Kanonenboot vor der Mündung des Kamerunflusses. Wieder an Land, wird Eduard Woermann in seiner Faktorei von der Nachricht überrascht, daß der britische Unterhändler noch nicht eingetroffen ist und die Duala wieder vertröstet worden sind. Noch ist „Cameroons" nicht verloren: „So hatte uns der gute ,Goshawk' eigentlich nur genützt und wir konnten eifrig weiter agitieren und sagen: von den Engländern bekommt ihr Cameroonsleute gar nichts, aber wenn ihr uns Deutsche nehmt, gibt es einen großen Dash."

Sie erzielen einen ersten Erfolg: Häuptling Dido, einer der Gefolgsleute King Akwas, setzt seine Unterschrift unter den Vertrag. 400 Kru hat er von den Firmen dafür eingehandelt. King Bell aber zögert noch. Bis nach Mitternacht versuchen Woermann und Schmidt, ihn von den Vorzügen der deutschen „Schutzherrschaft" zu überzeugen. Vergeblich. Das britische Kanonenboot hat Eindruck gemacht. Nachts um drei Uhr vertröstet sie der Duala auf den nächsten Tag. King Akwa ist überhaupt nicht zu sprechen: Aus Furcht vor seinen Leuten ist er untergetaucht.

Sonnabend, 12. Juli 1884. Erst als die „Möwe" morgens den Kamerunfluß zu den Duala-Dörfern heraufdampft, schlägt die Stimmung um. Mit ihren fünf Kanonen ist sie ein gutes Stück größer als die britische „Goshawk". Unter Ausschluß der Europäer beraten die Häuptlinge über ihre Bedingungen, die sie schriftlich niederlegen. „Our wishes is", fordern sie im besten Beach-Englisch, „Wir wünschen, daß der weiße Mann nicht mit den Buschleuten handelt, nichts mit unseren Märkten zu tun hat, hier am Fluß bleibt und uns den Trust gibt, damit wir mit unseren Buschleuten handeln können." Und weiter: kein Verbot der Vielehe, keine Besteuerung der Haustiere, keine Zölle, keine Enteignung des bewirtschafteten Bodens, keine Kettenstrafe für Trust-Vergehen, nicht nur staatliche Schutzherrschaft, sondern eine Annexion durch die Regierung „irgendeiner europäischen Macht". Annexion, das bedeutet für die Kamerun-Häuptlinge nicht Unterwerfung, sondern Teilhabe am Fortschritt: vor allem Schulen für die Kinder. „We are the chiefs of Cameroons", heißt es

We, the undersigned independant Kings and Chiefs of the Country called "Cameroons" situated on the Cameroons-River, between the River Cambia on the North Side, the River Qua-Qua on the South Side and up to 4°10' North lat. have in a meeting held to day in the German Factory on King Aqua's Beach, voluntarily concluded as follows:

We give this day our rights of Sovereignity, the Legislation and Management of this our Country entirely up to Mr Eduard Schmidt acting for the firm C. Woermann and Mr Johannes Voss acting for Messrs Jantzen & Thormählen, both in Hamburg, and for many years trading in this River.

We have conveyed our rights of Sovereignity, the Legislation and Management of this our Country to the firms mentioned above under the following reservations:

1/ under reservation of the rights of third persons

Kamerun wird Kolonie

2/ reserving that all friendship and commercial treaties made before with other foreign governments shall have full power

3/ that the land cultivated by us now and the places, the towns are built on shall be the property of the present owners and their successors

4/ that the Coumie shall be paid annually as it has been paid to the Kings and Chiefs as before

5/ that during the first time of establishing an administration here, our country fashions will be respected

Cameroons the twelveth day of July one thousand eight hundred and eighty four

Joh: Voss

Zeugen: Ed. Woermann
         v. Buch   Schmidt

King Aqua. x   King Bell x his mark
David Meetom x   John Aqua x his mark
Endene Aqua x   Coffee Aqua x his mark
Black Aqua x   Jim Toss + his mark
Manga Aqua x   Mall Joss + his mark
Joe Garner Aqua x   Davis Joss + his mark
Scott Joss   Jacco Loga + his mark
Big Dies Aqua x Lock n. Aqua   London Bell + his mark
Tey Aqua x William Aqua   Barrow Peter + his mark
Ned Aqua x +   Glama Joss + his mark
                                Lookingglass Bell + his mark

Der Schutzvertrag mit den Kamerun-Häuptlingen

selbstbewußt am Schluß des Papiers. Konsul Emil Schulze zeichnet gegen. Das Zwischenhandelsmonopol wird den Duala zugesichert — und das gibt den Ausschlag: Gegen Abend setzen King Bell, der wieder aufgetauchte King Akwa und die Häuptlinge ihr Kreuz unter das offizielle Dokument, den eigentlichen „Schutzvertrag", mit dem sie Hoheitsrechte, Gesetzgebung und Verwaltung an die Firmen C. Woermann und Jantzen & Thormählen abtreten. Ein Wochenende lang sind die Hanseaten Herren über Kamerun.

Sonntag, 13. Juli 1884. Max Buchner, Begleiter Nachtigals und designierter Interims-Statthalter des Deutschen Kaisers für Kamerun, führt Tagebuch. „In der Faktorei des Herrn Schmidt, in der wir Wohnung genommen haben, begann alsbald ein wüstes Gedränge, in dem sich zugleich die Anarchie, die in diesem Kamerun herrscht, sehr stimmungsvoll zum Ausdruck brachte. Nur Häuptlinge sollten Zutritt haben. Wer aber fühlte sich nicht als Häuptling? ... Herr Schmidt und Herr Voß sind noch immer beschäftigt, Unterschriften beizutreiben. Die Verträge, nach denen die Herrscher, King Bell und King Akwa nebst Vasallen, alle ihre Hoheitsrechte an die deutschen Firmen gaben, waren schon gestern im Grossen fertig. Aber es kommen noch einige Nachzügler, die sich auch verewigen wollen. Auf dem Fluss ist grosses Volksfest. In ihren langen schmalen Kähnen, die bunt in schreienden Farben bemalt sind und vorne mit Schnitzereien geschmückt, eilten die Untertanen herbei, um sich in ihren Ruderkünsten, in denen sie stark sind, zu produzieren. Bis zu fünfzig Mann und mehr sitzen in je einem Kahn, lange rote Fahnen wehen, in raschem Takt stechen die Ruder zischend in das Wasser ein, und in gefährlichen Zickzack-Kursen schiesst man lärmend um die dunklen Hulks herum. Hie und da gibt es Zusammenstösse, so dass die Mannschaft ins Wasser fällt, aber im Nu ist man wieder flott."

Montag, 14. Juli 1884. Kein Kaiserwetter: Am Tag der Flaggenhissung nieselt es. In der Woermann-Faktorei werden Reichskommissar Nachtigal die ersten Verträge überreicht. Dann, um 10 Uhr morgens, beginnt in Belltown die Zeremonie, die in Akwatown und Didotown wiederholt wird: „Landen der Boote, Hinaufmarschieren, Aufstellung nehmen und Präsentieren. Dr. Nachtigal hält eine Rede, zuerst englisch und dann deutsch, die Flagge steigt gravitätisch empor unter einem dreifachen Hoch, die Trommler trommeln, die Pfeifer pfeifen, und drei Gewehrsalven des Kommandos enden jeden einzelnen Akt. Nachdem dies zweimal wiederholt also dreimal vollzogen ist, fällt auch noch die ‚Möwe' ein, indem sie einundzwanzigmal aus ihren grössten Geschützen schiesst, und wie ein kleines schmächtiges Echo lässt sich zugleich ein Böller vernehmen, der viel besser geschwiegen hätte. Ganz Kamerun ist festlich erregt."

Fünf Tage später erst, am Sonnabend, trifft die „Flirt" mit dem britischen Konsul Hewitt ein — zu spät, wie er feststellen muß. Seine Lands-

Flaggenhissung in Kamerun am 14. Juli 1884

leute verpassen ihm den Spitznamen „too late consul". Hewitt macht King Bell heftige Vorhaltungen, muß aber den Vertrag mit den Deutschen akzeptieren. Doch eine kleine Rache kann er sich nicht verkneifen, vermutet Eduard Woermann: „Da sich aber nun doch nichts mehr ändern ließ, hat der Konsul dem Bell wohl gesagt, er müsse sich aber ordentlich bezahlen lassen. Wenigstens fand ich ihn abends um 11 Uhr, als ich von der ‚Möwe' zurückkam, noch bei Schmidt, mit ihm und Voß über seinen Dash sprechend."

Später wird King Bell auch dem Gouverneur ins Gesicht sagen, daß die Deutschen knauserig sind. Finanziell wäre er mit den Engländern wohl besser gefahren, meint er: Sein Kollege in Old Calabar, durchaus kein größerer King als er, erhalte von den Briten eine Jahresrente von 12.000 Mark, während das Deutsche Reich ihm nur 4.000 Mark gebe. (Die cleveren Kaufleute haben den Kumi schon bald nach Flaggenhissung dem Reich als „Rente" aufdrücken können.) Wieviel genau die beiden Hamburger Firmen sich die Sicherung ihres Handelsgebietes haben kosten lassen, kann auch Max Buchner nicht herausfinden. Im Oktober notiert er in sein Kameruner Tagebuch: „Immer wieder ‚Dash'. Das Wort ist mir schon zum Ekel geworden. Wie es sich mit dem grossen ‚Dash', durch den die Deutschwerdung vor sich ging, eigentlich verhält, kann ich aber doch nicht erfahren. Das ist und bleibt ein merkantiles Geheimnis. O ihr königlichen Kaufleute."

Drei Jahre später veröffentlicht Buchner eine erste Schätzung. Jede der beiden Hamburger Firmen dürfte danach allein für King Bell und King Akwa Warengutschriften im Wert von je 70 Puncheons ausgestellt haben, also für jeweils 13- bis 14.000 Mark: eine Investition in die Zukunft. „Von der deutschen Regierung werden wir keinen Ersatz dafür beanspruchen dürfen", bedauert Adolph Woermann in einem Schreiben an seinen Agenten Schulze. Die von Schulze in seiner Eigenschaft als deutscher Konsul unterzeichnete Wunschliste der Duala, mit der auch ihr Zwischenhandelsmonopol anerkannt worden ist, möchten die Kaufleute am liebsten wieder vergessen. Kamerun zu erschließen, ist jetzt Woermanns vordringlichstes Ziel. Der Firmenchef rüffelt Faktoreileiter Schmidt, der mit Nachtigal weiter nördlich bis zum Rio del Rey gefahren ist, um neue Gebiete für Deutschland zu sichern: „Wie ich Ihnen wiederholt geschrieben habe, muß es unser Prinzip nicht sein, uns zu zersplittern, was entschieden der Fall sein würde, wenn wir neue Küstenplätze aufsuchen, und besonders, wenn wir uns in das Old-Calabar-Gebiet hineinbegeben; unsere Aufgabe muß es vielmehr sein, ins Innere vorzudringen. Es scheint mir, die Erwerbung des Cameroonsgebietes hat uns schon ziemliche Opfer gekostet, und möchte ich vorläufig auch nach dieser Richtung hin keine Ausgaben machen. Wir dürfen bei allen patriotischen Gesinnungen niemals die Priorität des Geschäfts außer Augen lassen. Nichts würde verkehrter und mehr gegen das nationale Interesse sein, als unrichtige geschäftliche Unternehmungen."

Dem Geschäft der Hanseaten zu dienen, sieht Reichsvertreter Nachtigal als seine vordringlichste Aufgabe an. In seinem Bericht an Bismarck begrüßt er, daß die Firmen mit den „Eingeborenen" verhandelt haben — andernfalls hätten sich die Häuptlinge wohl kaum mit der „Allerhöchsten Schutzherrlichkeit" begnügt: „Dieselben kennen sehr wohl den Unterschied zwischen einem Protektorat und einer Annexion und forderten entschieden die letztere, da nur diese ihnen die Wohltaten einer zivilisierten Verwaltung, die Einrichtung von Schulen, die ihnen besonders am Herzen liegt, und andere Vorteile zu versprechen schien, während doch

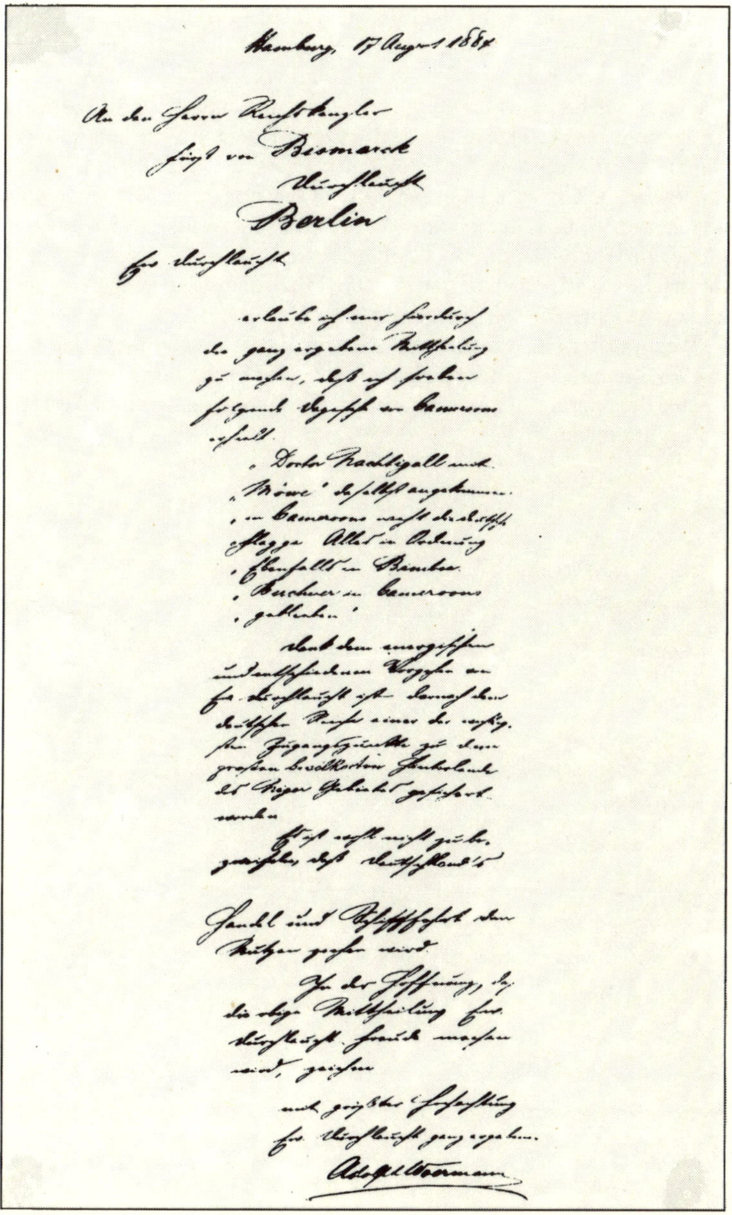

Hamburg, 17 August 1884

An den Herrn Reichskanzler
Fürst von Bismarck
Durchlaucht
Berlin

Ew. Durchlaucht

erlaube ich mir hierdurch die ganz ergebene Mittheilung zu machen, daß ich soeben folgende Depesche aus Cameroons erhielt.

„Doctor Nachtigall und
„Möwe" daselbst angekommen
„in Cameroons weht die deutsche
„Flagge. Alles in Ordnung
„Ebenfalls in Bimbia.
„Buchner in Cameroons
„geblieben."

Nach dem energischen und entschiedenen Vorgehen an Ew. Durchlaucht ist demnach dem deutschen Reiche einer der wichtigsten Zugangspunkte zu dem großen bevölkerten Hinterlande des Niger Gebietes gesichert worden.

Es ist wohl nicht zu bezweifeln, daß Deutschland's Handel und Schifffahrt den Nutzen ziehen wird.

In der Hoffnung, daß die obige Mittheilung Ew. Durchlaucht Freude machen wird, zeichne

mit größter Hochachtung
Ew. Durchlaucht ganz ergebener
Adolph Woermann

Adolph Woermann's Nachricht an Fürst Bismarck

nach den hohen Instruktionen Eurer Durchlaucht vom 19. 5. eine direkte Verwaltung ... nicht in der Absicht der kaiserlichen Regierung liegt."

Vier Wochen brauchen die Nachrichten von der Flaggenhissung am Kamerunfluß bis nach Hamburg. Am 17. August 1884 erhält Bismarck ein Telegramm aus der Hansestadt: „Ew. Durchlaucht erlaube ich mir hierdurch die ganz ergebene Mitteilung zu machen, daß ich soeben folgende Depesche von Cameroons erhielt: Doctor Nachtigal mit ‚Möwe' daselbst angekommen, in Cameroons weht die deutsche Flagge. Alles in Ordnung... In der Hoffnung, daß die obige Mitteilung Ew. Durchlaucht Freude machen wird, zeichne mit größter Hochachtung Ew. Durchlaucht ganz ergebener Adolph Woermann".

Wenig später erhält Bismarck noch einmal Post aus Hamburg. Die Firma Woermann schickt der Reichsregierung eine Rechnung: Den Schnaps, der bei der feierlichen Zeremonie in Afrika ausgeschenkt worden ist, soll Berlin bezahlen.

Die Branntweinpest
oder:
Warum Adolph Woermann ostpreußischen Negerschnaps als Kulturreiz anpreist

„Ich bin an sich der Meinung, daß der Verkauf von Spirituosen nicht günstig auf die Neger wirkt... Wollen wir aber heute aus Philantropie für die Neger, aus reiner Liebe zu den Negern den Schnapshandel nach Afrika verbieten, so würden wir damit einen wichtigen Zweig des deutschen Exporthandels bedeutend schädigen, und wenn wir diese Frage in Erwägung ziehen, so ist doch zu berücksichtigen, sollen wir aus Philantropie für die Neger, die doch noch nicht so lange unsere deutschen Brüder sind, einen großen Geschäftszweig gänzlich unterbinden? Das würde ich für sehr verkehrt halten... Im übrigen glaube ich nicht, daß den Negern durch den Schnaps ein sehr großer Schaden zugefügt wird. Ich meine, daß es da, wo man Zivilisation schaffen will, hier und da eines scharfen Reizmittels bedarf, und daß scharfe Reizmittel der Zivilisation wenig schaden."

Adolph Woermann
im Reichstag
am 4. Februar 1885

Schnapsexport nach Afrika als Kultur-Stimulanz — so jedenfalls stellt es der nationalliberale Abgeordnete Adolph Woermann dar und stiftet damit Heiterkeit im Berliner Reichstag. Ganz ungeniert vertritt der größte Spritexporteur im Parlament seine eigenen Geschäftsinteressen. Moral oder wirtschaftliche Vernunft? Adolph Woermann hat sich entschieden: Philanthropie stört die Geschäfte. Der Appell an nationale Gefühle soll den Export der scharfen Sachen auch bei Kritikern legitimieren: „Es ist dieser Branntweinhandel in Afrika von einer Reihe von anderen Nationen, ja von fast allen anderen Nationen mit der allergrößesten Eifersucht angesehen. Es ist das der Punkt gewesen, wodurch sich die Deutschen überhaupt in den Handel in Westafrika haben hineinbohren können und sich so fest in den Handel Afrikas hineinsetzen konnten, daß sie jetzt eine ganz bedeutende Macht dort haben". Niemand bestreitet ernsthaft, daß erst Rum aus Hamburg den Handel so richtig in Schwung gebracht hat.

Der Schutz des Branntweinhandels ist Hauptgrund für die Besitzergreifung Togos. Max Buchner hält Schnaps für das „nationalste Motiv" bei der Annexion Kameruns. Auch der Chef der Mission, Reichskommissar Nachtigal, stöhnt: „Was soll ich aber an dieser Westküste, die mich niemals gesehen hat? Und was will man eigentlich dort? Die Hamburger Schnapsinteressen stärken? Damit ist wenig Ehre zu holen ..." Hätte Großbritannien seine Flagge in Togo und Kamerun gehißt, dann hätten die Hamburger Kaufleute bis zu 200 Prozent Zoll zahlen müssen. Unter deutschem Schutz kann Schnaps aus Hamburg dorthin ungehindert fließen, gelangt als Schmuggelware sogar auf britische Absatzmärkte.

„Gruß an Crowther, den großen christlichen Geistlichen. Nach dem Gruß bitte sage ihm, er sei ein Vater für uns in diesem Lande. Der Gegenstand, von welchem ich mit meinem Munde rede, schreibe ihm: es ist kein langer Gegenstand, es ist wegen Barasá (Rum oder Branntwein). Barasá, Barasá, Barasá, bei Gott! es hat unser Land ruiniert, es hat unser Volk sehr sehr ruiniert, es hat gemacht, daß unser Volk toll geworden ist. Ich habe ein Gesetz gegeben, daß niemand es kaufen oder verkaufen darf, und jeder, der bei dem Verkaufen ertappt wird, dessen Haus soll aufgegessen (geplündert) werden; jeder, der betrunken gefunden wird, soll getötet werden. Ich habe allen christlichen Kaufleuten gesagt, daß sie Handel treiben dürfen mit allem, außer Barasá. Ich habe Herrn Mc. Intoschs Leuten gesagt, das Barasá, das sie bei sich haben, muß wieder den Fluß hinuntergeschafft werden. Sage Crowther, dem großen christlichen Geistlichen, daß er unser Vater ist. Ich bitte Dich, Malam Rigo (Missionar C. Paulus) vergiß nicht dies Schreiben, weil wir alle bitten, daß er (der Bischof) die großen Priester (die Komitee der englischen kirchlichen Gesellschaft) bitten möchte, daß sie die englische Königin bitten möchten zu verhindern, daß Barasá in dieses Land gebracht wird.

Die Branntweinpest 65

Um Gottes und des Propheten, seines Gesandten, willen er (Crowther) muß uns in dieser Sache helfen, in dieser Barasá-Angelegenheit. Wir haben alle Zutrauen zu ihm; er darf unser Land nicht eine Beute des Barasá werden lassen. Sage ihm, Gott möge ihn in seinem Werke segnen. Dies ist das Mundwort von Maliki, Emir von Nuge."

*Brief eines nigerianischen Fürsten, zitiert in der „Allgemeinen Missions-Zeitschrift"
1886*

Die Regierung in London befürwortet Maßnahmen zur Einschränkung, erwägt sogar ein Verbot des Alkoholhandels, als die europäischen Großmächte 1884/85 auf der Kongo-Konferenz ihre Einflußsphären in Afrika abstecken. Bismarck hat Vertreter von neun Regierungen nach Berlin eingeladen, um den schwarzen Kontinent am Konferenztisch unter sich aufzuteilen. Wegen Afrika soll der Frieden in Europa nicht aufs Spiel gesetzt werden.

Bismarck hat den Schnapshändler Woermann als Delegierten des Reichs mit an den Verhandlungstisch gebracht und gibt Anweisung, unter keinen Umständen für eine Kontrolle der Alkoholeinfuhr in Afrika zu stimmen. Das Problem wird vertagt. Unverbindlich versichern die Regierungen, sich um eine Einigung zu bemühen, die sowohl humanitären Zielen als auch legitimen Handelsinteressen gerecht wird.

Zu diesem Zeitpunkt subventioniert Berlin die Schnapsausfuhr mit 16 Mark „Exportbonifikation" pro Hektoliter. Für die Reichsregierung gibt es neben den Hamburger Kaufleuten noch andere schutzwürdige Interessenten: Ostelbische Großgrundbesitzer, die ihre Kartoffeln zentnerweise zu Schnaps brennen, um durch seinen Export sinkende Getreidepreise wettzumachen. Auch Reichskanzler Bismarck nennt vier Spritbrennereien sein eigen. Sogar die Gegner der Schnapsausfuhr sehen sich bemüßigt, die Lage der ostelbischen Junker ins Kalkül zu ziehen. So die um die Gesundheit der Afrikaner besorgte „Allgemeine Missions-Zeitschrift", die vorschlägt, den Alkohol im Exportfusel doch durch „andere, ganz unschädliche Substanzen" zu ersetzen: „Unsere Zuckerindustrie würde dankbar acceptieren", kann man da lesen, „wenn fortan nur Negerschnaps mit 10 % Zucker exportiert würde; und es würde unsrer grade in den Kartoffeldistrikten in neuerer Zeit aufblühenden Sauerkirsch-Kultur einen bedeutenden Aufschwung geben, wenn jener Durchweg einen beträchtlichen Zusatz von Kirschsaft enthielte."

Es sind die protestantischen Missionsgesellschaften, allen voran die Norddeutsche und die Basler Mission, die bald nach den Flaggenhissungen gegen den Branntweinhandel in Afrika mobil machen. Sie nehmen dabei in Kauf, sich auch mit dem einflußreichen Hanseaten Woermann anzulegen, der ihrer geistlichen Erziehungsarbeit in Afrika ansonsten wohlwollend gegenübersteht. Missionare berichten über die verheerenden Folgen des Alkoholkonsums in den Kolonien, internationale Konferenzen fordern den Abbau von Subventionen und die Besteuerung der Schnapseinfuhr. Eingaben an Bismarck und Petitionen an den Reichstag sorgen dafür, daß die sogenannte Branntweinfrage zum ersten kolonialpolitischen Dauerthema wird. Es geht um die Mengen, die vor allem die Woermann-Schiffe nach Westafrika bringen, um die Qualität des Export-Alkohols und um die Folgen. Immer wieder kommen Schreckensberichte der Missionen auf den Tisch des Hohen Hauses.

Erstmals faßt der Reichstag am 14. Mai 1889 in Sachen Schnaps einen Beschluß. Fast einstimmig bitten die Abgeordneten Bismarck, „die verbündeten Regierungen zu ersuchen, in erneute Erwägung zu nehmen, ob und wie dem Handel mit Spirituosen in den deutschen Kolonien durch Verbot oder Einschränkung wirksam entgegenzutreten sei." Dieser erste, zaghaft formulierte parlamentarische Vorstoß, den Kaufleuten das Schnapsgeschäft zu verderben, ist das Ergebnis einer seit Jahren andauernden öffentlichen Diskussion.

Für den konservativen Abgeordneten Adolf Stöcker ist Alkohol schlimmer als Sklaverei: „Wenn die Negerwelt sich von dem weißen Mann mit seinem Schnaps und Schießpulver durch die Wiedereinführung der Sklaverei loskaufen könnte, so würde sie ein gutes Geschäft machen." Im Reichstag stützt sich der Hofprediger und christlich-soziale Abgeordnete auf Informationen der Missionen, wenn er seinen Kollegen vorrechnet, daß das gute Geschäft bislang die europäischen Schnapsexporteure machen. Jährlich expedieren sie etwa 45 Millionen Liter Spirituosen nach Afrika — allen voran die Hamburger Kaufleute. Vor ihnen hatte der Sprit in Westafrika schon den Sklavenhändlern zu guten Geschäften verholfen. Zwischen 1874 und 1888 besteht mindestens die Hälfte der Hamburger Exporte aus Spirituosen. Ab 1884 sind es sogar zwei Drittel. Der Kaufmann und Reeder Adolph Woermann macht 1883/84 innerhalb von 15 Monaten 850.000 Mark Umsatz im Afrika-Geschäft. Davon gehen jeweils 300.000 Mark auf das Konto von Schnaps und Pulver. Ein Drittel aller deutschen Afrika-Exporte sind Schnapsflaschen im Wert von 12 Millionen Mark.

„Antikoloniale Zahlenmanipulation", ereifert sich die Gegenseite. Da mindestens die Hälfte des Umsatzes auf „Kisten, Flaschen, Strohhülsen, Arbeiten, Geschäftsunkosten, Kapseln, Porto (und) Etiketten" entfalle, sei es eigentlich nur Schnaps im Wert von 5 Millionen Mark, argumentiert Woermann. Für seine Gegner ist dieses Zahlenverhältnis allerdings Beweis dafür, daß „es das schlechteste und scheußlichste Zeug ist, das man überhaupt einem Menschen zu genießen zumuthen kann". Als Adolph

Woermann ihnen zum Gegenbeweis ein Gläschen als Kostprobe verspricht, lehnen die Abgeordneten dankend ab.

In Kamerun mehren sich seit 1874 „die Klagen der Missionare über die Herrschaft, die der Schnaps über ihr Volk in von Jahr zu Jahr steigendem Maße gewinnt. Wohin sie kommen, stoßen sie auf diesen Feind allen kulturellen Fortschritts und wahrer Zivilisation." Ein anderer Missionar klagt, „das ganze Leben hier ist gewissermaßen vom Branntwein durchtränkt". Das widerspricht der puritanischen Moral der Gottesmänner und stört den missionarischen Erziehungsprozeß: „In bestimmten Dörfern kann man fast nie predigen, selbst des Morgens nicht, weil viele Leute besoffen sind."

„Vor 14 Tagen starb ein Diener des Häuptlings von Begoro. Am Todestage wurde vom Branntwein getrunken, was noch vorrätig war. Die Hauptfeier aber mußte man wegen Branntweinmangels um 14 Tage verschieben, denn man mußte ja vorher an die Küste, um bei den Europäern dort, welche ‚den süßen europäischen Wein' verkaufen, die genügende Quantität zu holen. Also werden einige Lastenträger abgeschickt. Einstweilen werden auch Palmen gefällt, um neben dem Branntwein noch Palmwein zu haben. Die ganze Stadt freut sich auf den festgesetzten Tag, denn jedermann darf mittrinken auf Kosten der Familie des Verstorbenen, die dadurch für Jahrzehnte in Schulden gerät.

Die Träger sind schwerbeladen zurückgekehrt und nun konnte heute, Samstag, das Trauerspiel beginnen… Ich hatte in meinem Leben noch nie eine g a n z e S t a d t von ungefähr 4000 Seelen berauscht gesehen. Ich sage aber nicht zu viel, wenn ich sage: die ganze Stadt Begoro hatte e i n e n R a u s c h ! Greise und Greisinnen, Männer und Weiber, Jünglinge und Jungfrauen, Knaben und Mädchen tanzten und taumelten, sangen, schrieen und spieen — und das in der schamlosesten Weise. Sie entwürdigten sich unter das Tier. Der Häuptling, der Wächter des Gesetzes, war so berauscht, daß ihm, als er uns zum Gruße die Hand geben wollte, ein anderer Mann die Hand in die unsrige legen mußte. Dieser Anblick machte mir das Herz recht schwer und ich konnte nur seufzen bei dem Gedanken, daß durch den unheilvollen Branntweinhandel der E u r o p ä e r solches geschähe. Jeden der das mitangesehen hätte — er müßte nicht gerade ein Missionar, sondern nur ein sittlich fühlender Mensch gewesen sein — hätte diese traurige Szene überzeugen müssen, daß der Branntwein die ‚Civilisation' geradezu unmöglich macht! Hätten wir Missionare nur den Fetischdienst und die Vielweiberei zu bekämpfen: um wie vieles leichter wäre uns die ohnedies schwere Arbeit gemacht!"

Missionsinspektor F. M. Zahn antwortet Adolph Woermann, zitiert nach der „Allgemeinen Missions-Zeitschrift" 1886

Die Branntweinpest: mit Schnaps werden Arbeiter angeworben. Sammler, Lastenträger, Plantagenarbeiter — nicht nur bei der Firma Woermann werden sie mit Schnapsrationen entlohnt. Auch die Regierung zahlt ihren schwarzen Untertanen bis 1896 als Teil ihres Lohns am Samstag eine Flasche Branntwein aus. King Bell, so scheint es, ist der einzige Abstinenzler unter den Kamerunern. Das „Feuerwasser", so Missionsinspektor Zahn, Hauptwortführer der Schnapsgegner, ist „zum unzertrennlichen Begleiter des Afrikaners" geworden: „Der Neugeborene wird begrüßt mit Branntwein; die Feste, welche der Jüngling und die Jungfrau feiern müssen beim Eintritt in die Volljährigkeit, die Verlobung, die Hochzeit, die Totenfeierlichkeit, alles wird mit Branntwein gefeiert. Besonders die Totenfeierlichkeiten sind schrecklich... Bis zu 2000 Mark wird bei diesen Totenfeiern an Branntwein und Pulver verbraucht, und manches Haus feiert sich zu Schaden und verliert bei der Feier seine Freiheit... Das Recht ist nicht mehr zu haben ohne Branntwein. Der Richter wird zum Teil honoriert, die Strafe zum Teil erlegt in Branntwein. Auch in die Gottesdienste ist der Branntwein eingedrungen. Die Libationen (Trankopfer für Götter und Verstorbene; d. A.) geschehen in Branntwein. Bei den Opfern, den Bußen, überall und bei allem ist neben die alten landesüblichen Gaben der Branntwein getreten, an dem Küstenrande am meisten, aber auch schon ins Innere immer weiter vordringend."

„Der Palmwein wird bei den Bakwiri folgendermaßen gewonnen: Frühmorgens und gegen Abend wird die Weinpalme mittels eines durch zwei kunstvolle Knoten zusammengehaltenen Klettergurtes bestiegen. In die Krone des Baumes wird mit einem Stemmeisen ein Loch geschlagen, und der Saft dann in einer Glasflasche oder Kalebasse aufgefangen. Meist wird der Palmwein in frischem Zustande getrunken. In den Baliländern wird er gewöhnlich mit Wasser verdünnt und in einem Lehmtopf angewärmt... Schon in den Bali-Ländern findet man neben dem Wein — hier mehr das Getränk des Wohlhabenden — ein aus Mais und Hirse mit Honigzusatz bereitetes Bier, des armen Mannes Labetrunk... Beide Getränke wirken bei weitem nicht so berauschend und haben auch nicht im entferntesten die schädlichen Folgen des leider so massenhaft eingeführten Branntweins."

August Seidel
1906 in „Deutsch-Kamerun. Wie es ist und was es verspricht"

„Maisbier, liha, wurde früher, namentlich in den Küstenregionen in großen Quantitäten bereitet und genossen. Das Bereiten dieses Bieres war bei vielen Frauen der Lebensberuf. Diese Frauen schickten ihre Kinder, Freundinnen und Verwandte in die Städte, Dörfer und auf die

Märkte und ließen dies Landesbier verkaufen; es war ein eigentlicher Handelsartikel. Beinahe in jeder Stadt und in jedem Dorf wohnten 4-6-8-10 solche Bierbrauerinnen, von denen eine jede monatlich 20-30-40 Eimer Mais verarbeitete. Gewöhnlich waren diese Frauen unter sich befreundet und machten sich gegenseitig keine Konkurrenz... Heute wird das Maisbier fast gar nicht mehr bereitet, ... heute kann man sogar in solchen Gegenden, wo das Maisbier zuhause war, nur noch je und dann eine Frau auf dem Markt es feilbieten sehen."

Sonderdruck der Missionszeitschrift „Afrika", o.J.

Palmwein und Maisbier, die traditionellen Getränke, geraten ins Hintertreffen. Afrikanische Bierbrauerinnen werden arbeitslos. Die Hamburger Kunstweinindustrie hat Hochkonjunktur, wie Max Buchner vor seiner Abreise ins „schnapsduftige Kamerun" erkundet: „In Hamburg trieb mich mein Wissensdurst auch noch zu Herrn Nagel, dem berühmten Schnapsfabrikanten. War doch dessen schnödes Erzeugnis eines der nationalsten Motive für die Taten, die sich schürzten. Herr Nagel zeigte mir hocherfreut seine chemische Anstalt, in der es viel zu sehen gab. Rum, Gin, Essig und Liköre, Limonade und Essenzen brodelten da durch Röhrensysteme und geräumige Filter, und aus einem der Apparate floß in rosigen Strahlen ein sehr lieblicher Bordeaux. Aber auch Portwein und Madera, ja auch Rheinwein aus allen Lagen und als höchsten Wert Champagner spendete diese Industrie. An den meisten Flaschen las man spanische Etiketten. Die sollten nach Südamerika gehen."

In Westafrika kam ostpreußischer Kartoffelschnaps mit bunten Etiketten und wohlklingenden Namen wie Rum, Genever, Cognac, Gin und Eau de Cologne auf den Markt. Glaubt man Adolph Woermann, ein wahrer Segen für die „Eingeborenen". „Dieser von Deutschland ... exportirte Sprit ist gerade dasjenige, welches ... nach meiner Erfahrung die wesentlich schlimmeren Narkotika verdrängt, welche die Leute dort hatten", entgegnet der Kaufmann seinen Widersachern im Reichstag, denn „gerade in Folge von Genuß von Palmwein und anderen Getränken, die die Eingeborenen sich selbst bereiten, (kann) die Trunkenheit ebenso groß werden ... wie durch die Einführung europäischer Spirituosen ... Ich weiß es aus der sichersten Quelle, ... daß die Waaren, welche von Hamburg aus exportirt werden, viel reiner sind und viel weniger Fuselgehalt haben als alle die Waaren, welche in Deutschland ... getrunken werden."

Afrika-Missionare dagegen bescheinigen dem „Negerschnaps" teuflische Qualitäten: „In Westafrika wird ein so erbärmlicher Fusel verkauft und getrunken, daß man sollte einen Totenkopf auf die Flasche kleben mit der Aufschrift: Gift! Ein solcher Schnaps muß die Gesundheit derer, die ihn trinken ruinieren. Oft genug treten bei den Eingeborenen Erscheinungen auf, nach dem Schnapsgenuß, die den Eindruck von Vergiftungen machen." Kein Wunder. Hugo Zöller von der „Kölnischen Zeitung" hört 1885 in Togo, daß der Inhalt einer Flasche Gin die Kaufleute nur 7-8 Pfennige koste: „Wie man behauptet, enthält der hier verkaufte Gin außer einem ganz klein wenig Alkohol bloß Terpentinöl und Vitriol, welcher den durchaus notwendigen kratzenden Geschmack hervorbringt." Dieser umstrittene und immer wieder zitierte Satz veranlaßt einen Missionsvertreter zu Recherchen. In Österleins „Handbuch der Hygiene" wird er fündig: „Man sucht schwachen Branntwein durch Abdestillieren über Pfeffer, Caspicum, Seidelbastrinde und dergl. einen schärferen Geschmack zu verschaffen", heißt es da, „oder man setzt gar Scheidewasser, Schwefelsäure (z. B. als ‚saure Sauce' mit fetten Ölen), auch Alraun, Zinkvitriol, Bleizucker zu."

„Die Firma J. F. Nagel, Spirituosenfabrik in Hamburg, liefert die fertige Kiste ‚Gin' mit 12 Flaschen, alles wohlverpackt und etikettirt, für den Preis von durchschnittlich 2,50 Mark! Dieser Preis setzt sich folgendermaßen zusammen:

1 Kiste, dunkelgrün bemalt, innen gefächert,
   zugenagelt .... 0,43 Mark
12 Flaschen aus dunkelgrünem Glas .... 0,68 "
12 Korke .... 0,025 "
12 Metallkapseln darüber .... 0,035 "
12 Etiketten .... 0,015 "
12 Strohhülsen oder sonstige Packung (Spreu z. B.) .... 0,12 "
Arbeitslohn .... 0,12 "
Geschäftsunkosten .... 0,045 "
* 8 Liter 40prozentigen Sprit*
   (100 Liter 100 proz. Sprit = 25 Mark) .... 0,80 "
Wacholder-Essenz
   (für 100 Liter 40proz. Sprit = 0,40 Mark) .... 0,0032 "
* 1 pZt. Dekort (für Verdunstung, Bruch u. dergl.) ...... 0,0273 "*
* 6 pZt. Nutzen .... 0,1380 "*
                                                                    2,4385 M.

Der eigentliche Inhalt einer Kiste Gin stellt also mit 80 Pfennig noch nicht den dritten Teil des ganzen Wertes dar. Über zwei Drittel kommen auf die äußere Fassung. Nur schade, daß dieser Triumph der Industrie des Herrn J. F. Nagel keinen würdigeren Artikel zum Gegenstand hat. Dabei ist der betreffende Gin gar nicht allzu schlecht und an sich keineswegs gesundheitsschädlich.

Es gibt übrigens an der westafrikanischen Küste auch schon Gegenden, in denen die Verfeinerung des Geschmacks der Neger bereits bis zum Konsum von Getränken mit Namen besten Wohlklangs gediehen ist. Für solche höhere Bedürfnisse liefert dieselbe Firma das Dutzend Flaschen

Kognak   für   3,50 Mark
Liqueur   für   5,50 Mark
Champagner   für   9,00 Mark"

Max Buchner
1887 in „Kamerun. Skizzen und Betrachtungen"

Aber nicht nur der körperliche, vor allem der sittlich-moralische Verfall liegt den Missionaren am Herzen. Der Afrikaner ist in ihren Augen ein Kind — unreif, unmündig und unfähig, Verantwortung zu übernehmen. „Noch haben sie keine Kraft zum Widerstand empfangen" — eine Tatsache, die Missionierung fordert und Kolonisierung erst rechtfertigt. In diesem Sinne appelliert auch Adolf Stöcker im Reichstag an das Gewissen der Profiteure: „(I)ch fasse die Schutzpflicht, die uns über unsere Kolonien zusteht, nicht bloß so auf, daß wir, wenn Unruhe oder Krieg entsteht, für die deutschen Geschäftsleute einzutreten haben; mir erscheint die Schutzpflicht zugleich als eine Ehrenpflicht, die von der Kultur noch nicht ergriffenen Bevölkerungen der Kolonien vor den Gefahren einer falschen Zivilisation zu schützen... Es ist sittlich unmöglich, zu Gunsten des Handels, um des Profites einiger deutschen Firmen willen fremde Völkerschaften zu ruinieren."

Dieser moralischen Argumentation seiner Gegner stellt „King Woermann", wie sie ihn nennen, im Reichstag offen wirtschaftliche Überlegungen gegenüber: „Es sind ... diese Industrien, welche Kisten fabrizieren, die Flaschen herstellen, ... welche Korke, Nägel fabrizieren; es sind die Arbeiter, welche diese Sachen zusammensetzen, die doch immerhin eine nicht unbedeutende wirthschaftliche Arbeit in Deutschland repräsentiren, und ebenso glaube ich auch, daß selbst der Export des Sprits nicht unwichtig ist... (E)s ist eben der Verkehr mit den Spirituosen, welcher uns es ermöglicht, die Rhederei aufrecht zu erhalten".

Die Missionare halten dagegen, daß die Sicherung heimischer Arbeitsplätze noch lange kein Entwicklungsmodell für Afrika sei. Dort lege der Schnaps alles lahm, „die Leute sind völlig demoralisiert und nichts, gar nichts kann gedeihen. Nicht nur sind die Leute stumpf und unempfindlich für das Wort Gottes, nicht nur ist, wenn letzteres einen Eindruck gemacht, es bald wieder verwischt und verflogen, sondern da wollen auch keine Schulen gedeihen, und die armen Leute kommen nach und nach so herunter, daß selbst der Ackerbau und der Handel, selbst der Schnapshandel zugrunde gerichtet wird."

Nicht aus lauter Gefühlsduselei, wie Woermann unterstellt, nicht aus „Philantropie, aus reiner Liebe zu den Negern", wollen die Protestanten die Schnapseinfuhr in die Kolonien beschränken. Die Ökonomen unter ihnen warnen die Unternehmer, daß die „Branntweinpest" ihnen Arbeiter und Kunden wegraffen, das Huhn töten werde, „welches die goldenen Eier legt. Unsere Kaufleute ... wünschen doch etwas mehr, als für ein paar Jahre das Fett von der Suppe zu schöpfen", vermutet Missionsinspektor Zahn und gibt zu bedenken, „in keinem der deutschen Schutzgebiete kann ein deutscher Handwerker leben. Die Einheimischen müssen die körperliche Arbeit thun." Und weiter: „Dass diese Arbeit zunimmt, ist ein fundamentales Interesse für den Kaufmann, und er sägt den Ast ab, auf dem er sitzt, wenn er den Arbeiter lehrt, den Trunk für das Hauptstück des täglichen Brots zu halten, wenn er ihn betrunken macht, so daß er auch die Arbeit unterläßt, welche er bisher gethan hat."

> *„Herr Schmidt, der Woermann-Agent, als der große Spender von Trust oder Nicht-Trust, erhält solche (Bettel-)Briefe täglich. Herrn Schmidt verdanke ich denn auch den (folgenden) ... Seufzer, der aus einer Menge anderer ausgewählt ist, da er einen karakteristischen Inhalt mit der nötigen Kürze vereinigt.*
>
> *Der Truly boy Isak Akwa will sich und einigen Freunden über den Schmerz mit nur einem Gallon (4 1/2 Liter) hinweghelfen. Das deutet darauf hin, daß er noch ein kleiner Anfänger ist. Wäre er bereits ein großer Herr, so würde er sein Schnapsbedürfnis zur Totenfeier in ganzen Fässern ausdrücken. Da ihm, wie er sagt, eine Frau gestorben ist, nennt er sich selber zartfühlend Sorrowing widow."*
>
> *Max Buchner*
> *1887 in „Kamerun. Skizzen und Betrachtungen"*

Wenngleich Mission und Kolonialunternehmen am gleichen Strang ziehen und den Neger zur Arbeit bekehren wollen, können sich die Missionen gegen das Spirituskartell nicht durchsetzen. Aus Sicht der Profiteure hat die Ware Alkohol einen hohen Tauschwert: Sein Gebrauchswert verfliegt mit dem Rausch, und der Nachdurst wird erneut mit Branntwein gelöscht. Für ihn muß der Afrikaner Lasten schleppen, Elfenbein oder Palmöl abliefern. Die Sucht stellt sich ein: Sie garantiert einen beständigen Absatzmarkt und fördert den „Arbeitswillen" der Afrikaner. „Der Branntwein war überall das Hauptmittel", kommentiert der Sozialdemokrat August Bebel im Reichstag, „den Untergang der fremden Völker zu erreichen ... (und) die Schwarzen in Abhängigkeit von den Weißen zu bringen. Die Besitzer dieses Feuerwassers benutzen das als Lockmittel, sie dazu zu bringen, für sie zu arbeiten, sich an sie zu verkaufen und in jeder Weise sich von ihnen ausnutzen und ausbeuten zu lassen."

Spurensicherung:
St. Pauli ist überall

Das Federvieh stiebt auseinander, und Erich lacht: „Bei Hühnern bremst man hier nicht!" Auf der zerfurchten Urwaldpiste gibt er noch einmal Gas. Der aufgewirbelte rote Staub dringt selbst durch die geschlossenen Fenster des Geländewagens und klebt auf unseren total verschwitzten Gesichtern. Klimaanlagen gelten für Fahrzeuge des Deutschen Entwicklungsdienstes als unangemessener Luxus.

Ziel dieser Etappe unserer entwicklungspolitischen Journalistenreise durch Kamerun ist eine kleine Kakao-Genossenschaft mitten in der Lékié, Kameruns wichtigster Kakao-Region. Schon von weitem schallen uns laute Männerstimmen entgegen. Die Bauern drängen sich um den Wiegehaken, der vom Dach eines kleinen Lagerhauses herabhängt, und kämpfen um jedes Gramm: „Häng den Sack noch einmal auf, vielleicht wird das Kilo dann noch voll!" Der Staatsbeamte kontrolliert die Qualität der Bohnen, und der Vertreter der Genossenschaft zahlt den Kleinbauern die staatlich festgesetzten Kilopreise aus.

Bis in den Nachmittag geht das so. Dann wird gefeiert. Ein Händler hat gleich gegenüber seine Waren auf dem Boden ausgebreitet: Stoffe und Küchentöpfe für die Familie und Bier gleich für den ersten Durst der Männer. Das Leergut wird in einer Blechschüssel gesammelt. Sie muß oft geleert werden.

Im Laufe des Tages klappern wir noch mehrere dieser kleinen Märkte ab, die Erich vom DED als Betriebswirt berät. Sparkassen, die die Genossenschaften ihren Mitgliedern anbieten, sollen dafür sorgen, daß der Jahresverdienst der Bauern möglichst lange vorhält. Überall werden wir zu einem Begrüßungsschluck eingeladen. Auch in der kleinsten Hütte wird nicht etwa der traditionelle Palmwein serviert, sondern — meist sogar gekühlt — das „Jobajo", wie die Kameruner das „Beaufort" nennen, ein Bier der staatlichen Brauerei.

Als wir abends unser winziges Hotel in Saa aufsuchen, erkennen wir das verschlafene Nest vom Morgen nicht wieder. Es geht zu wie auf dem Jahrmarkt. Alles ist auf der Straße. Aus jedem Haus schallt Musik, und jedes zweite scheint sich in eine Kneipe verwandelt zu haben. Der Hoteleingang ist von parkenden Autos blockiert. Wir drängen uns durch eine angetrunkene Männer-Riege durch. Drinnen ist kaum noch Platz, die Musikanlage macht einen ohrenbetäubenden Lärm. An Markttagen, erzählt Erich, kommen die Prostituierten sogar aus dem 50 Kilometer entfernten Yaoundé angereist. Um in unsere Zimmer zu kommen, müssen wir quer über die Tanzfläche. Ein Hindernislauf. Kein Mensch kann verstehen, daß wir nicht mitfeiern wollen. Es wird eine unruhige Nacht, geradeso, als stehe das Bett auf der Tanzfläche.

Als wir Robinson Lambes „Night Club" in Groß Soppo bewundern, an einem Vormittag, ist er noch menschenleer und dunkel. Die Regale hinter der Bar sind gefüllt. Abends macht Robinson mit Alkohol gute Geschäfte. Er selbst, so sagt er uns, trinke nicht. Das habe ihm die Kirche verboten. Bier und Spirituosen sind für Robinson Lambe tabu — ein Sonderfall in Kamerun.

Bei unseren Fahrten über Land sehen wir täglich Leergut, aufgestapelt am Rand der Laterit-Piste: Ein Dorf wartet auf Nachschub. Und er kommt tatsächlich, pünktlich: Bald geben wir es auf, die Bier-Laster zu zählen. Sie rollen Tag und Nacht. „Die einzige Wirtschaftsbranche, die flächendeckend das ganze Land erfaßt und auch wirklich funktioniert", haben uns Spötter gleich nach unserer Ankunft vorgewarnt.

In Monatélé, einem abgelegenen Ort in der Zentralprovinz, suchen wir in der Mittagshitze Erfrischung im kleinen Dorfladen. Strom gibt es hier erst seit ein paar Monaten, aber eine Kühltruhe steht schon da. Das Bier muß schließlich kalt sein. Nicht nur die einschlägigen Sorten der heimischen Brauereien — „Nobra" und „Nobra Star", „Alpha Beer" und „Beaufort", die Flasche mit dem grünen Etikett —, auch uns geläufigere Biere liegen hier mitten im Busch auf Eis: Guiness, Tuborg, Beck's. Der Dorfladen in Monatélé ist gut sortiert.

Neben den staatlichen „Nouvelles Brasseries Africaines" in Douala beherrschen auch in Kamerun die transnationalen (Bier-)Konzerne den Markt. Sie haben ihren Anteil in der Dritten Welt seit Anfang der 60er Jahre planvoll ausgebaut und die einheimischen Getränke immer mehr verdrängt. Gaben die Entwicklungsländer 1970 noch umgerechnet 850 Millionen Mark für Alkohol-Importe aus, waren es 1980 schon 3,4 Milliarden. Der Bierverbrauch in Kamerun stieg pro Kopf der Bevölkerung von 1960 bis 1981 um 562 Prozent. Ein lukrativer Markt für die Multis: Die irischen Guiness-Brauer, in 140 Staaten dabei, erzielten 1981 15 Prozent ihres Umsatzes in Asien und Afrika — aber 36 Prozent des Gewinns.

Zwei überlebensgroße Guiness-Männer in knallroten T-Shirts lachen uns aus der Wildnis an. Den großflächigen Getränkewerbungen im Urwald begegnen wir auf fast allen Überlandstraßen in Kamerun. Kneipenwände sind mit Postern und Kalenderblättern tapeziert, die Alkoholisches anpreisen, in Zeitschriften für den „gehobenen" Geschmack wartet der Kameruner Geschäftsmann mit einem Glas Tuborg in der ringgeschmückten Hand auf sein Flugzeug, Martini on the rocks suggeriert verliebte Urlaubsfreuden am Palmenstrand, ein Windsurfer ist Kulisse. Alkohol macht stark, versprechen die sportlichen Typen der Werbung; man ist nicht mehr allein, wenn man trinkt, man hat Erfolg. So richtig schwarz ist keines dieser Werbegesichter. Nicht nur die helle Hautfarbe, auch Kleidung und Statussymbole bringen den afrikanischen Alkoholkonsumenten dem Europäer ein Stück näher.

Der deutsche Bierexport hat sich seit 1975 verdoppelt. Im Inland ist die Sättigungsgrenze längst erreicht. Nur die Niederländer setzen im Ausland mehr Bier ab als die 4,6 Millionen Hektoliter, die deutsche Brauer außer Landes schaffen. Unbestrittener Marktführer: das Bier der Bremer Firma Beck. Als „St. Pauli's Girl" ist es in mehr als 100 Ländern zu kaufen. Ein Absatzschwerpunkt: Afrika.

Hamburgs Holsten-Brauerei, Nummer zwei im deutschen Bier-Export, ist in immerhin 80 Ländern vertreten — auch in der Dritten Welt. Im Ausland, so sagt der Vorstand, findet die „Nummer 1 im Norden" einen „gewissen Ausgleich für die insgesamt nicht befriedigende Ertragssituation auf dem deutschen Markt". Fast jeder dritte Holsten-Liter wird außerhalb der deutschen Grenzen getrunken.

„Bergedorf" — das kleine Schild fällt uns sofort auf, als wir in Kumba im Hotel ankommen. Bei den Deutschen hieß der Ort Johann-Albrechts-Höhe. In der Hotelhalle, neben dem zerschlissenen Kunstledersessel mit der herausquillenden Schaumstoffüllung, steht eine Glasvitrine mit dem Aufkleber: „Bergedorf", und viel kleiner darunter „Hamburg". Das Etikett einer Bierflasche: „German Lager-Beer. Vereins-Brauerei". Das Unternehmen der Hamburg-Altonaer Gastwirte wurde 1863 an der Chrysanderstraße in Bergedorf gegründet. Ihr „German Lager-Beer" mit dem

Die Eroberung des dunklen Erdteils.
Natura-Milch-Exportgesellschaft Bosch & Co. m. b. H., Waren in Mecklenburg.

Marienthaler Export-Bier
Alleiniger Export nach West- und Ostafrika
C. Woermann, Hamburg

gelben Etikett war eines der ersten tropenfesten Brauereiprodukte — ein reines Exportbier. Beweise seiner Qualität und Internationalität sind auf dem Rand des Etiketts werbeträchtig aufgelistet — die Preise, die das Bier errungen hat: Hamburg 1885, Barcelona 1886, Altona 1889, Melbourne 1890 ... 1914 hat Holsten die Brauerei übernommen. 1963, zum 100. Jubiläum der in Kamerun sehr beliebten Bier-Marke, wußte das „Hamburger Abendblatt" sogar von einem trinkfreudigen „Bergedorf-Club" in Buea zu berichten. Seit kurzem versorgt eine Brauerei in Nigeria, von Holsten lizensiert, ganz Westafrika wieder mit dem traditionsreichen Tropen-Bier.

Wer etwas auf sich hält in Kamerun, trinkt Ausländisches. Am nächsten Morgen holt uns ein Kollege des staatlichen Kameruner Rundfunks im Hotel ab. Während wir frühstücken, trinkt er Bier aus der Dose. Ein deutsches Bier; kein „Bergedorf" — „St. Pauli" heißt seine Sorte. Ein „Marken-Treuer": „St. Pauli" ist ein Prestige-Bier. Mit 1.000 CFA (rund sieben Mark) ist es dreimal so teuer wie das einheimische „Jobajo".

Noch kostspieliger ist das Hochprozentige, das Präfekten und Regierungspräsidenten unserer Journalistengruppe als Willkommenstrunk reichen lassen — und kein Regionalbeamter läßt sich die Gelegenheit entgehen, offiziellen Besuch zu empfangen. Auf Staatskosten prosten sie den Gästen aus Deutschland zu. Ihr Spirituosensortiment ist international: Whisky, Cognac, Rum und Champagner. Heute stimmen die Etiketten. Als Einfuhrland für echten französischen Champagner steht Kamerun unangefochten auf Platz 1 in Afrika. Mit 475.000 Flaschen nimmt die städtische Elite Frankreich 1983 insgesamt ein Fünftel seiner Champagnerlieferungen nach Afrika ab.

Die stolz präsentierte Flasche mit der Aufschrift „Snaps" dagegen weckt Erinnerungen an Nagels Schnapsfabrik. Es handele sich um echten holländischen Genever, versichert man uns und schenkt ein Wasserglas voll ein. Haltung zu bewahren fällt scheinbar nur uns am Ende der Empfänge schwer. Auch der Offizielle, der souverän Campari mit Cognac und diversen anderen Spirituosen mixt und als Drink genießt, nötigt Respekt ab. Nicht umsonst entziffert der Volksmund die Bier-Sorte „Gold Harp" mit den Worten „Gouvernment officers like drinking hard after receiving payment".

Auch der Präfekt in Eseka, der uns sogar am Sonntag vom Bahnhof abholt, stößt auf die Deutschen an. Bis kurz hinter die Stadt sind die Kolonialherren damals von Duala aus mit ihrer Eisenbahn gekommen. Der Bahnhof sei noch immer der hübscheste von ganz Kamerun, sagt er. Die Lage der Stadt: einfach ideal, uneinnehmbar. Ebenso sein Wohn- und Dienstgebäude, offenbar das des deutschen Statthalters: sehr gut auf einem kleinen Hügel plaziert. Die Deutschen seien Arbeiter gewesen, meint der Präfekt, die Franzosen Theoretiker. Nein, nein, keine Schmeicheleien für deutsche Gäste, wehrt er unser Staunen ab, so urteilten alle Kameruner.

Freundlichkeiten über unsere Vorfahren klingen uns bald überall in den Ohren. Hier ist es das allgemeine Lob auf die tüchtigen Deutschen, die ja viel mehr geschafft hätten als alle anderen Kolonialmächte zusammen, dort ist es die Brücke aus der deutschen Kolonialzeit, die immer noch hält — während die von den Franzosen gebaute, gleich daneben, schon längst zusammengebrochen ist.

Robinson Lambe schwört vor allem auf Medikamente aus Deutschland. Einen ganzen Korb voller Tuben, Flaschen und Schachteln schüttet er vor uns auf dem Fußboden aus.

„Das alles haben mir die deutschen Touristen gegeben."

Zuckerteststreifen, Ohrentropfen, Rheumapillen — gegen fast alle Übel scheint Robinson gewappnet.

„Unsere Leute, die Bakwiri, wollten damals nicht gern ins deutsche Hospital. Sie hatten große Angst. Die alten Leute haben gesagt, wenn wir in deutscher Zeit ins Hospital gingen, kamen wir nicht wieder raus. Die Leute gehen immer tot. Deswegen hatten wir Angst vorm Hospital — die sind da drin immer gestorben, ich weiß nicht, warum. Ob die vergiftet worden sind — ich kann es nicht sagen."

Wir fragen nach den afrikanischen Medizinmännern.

„Ja, die Bakwiri hatten eigene Doktoren, aber das war verboten in der alten Zeit. Die schwarzen Doktoren kannten Gräser und Zauber. Die Deutschen und die Kirche wollten das nicht haben. Betrüger und Lügner, haben sie gesagt. Jetzt haben sie wieder angefangen, die Regierung hat es wieder erlaubt."

Auf dem Fußboden sichten wir Robinsons „Giftschrank". Mancher Beipackzettel ist vergilbt. Vorsichtig deuten wir an, daß selbst deutsche Chemie verderben kann. Doch von seinen Schätzen trennt sich Robinson nicht. Sein Urenkel wird angewiesen, Schachtel für Schachtel wieder im Korb zu verstauen.

„Der Sohn von Herrn Jakobi verkauft mir Medizin. Sein Vater war mit Herrn Woermann in Kamerun. Er hatte eine schwarze Frau. Die Frau hatte einen Sohn. Der Sohn ist hier. Er hat eine Apotheke in Buea. Er hat viel Geld."

Der Bürgermeister von Nachtigal, das heute immer noch den Namen des Reichskommissars trägt, ist ein freundlicher, leiser, älterer Mann. Seine 16 Kinder, so behauptet er, hätten alle deutsches Blut in den Adern: Er sei entfernt mit Nachfahren des Schutztruppenoffiziers Hans Dominik verwandt, erklärt uns der Chef über die 300 Familien des Dorfes. Das Überlegenheitsgefühl der weißen Herrenmenschen hat intime Begegnungen mit „minderwertigen Negerweibern" nicht ausgeschlossen. Ob nicht Hans Dominik wegen seiner Brutalität in schlechter Erinnerung geblieben sei? Als wir wissen wollen, was denn die alten Männer des Dorfes über die deutsche Kolonialzeit zu berichten wüßten, wird der höfliche Bürgermeister ganz verlegen. „Na ja", sagt er, „wir müssen ja soviel auf dem Feld arbeiten — da haben wir gar keine Zeit zum Erzählen."

Auch Robinson Lambe tut sich schwer, Schlechtes über die Deutschen zu sagen.

„Als Hausjunge wurde man gut behandelt. Eine schlechte Sitte aber hatten die Deutschen, die wir nicht wollten: Wenn man Fehler gemacht hat, wurde nur geprügelt — 25 Schläge."

Wohin, zeigt er uns. Etwas verlegen lachend, rutscht er auf der Bettkante hin und her.

„Ja, hier, 25 auf den Arsch. Diese Prügelei war sehr schlecht. Deswegen wollten die Leute die Deutschen nie gerne."

Die Züchtigung der Kameruner
oder:
Wie dem Woermannschen Handel der Weg gebahnt wird

„Ich glaube, daß nach den bisherigen Erfahrungen an der Westküste Afrikas, nachdem jetzt Ruhe geschaffen worden ist, wenn eine Zeit lang ein Kriegsschiff anwesend bleibt, die Ruhe aufrechterhalten wird. Es ist das besonders wahrscheinlich in Kamerun, weil es dort eine Menge kleiner Häuptlinge gibt. Das Gebiet von Kamerun unterscheidet sich sehr von dem Gebiet des Königs von Dahomey und dem des Königs von Aschanti, welches große und mächtige Reiche sind, welche stets die Europäer angreifen können und in der Lage sind, sich eifrig und kräftig zu vertheidigen. Das ist in Kamerun ausgeschlossen, weil die einzelnen Häuptlinge ohnmächtig und schwach sind. Nachdem dieselben einmal gezüchtigt worden sind, glaube ich nicht, daß fürs erste weitere Züchtigungen nothwendig sein werden; immerhin aber wird wohl die Gegenwart eines Kriegsschiffes doch erforderlich bleiben."

*Adolph Woermann
im Reichstag
am 10. Januar 1885*

Als Woermann ein halbes Jahr nach Flaggenhissung in Kamerun beruhigend auf die Reichstagsabgeordneten einredet, sammeln Max Buchner und der Journalist Hugo Zöller immer noch — ebenso wie die Briten — eifrig Unterschriften von Häuptlingen im Hinterland, um bei Grenzverhandlungen mit den anderen Kolonialmächten gute Karten zu haben. Adolph Woermann versucht die Parlamentarier zu überzeugen, daß die neuerworbene Kolonie fest in deutscher Hand sei und kaum Kosten verursachen werde. Vor allem letzteres interessiert in Berlin: Geld für Afrika will der Reichstag nicht bewilligen, und auch Bismarck denkt nicht an Annexion, an „Kolonien" mit staatlicher Verwaltung, sondern will „Schutzgebiete", in denen die „königlichen Kaufleute", wie sie früher versprochen haben, alles selbst in die Hand nehmen. Aber es läuft nicht wie geplant.

Lange Monate bleibt der Reichsadler über der Woermann-Faktorei das einzige Anzeichen, daß Kamerun nun deutsch ist. Und Max Buchner, Statthalter des Kaisers, scheint für die Duala zwischen all den Palmölfässern in dem, wie er sagt, „elenden Blechsarg..., der zugleich Schnapsbude und täglicher Skandalplatz für die Neger ist", auch keine Respektsperson. In seinem Tagebuch notiert er schon bald einen „Rückschlag in der Negerbegeisterung": „Für die Mehrzahl der alten Herrscher war die Abtretung ihrer Würde ein ganz gutes Geschäft gewesen. Aber es fehlte auch nicht an anderen, die sehr unzufrieden waren, weil sie nichts davon abbekamen oder weniger als sie erwartet und voll Gier gefordert hatten." Und weiter: „Unsere Besitzergreifung hat überhaupt für alle Kamerunhäuptlinge so viel Unangenehmes zur Folge gehabt, daß sie gern das Geschehen rückgängig machen würden, falls sie könnten."

Sie können nicht. Aber sie machen den Kaufleuten Schwierigkeiten. Lock Priso, der Häuptling von Hickorytown, hat immer für die Engländer plädiert und den „Schutzvertrag" nicht unterschrieben. Er gewinnt mehr und mehr Anhänger, sucht sich von King Bell unabhängig zu machen und zieht die Joss-Leute auf seine Seite. King Bell, der kaisertreue, hat einen schweren Stand, da er den großen dash der Deutschen mit seinen Untertanen nicht geteilt hat. Immer energischer fordern sie ihren Anteil. Ein Bürgerkrieg droht, der Handel liegt brach. Als King Bell im Hinterland ist, wird sein Dorf überfallen. Buchner muß ihm raten, sich vorläufig an der Küste nicht blicken zu lassen. Den Kapitän eines englischen Kanonenbootes kann er nur mit Mühe überzeugen, daß das Deutsche Reich Kamerun unter Kontrolle habe. Am 7. Dezember 1884 schickt Buchner einen Hilferuf an die Kriegsmarine. Er bittet, „so schnell als möglich zu unserm Schutz und eventuell zur Züchtigung der Rebellen eines oder zwei der Euer Hochwohlgeboren unterstellten Schiffe hieher beorden zu wollen... Nur eine möglichst strenge und harte Bestrafung wird imstande sein, den rohen Hochmut der Kameruner niederzubeugen, und nur, wenn ihnen möglichst bald eine Idee europäischer Kraft, die sie niemals erfahren haben, beigebracht wird, können wir auf erträgliche Zustände hoffen."

Am 16. Dezember wird Belltown von den Aufständischen niedergebrannt. Woermanns Waren bleiben unversehrt — die Faktorei kann mit einem Extra-dash von sieben Kru vor der Zerstörung bewahrt werden.

Kurz vor Weihnachten taucht Konteradmiral Knorr mit der lang erwarteten Fregatte „Bismarck" und der Korvette „Olga" vor der Kamerun-Mündung auf. Drei Tage lang werden die Duala-Dörfer mit Kanonen beschossen und unter lauten „Hurra"-Rufen gestürmt: die „Züchtigung", die Buchner gefordert hat und von der Adolph Woermann drei Wochen später im Reichstag spricht.

Sie zeigt Wirkung. King Bells Stellung ist wieder gefestigt, die „Rebellen" ergeben sich. Nach Weihnachten meldet Admiral Knorr nach Berlin: „,Bismarck' und ,Olga' haben am 20., 21. und 22. aufrührerische Negerparteien in Kamerun mit Waffengewalt niedergeschlagen, mehrere Häuptlinge und größere Zahl ihrer Krieger gefallen bzw. vertrieben. Ortschaften vernichtet. Autorität der Flagge und Ruhe am Ort wiederhergestellt."

Während in Kamerun eine Kanonade die deutsche Herrschaft über ein paar Duala-Dörfer sichert, teilen die Großmächte auf der Kongo-Konferenz in Berlin ganz Afrika unter sich auf. „Die Welt ist wohl noch niemals Zeuge eines so großen Raubes gewesen", schreibt der afrikanische „Lagos Observer" am 19. Februar 1885. „Afrika ist hilflos, ihn zu verhindern." Einflußsphären werden in Berlin markiert, die genaue Grenzziehung bleibt bilateralen Verhandlungen überlassen. Kameruns Grenzen werden mit England und Frankreich ausgemacht, mit Bleistift und Lineal. Ethnische, geographische oder staatliche Gegebenheiten in Afrika werden in dem Machtpoker, das sich 25 Jahre hinzieht, von den Diplomaten mißachtet. Als Deutsche und Briten sich darüber verständigen, die Grenze zwischen Nigeria und Kamerun bis zum Tschadsee zu verlängern und dem Reich dabei der größte Teil der Beute zugestanden wird, karikiert die Satire-Zeitschrift „Der Wahre Jacob" dieses Großmachtspiel mit einem Arbeitergespräch:

„Duseke: Det muß ich sagen — die Engländer sind nobel — schenken uns, wie in de Zeitung steht, det janze südliche Ufer des Tschadsees.

Puseke: Hat denn det bisher zu England jehört?

Duseke: Nee — zu Afrika.

Puseke: Na weeßte, Bruder, denn will ick noch eenmal nobel sin! Ick schenke Dir nachträglich zu Weihnachten die ganze südliche Häuserreihe vom Dönhoffsplatz."

Bismarck muß schon bald erkennen, daß sein „Schutzgebiet" das Reich doch Geld kosten wird. Schon bei einer Besprechung mit den Herren Woermann, Jantzen & Thormählen am 25. September 1884 auf Schloß Friedrichsruh wird klar, daß die Kaufleute die finanziellen Lasten einer Kolonialverwaltung nicht tragen wollen. Gouverneur, Minister, Gerichte, Schulen, Soldaten, Kriegsschiffe — all das soll, wie Adolph Woermann dem Reichskanzler drei Wochen später auch schriftlich gibt, der Staat bezahlen.

Auch die Berichte Max Buchners aus Kamerun, die mit der „Carl Woermann" in Deutschland eintreffen, müssen Bismarck ernüchtern. Den vorletzten Rapport vom April 1885 hält Buchner in seinem Tagebuch fest: „‚Von einer selbständigen Ausübung hoheitlicher Rechte durch Kaufleute ist abzusehen. Die vertrauliche Art des Verkehrs mit den Negern, die der Handel bedingt, insbesondere der Spirituosenausschank, der eine so grosse Rolle dabei spielt, lassen nicht die erforderliche Achtung aufkommen, und ausserdem sind bei dem alles durchsetzenden Einfluss des Handels wenige Rechtsfälle denkbar, in denen die Kaufleute nicht Partei wären.' So begann ich das erste Schriftstück zur Beleuchtung des Begriffs ‚Königlicher Kaufmann', der noch immer zu spuken schien."

Das „Syndikat Westafrikanischer Kaufleute", auf Druck Bismarcks von den Händlern zur Verwaltung und Finanzierung der Kolonie gegründet, bricht schon 1886 auseinander. Schließlich bewilligt der Reichstag ein Gouverneursgehalt und die Stationierung eines Schiffes — für zunächst ein Jahr. Ein Abgeordneter kommentiert zynisch: Das Ganze sei doch überflüssig; Adolph Woermann — als nationalliberaler Abgeordneter sitzt er im Plenum — solle doch lieber gleich zum Vizekönig gemacht werden, mit voller Kontrolle der Kolonialverwaltung und unterstützt von einer Prätorianer-Garde aus seiner Nationalliberalen Partei.

Auch Max Buchner erfährt die Macht des „King of Hamburg", wie die Duala Adolph Woermann nennen. Als er Berlin vorschlägt, die zweifellos hohen Gewinne der Faktoreien zu besteuern und die Ausfuhrzölle zu vervierfachen, um Geld für die Kolonie aufzubringen, schreibt Woermann der Reichsregierung, dieser Buchner sei wohl doch nicht der geeignete Mann für Kamerun. Wenig später verläßt Buchner Afrika. Er hat das Tropenfieber. Den Regierungsdienst quittiert er.

1889 sieht der Etat für Kamerun erstmals zwölf Polizisten vor. Für Adolph Woermann viel zu wenig: Die Eroberung des Landes kommt nicht voran. Er bietet Bismarck ein Tauschgeschäft an: Er werde in Edea, außerhalb der Duala-Reviere, eine Faktorei aufmachen und am Sanaga-Fluß mit den „Eingeborenen" handeln, wenn die Regierung ihm in diesem Gebiet ein Monopol einräume.

Ein schwieriges Problem, hatte doch die Reichsregierung Freihandel für alle proklamiert. Aber wo Woermanns Wille ist, ist für die Berliner auch ein Weg: Der Freihandel sei dann gesichert, befinden sie, wenn allen Händlern in Kamerun das Recht auf Monopole eingeräumt werde — und

und schon haben Woermann und auch Jantzen & Thormählen ihre Exklusiv-Regionen.

Im Reich kursiert gar das Gerücht, Kamerun solle aufgeteilt werden, und ein Viertel des Gebiets sei für Woermann reserviert. Die Regierung dementiert. Mit Leutnant Curt Morgen vereinbart das Handelshaus C. Woermann eine Zusammenarbeit: Morgen wird mit einer kleinen Truppe bewaffneter Träger das Monopol-Gebiet erkunden. Als der junge Leutnant im Januar 1890 Malimba in der Nähe der Edea-Fälle erreicht, ist die dortige Woermann-Faktorei leer. Die Kaufleute sind geflüchtet: Sie erhielten einen Tip, daß die Malimbahäuptlinge ihren Tod beschlossen hätten, da sie keine Faktorei dulden wollen. Als die Afrikaner in Kriegskanus zur Faktorei kommen, läßt Morgen angreifen.

Ein im Dritten Reich verfaßtes Buch über die Kameruner „Kolonialhelden" läßt bei aller ideologischen Verklärung noch ahnen, wie diese Kolonie den deutschen Kaufleuten erschlossen worden ist: „(D)ie Schnelligkeit und Entschlossenheit des Angriffs der von Weißen geführten kleinen Schar gleicht die 20fache Uebermacht der teilweise mit modernen Hinterladern bewaffneten Malimbesen und das für die Verteidigung günstige Gelände aus. Schwierig ist nur die Aufrechterhaltung der Disziplin in der kleinen Truppe Morgens; denn die Träger sind ja eigentlich nicht zur Kriegführung angeworben, sondern zum friedlichen Trägerdienst; und wenn sie trotzdem kämpfen, so tun sie es nur gegen die Zusicherung, Beute machen zu dürfen. Das ist nicht schön! Aber wie soll man sich helfen, wo noch keine militärische Macht, keine Schutztruppe, in Kamerun besteht! So geht also dieser tolle Krieg, der halb Kampf und halb Beutezug ist, vor sich, und oft muß Morgen die auf Beute versessenen Träger aus den Hütten der genommenen Dörfer herauspeitschen, damit sie nicht ganz den eigentlichen Zweck, den Kampf, vergessen. Wie das rechte Sanagaufer, so wird auch das linke gesäubert; dabei werden zahlreiche Kanus erbeutet und zum Teil im Strom versenkt. So haben die ‚Zwischenhändler' wenigstens für eine Zeitlang keine Transportmittel für ihren Handelsverkehr ins Hinterland... Der Zwischenhandel zwischen der Küste und den Edeafällen ist damit gebrochen, und bald darauf kann die Firma Woermann an den Edeafällen eine Faktorei anlegen. Die Faktorei Malimba aber wird aufgehoben. Der Handel geht von Edea aus durch den Kwakwa direkt nach Kamerun: die Malimbesen sind damit völlig ausgeschaltet, die gerechte Strafe für ihre übergroße Habgier."

1893 läßt Woermann sein Monopol auslaufen. Es rentiert sich nicht, denn noch hat die Regierung in Kamerun nicht die militärischen Mittel, alle afrikanischen Händler auszuschalten, die ihm in „seinem" Monopolgebiet Konkurrenz machen.

Knapp zehn Jahre nach der Flaggenhissung reicht die Souveränität der Deutschen gerade so weit wie die Kanonen ihrer Schiffe. Expeditionen

Mit Bibel und Flinte

Was treiben wir Deutschen in Afrika?
Hört, hört!
Die Sklaverei wird von uns allda
zerstört.
Und wenn so ein Kaffer von uns nichts will,
Den machen wir flugs auf ewig still.
Piff paff, piff paff, hurra!
O glückliches Afrika!

Wir pred'gen den Heiden das Christentum.
Wie brav!
Und wer's nicht will glauben, den bringen wir um
Piff, paff!
O selig die „Wilden", die also man lehrt
Die „Christliche Liebe" mit Feuer und Schwert.
Piff paff, piff paff, hurra!
O glückliches Afrika!

Wir haben gar „schneidige Missionär",
Juchhei!
Den Branntwein, den Krupp und das Mausergewehr
Die drei.
So tragen „Kultur" wir nach Afrika.
Geladen! Gebt Feuer! Halleluja!
Piff paff, piff paff, hurra!
O glückliches Afrika!

aus dem „Demokratischen Liederbuch", 1898

ins Landesinnere treffen überall auf Widerstand. Selbst der Gouverneur an der Küste, der jetzt auf der Joßplatte neben Belltown residiert, ist nicht sicher. Stellvertreter Leist meint nach einem Aufstand im Abo-Gebiet: „(D)ie Ereignisse beweisen, daß ohne Schutztruppe selbst in nächster Umgebung des Gouvernementssitzes die Aufrechterhaltung der Autorität nicht möglich ist."

Der Reichstag gibt den Forderungen der Kaufleute nach und bewilligt Sold für 50 Polizisten. Zu wenig, um Land zu gewinnen. Sklaven, die das Kameruner Gouvernement vom König in Dahomey gekauft hat, werden der Truppe zugeschlagen. Ihren Kaufpreis von 320 Mark sollen sie in fünf Jahren abdienen. In blutigen Kriegszügen bahnt die Hundertschaft dem Handel eine erste größere Schneise ins Landesinnere. Die Kamerun-

Denkschrift für 1893 meldet dem Reichstag: „Die Polizeitruppe hat... das Ansehen der Regierung auch in den entferntesten Gegenden des Schutzgebietes erhöht. Sie war berufen, im Berichtsjahre zwei Aufstände niederzuwerfen, bei welchen es sich um die Durchbrechung des von Eingeborenen mit rücksichtslosester Schroffheit durchgeführten Systems der Handelssperre und des von ihnen in starrköpfiger Weise beanspruchten Zwischenhandelsmonopols handelte. Im Oktober v. Js. rückte die Polizeitruppe gegen die rebellischen Bakoko am mittleren Sanaga aus. Die Aufrührer wurden in zwölftägigem Kampfe niedergeworfen, ihr Hab und Gut vernichtet. Ein gleiches Schicksal traf im Südbezirke den sich offen gegen das Gouvernement auflehnenden Mabeavolksstamm, welchem binnen 17 Tagen so herbe Verluste beigebracht wurden, daß die Empörer ihre Unterwerfung auf Gnade und Ungnade anboten. Der Hauptdrädelsführer, Häuptling Benga, wurde dem Tode durch den Strang überantwortet."

Im Dezember 1893 rebellieren auch die Dahomey-Polizisten am Gouvernements-Sitz. Sie wollen wie der Rest der Truppe bezahlt und besser verpflegt werden. Der Aufstand bricht los, als der amtierende Gouverneur Leist ihre Frauen vergewaltigt und nackt vor aller Augen auf dem Exerzierplatz auspeitschen läßt. Der Versuch, Leist zu töten, mißlingt. Die Dahomeys vertreiben die verhaßten Deutschen auf einige vor der Kamerun-Mündung ankernde Schiffe und halten den Gouverneurssitz eine Woche lang besetzt.

Im Reich macht die „Dahomey-Schande" Schlagzeilen. „Wer sind die Wilden, die Barbaren?" fragt der sozialdemokratische „Vorwärts": „Die Dahomeher oder die Leist und Konsorten?" Die Rechtfertigung der Regierung ist mager: „Die Löhnung der Polizeisoldaten konnte den Dahomeysoldaten zur Zeit noch nicht zu Theil werden, da sie um einen theuren Preis aus der Sklaverei losgekauft waren... (und) den Kaufpreis... erst abverdienen" sollten, heißt es in dem offiziellen Bericht. Vor allem die Sozialdemokraten unter August Bebel lassen nicht locker. Im Februar 1894 legt er einige Nilpferdpeitschen auf das Rednerpult im Reichstag, damit die Abgeordneten das wichtige „Kulturmittel" des Kameruner Gouvernements einmal selbst in Augenschein nehmen können. SPD-Anhänger unter den Matrosen der Woermann-Schiffe haben sie nach Deutschland geschmuggelt. 1895 muß Karl Theodor Heinrich Leist aus dem Kolonialdienst entlassen werden.

In Kamerun stellen andere Militärs die Ordnung wieder her, auf einem Woermann-Dampfer kommt Truppenverstärkung, die Aufrührer werden hingerichtet. Die mit Söldnern neu aufgestellte „Schutztruppe" hat weiter zu tun. Bis zur Jahrhundertwende kontrollieren die Deutschen neben dem Küstenstreifen lediglich den Weg nach Jaunde. Der Militärposten ist 200 Kilometer — 22 Tagesmärsche — von der Küste entfernt. Der

Schutztruppe in Kamerun

islamische Norden, das verheißungsvolle Adamaua-Reich, wird erst nach der Jahrhundertwende erobert. 1902 muß sich das aus mehreren tausend Mann bestehende Heer des Fulbe-Emirs von Yola in der Schlacht von Marua geschlagen geben. Im Süden nutzen die Bulu die „Nord-Expedition" der „Schutztruppe" und stürmen Kribi, das Handelszentrum der Südküste. Im Kampf gegen die Deutschen schließen sich erstmals mehrere Stämme zusammen. Ihr Aufstand wird 1901 niedergeschlagen. Noch 20 Jahre nach Koloniegründung ist für August Seidel, Redakteur der „Deutschen Kolonialzeitung", klar, daß Kamerun nur mit militärischen Mitteln zu halten ist: „Denn wir dürfen eins nicht vergessen. Wir haben den Eingeborenen ihr Land genommen und ihre Zirkel in der mannigfachsten Weise gestört. Wir erscheinen ihnen als unrechtmäßige und tyrannische Eindringlinge. Für die Farce der ‚Schutzverträge' und die ‚Segnungen' unserer Kultur hat die große Masse der Schwarzen keine Spur von Verständnis. Auf einige Zeit lassen sie sich wohl durch Waffengewalt und geistige Überlegenheit einschüchtern, und auf diesem ‚Imponieren' beruht die ganze deutsche Herrschaft. Sobald sie sich aber auf sich selbst besinnen, wenn der Nimbus der herrschenden Nation durch irgend ein Ereignis verdunkelt wird, wenn sie die Handvoll Schutztruppenleute an ihrer eigenen vielfachen Überzahl messen und sich ihrer Macht bewußt werden, so brechen sie gegen uns los."

Die vielen kleinen Aufstände behindern die wirtschaftliche Nutzung der Kolonie. Die Interessenten sinnen auf Abhilfe. „Schon seit mehreren Jahren erficht die Schutztruppe in dem Innern des dicht bevölkerten Südbezirks gegen Anführer, Wegelagerer... Sieg um Sieg", schreibt die „Deutsche Kolonialzeitung" 1898. „Warum sagt man da nicht ‚vae victis' (‚Wehe den Besiegten'; d. A.)? Warum läßt man diese Burschen nicht durch fünfjährigen Arbeitszwang fühlen, daß sie unter deutscher Herrschaft Schandthaten nicht begehen dürfen?" Adolph Woermann ist dies aus dem Herzen gesprochen. Im Mai setzt auch er seine Unterschrift unter eine Eingabe an die Kolonialabteilung, mit der die Regierung aufgefordert wird, „die Anwerbung von Arbeitern im Hinterlande, insbesondere in Südkamerun, in größerem Umfange selbständig in die Hand" zu nehmen. Kaufleuten und Plantagenbesitzern fehlen Arbeitskräfte. Schon lange klagen sie über den teuren Arbeiter-Import aus Liberia. Ein Hinweis aus Berlin, die Ausländer durch Togo-Leute zu ersetzen, damit das Geld innerhalb der deutschen Kolonien bleibe, zieht bei den sparsamen Kaufleuten nicht. Auf Druck des Kamerun-Kartells schafft die Regierung eine neue Planstelle: Leutnant von Carnap-Quernheimb wird Regierungskommissar für Arbeiteranwerbung. Er soll sich auch um das Wohlergehen der Vertragsarbeiter kümmern. Sein Jahresgehalt von 7.200 Mark plus Wohnung und Reisespesen, so versprechen die Pflanzer, wollen sie mit einem Kopfgeld von 10 Mark pro abgelieferten Arbeiter mitfinanzieren — ein Arrangement, das auf Wunsch des Reichs vertraulich behandelt wird.

Bismarck-Neffe Jesko von Puttkamer, seit 1895 Gouverneur, versteht die Sorgen der Wirtschaft. Für die seinem Schutz befohlenen schwarzen Untertanen hat er nicht viel übrig, wie er noch in seinen Memoiren deutlich ausspricht: „(D)ie Dualas (sind) das faulste, falscheste und niederträchtigste Gesindel, welches die Sonne bescheint, und es wäre sicher am besten gewesen, wenn sie bei der Eroberung des Landes wenn nicht ausgerottet, so doch außer Landes verbracht worden wären." Nun sollen sie arbeiten. Puttkamer setzt alles daran, Kamerun zu „entwickeln".

Schutztruppenoffizier Hans Dominik, der sich vor seinen Feldzügen mit einem kernigen „Waidmannsheil" verabschiedet, ist so recht nach dem Geschmack des Gouverneurs: „Er war kein Mann des ‚Oderint dum metuant' (‚Mögen sie hassen, wenn sie nur fürchten'; d. A.), sondern er hatte das Negern gegenüber einzig richtige Prinzip: Sie müssen wissen, daß ich ihr Herr und der Stärkere bin, solange sie das nicht glauben, müssen sie es eben fühlen, und zwar hart und unerbittlich, so daß ihnen für alle Zeit das Auflehnen vergeht." In Säcken läßt sich Leutnant Dominik die abgeschlagenen Köpfe seiner Gegner zu Füßen legen. „Befriedete" Dörfer müssen ihren Tribut nicht nur in Waren zahlen, sondern auch in Menschen: „Friedensverträge" verpflichten die Chiefs zur Lieferung von

Zwangsarbeitern. Gefangene werden mit der Schlinge um den Hals oder der Kette um den Fuß zur Plantagen- oder Trägerarbeit verschleppt.

Als eine der ersten trifft es die Bakwiri am Kamerunberg. 1894 beginnt die militärische Besetzung ihrer Dörfer. Der Boden ist fruchtbar: Die Deutschen wollen hier Plantagen errichten. Selbständige Kleinbauern sind nicht mehr gefragt — aber Arbeiter: Nach der Unterwerfung durch die Dominik-Truppe müssen sich die Bakwiri nicht nur verpflichten, ihre Heimat zu räumen und auf herrenlosem Land neu zu siedeln, auf Verlangen des Gouvernements müssen sie noch dazu 100 Arbeiter stellen — „jederzeit", wie es im Vertrag heißt, und für einen Monatslohn von sieben Mark.

„Den ehrsamen Bürger überläuft ein gelindes Gruseln, wenn er von der Prügel- oder Kettenstrafe in den Kolonien liest. Er ist geneigt, diese Strafen als einen Rest finsterer Barbarei und diejenigen, die gezwungen sind, von diesen Strafmitteln Gebrauch zu machen, als Unmenschen zu betrachten. Sicherlich spricht bei dem Abscheu vor Körperstrafen ein gut Teil gesunden Empfindens mit und den meisten Europäern in den Kolonien sind solche Strafmittel im Grunde genommen ebenso unsympathisch wie dem heimischen Spiessbürger. Aber leider sind solche Empfindungen für die koloniale Praxis unverwertbar. Wir handeln im Gegenteil viel humaner, wenn wir bis auf weiteres die Strafarten beibehalten, an die der Neger von altersher gewöhnt ist. Er betrachtet die Prügelstrafe keineswegs als Entehrung, auch erträgt er sie bei seiner weitaus höheren Empfindungslosigkeit gegen körperliche Schmerzen viel leichter, als dies bei uns der Fall sein würde. Jedenfalls aber viel leichter als Geldstrafen und Freiheitsstrafen hinter Gefängnismauern. Doch wir wollten von der Kettenstrafe reden. Die Kettenstrafe ist lediglich unsre den afrikanischen Verhältnissen angepasste Gefängnisstrafe. Gefängnisse können wir in Afrika noch nicht einführen, denn — abgesehen von dem Kostenpunkt — könnten wir in ihnen die Gefangenen gar nicht beschäftigen. Den Neger, der gewöhnt ist, sich beständig im Freien zu bewegen, würde eine Gefängnisstrafe viel härter treffen. Und die Kette ist nichts anderes als das Eisengitter unserer Gefängnisse, das die Gefangenen am Davonlaufen hindert."

„Kolonie und Heimat"
Nr. 10/1907

Die Züchtigung der Kameruner

Zwei schwere Jungen
(Duala, Kamerun)

Dominik-Denkmal
vor dem Hamburger Kolonialinstitut

Übergriffe bei der Arbeiterrekrutierung bleiben meist ungesühnt. Die Entwicklung der Wirtschaft hat Vorrang. Nach einem Gespräch mit Adolph Woermann gibt Kolonialdirektor Kayser vom Auswärtigen Amt den Kameruner Beamten 1893 Anweisung, über Europäer milde und rücksichtsvoll zu urteilen. Zwei Woermann-Angestellte, die Afrikaner mißhandelt haben, erhalten kleine Geldstrafen. Ihr Chef in Hamburg wird von Kayser gebeten, doch für ein besseres Benehmen seiner Agenten zu sorgen. So milde Urteile würden auf Dauer Probleme schaffen.

Zwangsumsiedlungen am Kamerunberg, Rekrutierung von Arbeitern im Buschland, Sicherung der Handelskarawanen und immer wieder Aufstände: Die „Schutztruppe" ist beschäftigt. 1904 ruft ein Kameruner Pflanzer wieder einmal nach Truppenverstärkung: „Unser Volk darf nicht vergessen, daß Kolonialpolitik eine Eroberungspolitik ist, daß wir Eindringlinge sind, um das Land für die deutsche Nation in Kultur zu nehmen und es für sie zu erschließen. Wir nehmen es den Eingeborenen, um es für unsere Zwecke auszubeuten. Wir zwingen die Eingeborenen, für die kulturelle Entwicklung der Kolonie zu arbeiten. Diese Arbeitsleistung muß von ihnen verlangt werden, sonst bleibt die Kolonie auf dem

Standpunkte, auf dem wir sie übernommen haben. Es darf jedoch nur soviel verlangt werden, als man die Macht hat durchzusetzen, und heute fehlt für all das, was begonnen ist und verlangt wird, die Macht."

Die Wirkung des elektrischen Stromes auf einen Neger (1910)

Aus Menschen Neger machen
oder:
Weshalb Gottesmänner auf Woermann-Schiffen Rabatt erhalten

„Die Neger als Sklaven haben viel geleistet in aller Welt, sie waren das Arbeits-Material für alle tropischen Länder, aus ihnen wurde überall der Arbeiter rekrutiert. In Nord-Amerika haben sie nach ihrer Freilassung fast noch mehr gearbeitet, auch in Afrika arbeiten sie; Kruneger, Bassa-Neger, Bey-Neger von Liberia, Akkre-Neger von der Goldküste sind gesuchte Arbeiter, und mit jedem Dampfschiffe gehen viele davon nach anderen Plätzen der Küste Afrikas. Es ist nun nicht etwa eine Volkseigentümlichkeit dieser Neger, welche sie arbeiten macht, sondern weil diese Gegenden bereits lange dem zivilisierenden Einfluß des Christentums ausgesetzt gewesen sind, weil sie schon längere Zeit gesehen haben, wie man arbeitet, weil sie nicht mehr die Furcht haben, als Sklave zu arbeiten, und schon mehr als eine Generation darüber hingegangen ist, daß der Sklavenhandel aufgehört hat. — Es ist nicht anzunehmen, daß es in Kamerun anders gehen wird. Ist es möglich, daselbst durch Lehrer und Missionare Schulen zu begründen, in denen deutsche Sprache, deutsche Sitte, deutsches Gesetz der Jugend beigebracht wird, so ist die nächste Generation schon einen Schritt weiter; ebenso wichtig aber ist das Lehren praktischer Handwerke und wirklicher Arbeit, zunächst Tischler, Zimmerer, Maurer, Schmiede und dergleichen, denn alle Neger haben einen großen Nachahmungstrieb und sehr geschickte Hände, auch Freude am Schaffen. Man soll ja nicht zu viel abstrakte Religion lehren."

Adolph Woermann
auf der Generalversammlung des Deutschen Kolonialvereins,
September 1884

Der Hamburger Kaufmann setzt große Hoffnungen in die Missionen. Er hat, wie er meint, gute Gründe dafür: Die Geistlichen sollen die Afrikaner zur Arbeit bekehren und den Händlern mit vertrauensbildenden Maßnahmen das Hinterland erschließen. Kriege und Eroberungsfeldzüge stören das Geschäft. Das Christentum, so das kaufmännische Kalkül, soll Woermann den Weg mit Milde und guten Worten bereiten.

Die englischen Baptisten missionieren schon seit 1845 in Duala. Nach der deutschen Flaggenhissung weichen die Briten: 1886 übernimmt die protestantische Basler Missionsgesellschaft — gegen Zahlung von 52.000 Mark — das Feld. Der Kirche dabei finanziell unter die Arme zu greifen, lehnt Woermann ab: Ein Zuschuß sei allein Sache der Regierung, und außerdem habe er nicht nur für sich, sondern für eine umfangreiche Familie zu sorgen. Er müsse daher ans Geschäft denken.

Zu den Baslern gesellen sich später noch deutsche Baptisten, Pallotiner und amerikanische Presbyterianer. Den Plan, die Kolonien unter den Konfessionen aufzuteilen, um Rivalitäten zu vermeiden, Deutsch-Ostafrika also katholisch, Togo und Kamerun dagegen evangelisch missionieren zu lassen, hat die Regierung schon früh aufgegeben. Adolph Woermann unterstützt die Geistlichkeit nach Kräften. Schon 1884 bittet er die evangelische Mission schriftlich, „möglichst bald für Schulen in Kamerun zu sorgen". Als er im September mit Friedrich Fabri von der Rheinischen Mission zusammentrifft, meint er: „Ohne deutsche Mission kommen wir in der Kultivation jener Küstenländer länger nicht vorwärts." Gegenüber dem kirchlichen Kolonial-Propagandisten ist Woermann ganz offen: Persönlich sei er „unkirchlich", doch eine Bekehrung der Afrikaner, eine Kamerun-Mission, sei „dringend".

Die Protestanten geben dem Drängen nach. Als aber ihre Missionare vor Ort bald gegen den Branntweinhandel und die brutale Arbeiterrekrutierung Front machen, kühlt das hanseatische Interesse an evangelischer Mission merklich ab. Adolph Woermann entdeckt plötzlich, daß Katholiken sich an vielen Orten Afrikas „als nützlichere Kulturelemente erwiesen als die protestantischen Deutschen". Die Katholiken führen in ihrem Siegel das Kreuz — Hacke und Schaufel im Hintergrund, und darunter die Worte „Cruce et Labore", damit ganz deutlich wird: Erst Glauben und Arbeit zusammen sichern den Ungläubigen das Seelenheil. Bei der Niederwerfung der Bakwiri und dem Aufbau der Plantagen am Kamerunberg stehen nur die Katholiken auf seiten des Gouverneurs von Puttkamer: „Während die katholische Pallotinermission meiner Auffassung im wesentlichen überall beitrat, stellte sich die gerade auf dem Gebirge weitverbreitete Baseler Mission von Anfang an auf den Standpunkt der ihrer Meinung nach vergewaltigten Eingeborenen und hat mir auf Schritt und Tritt die unglaublichsten Schwierigkeiten bereitet."

Der Händler Adolph Woermann sucht beide Konfessionen für sich einzuspannen. Als er in Edea eine Faktorei aufbaut, ermuntert er katholische Missionare, sich mit ihm dort niederzulassen und bietet ihnen freien Transport auf dem Sanaga-Fluß an. Der Basler Missionsgesellschaft schenkt er Land, damit Kirchen gebaut werden können — allerdings unter einer Bedingung: Die Basler Brüder, die einen Teil ihrer Missionskosten durch den Verkauf weltlicher Waren erwirtschaften, müssen versprechen, ihren Handel mit den Afrikanern in diesen Gebieten einzustellen.

In Hamburg entwirft der Firmenchef neue Denkschriften. Nicht nur ein Regierungsmodell, auch Stundenpläne für die in Kamerun zu errichtenden Schulen werden im Kontor in der Großen Reichenstraße erdacht. Als die Deutschen Mitte der 90er Jahre energischer ins afrikanische Hinterland drängen, rät Woermann der Regierung wieder, nicht Soldaten, sondern Missionare zu schicken: Ihre friedlichen Methoden und nichtkommerziellen Ziele könnten die Feindschaft gegenüber dem weißen Mann viel besser abbauen als gewalttätige Feldzüge, die noch mehr Haß erzeugen würden. Missionare auf dem Weg in den dunklen Kontinent erhalten auf Woermann-Schiffen Rabatt. Die Regierung aber traut den Gewehren mehr Überzeugungskraft zu als der Bibel.

Die Kirchenleute erblicken in der deutschen Kolonialbewegung, so Missionswissenschaftler Warneck, „eine göttliche Aufforderung zur Steigerung unserer Missionsleistungen". Es gilt, einen ganzen Kontinent zu bekehren, aus Negern Menschen zu machen. Als Matthias Erzberger, Zentrumsabgeordneter und gläubiger Katholik, 1908 im Reichstag erklärt, auch der Neger habe eine unsterbliche Seele, bricht ein Journalist auf der Pressetribüne in schallendes Gelächter aus; wegen des Aufruhrs im Saal kann Erzberger nicht weiterreden. Die Sitzung wird unterbrochen. Neger: das ist auch für die Mehrheit der Abgeordneten ein weit unter der europäischen Zivilisation stehender Barbar aus dem Busch.

Fritzchens Herzenswunsch

O, schickte mich doch mein Papa
Nach Afrika, nach Afrika!
Die Schüler weniger dort tun
In Kamerun, in Kamerun.
Die Sonne wärmt dort wunderbar,
Hitzferien gibt's dreiviertel Jahr.
O, schickte mich doch mein Papa
Nach Afrika, nach Afrika!

Emil Sembritzki,
1911 in „Kolonial- Gedicht- und Liederbuch"

„Überall ist die Bevölkerung faul, verlogen, diebisch und jedem Laster ergeben" — das ist das Bild, das Adolph Woermann vor dem Deutschen Kolonialverein von den neuen Untertanen in Kamerun zeichnet. Ein weites Betätigungsfeld für Missionare.

Leibhaftige Afrikaner haben bislang die wenigsten Deutschen gesehen. Als Carl Woermann einmal den Präsidenten von Liberia mit seiner weißen Frau als Gast im Neumühlener Privathaus begrüßt, macht der Mann mit Zylinder, schwarzem Frack und weißer Binde Eindruck auf die Kaufmanns-Kinder. Die meisten Deutschen kennen Schwarze nur als exotische Wilde. Ein afrikanischer Sklave ist Anfang des 19. Jahrhunderts am Rhein eine Jahrmarkts-Attraktion: „Da mußte er, um recht wild zu erscheinen, lebendige Tauben zerreißen und blutig verschlingen, rohes Fleisch essen, vor einem Ochsenkopf niederknien und ihn anbeten, mit einer Keule herumtoben und tun, als ob er in seinem wilden Land auf der Jagd wäre oder in den Krieg zöge", empört sich ein Missions-Blatt. „Damit dies alles, was gegen seine Natur war, ihm nicht schade und er dabei guten Mut behielt, bekam er Branntwein im Überfluß und lebte so im Rausch und Elend sein Leben wie ein Tier dahin."

Erst als Deutschland nach Kolonien, nach einem „Platz an der Sonne", Ausschau hält, werden solche „Exoten"-Schauen zahlreicher. Tierhändler Carl Hagenbeck aus Hamburg begeistert sich als erster für die Idee der „Völkerschau". 1874/75 ist Premiere: sechs Lappländer und ihre Rentiere werden in seinem Zoo in Stellingen vorgeführt. Das „Panoptikum" der Gebrüder Castan in der Berliner Kaiserpassage bietet wenig später dem Publikum noch mehr „Wilde zum Anfassen": Nubier (1878/79), Patagonier (1879), Eskimos (1880), Feuerländer (1881), Inder und Kalmücken (1883), Australier (1884), Zulu-Kaffern (1885), Singhalesen (1886), Aschantis (1887), Dinkas (1889). Nervenkitzel und Bildungsvergnügen nicht nur für den Mann von der Straße: Die Gelehrten der Anthropologischen Gesellschaft sind froh, die Ausgestellten bis hin zu den Geschlechtsteilen genau vermessen zu können. Darwin ist populär. Die Auffassung, hier seien Wesen zu sehen, die nach Ausbreitung der europäischen Zivilisation unweigerlich aussterben würden, ist weit verbreitet.

Das Schau-Geschäft lohnt sich. Zum besonderen Publikums-Renner werden die „Dahome-Amazonen", deren Deutschland-Tournee 1890 anläuft. In Wirklichkeit kommen die meisten dieser „Amazonen" aus Togo: „In ihrem Leben haben sie keine Ahnung von einem Gewehr oder Säbel gehabt, sondern sind von ihrem Impresario in Hamburg ungefähr wie unsere Rekruten gedrillt worden. In ihrer Heimat leben die Leute vom Schiffeentladen und Kohlentragen."

Auch unter ökonomischen Gesichtspunkten meldet die „Deutsche Kolonialzeitung" Kritik an der „Ausfuhr" der „Eingeborenen" an. Sie erinnert daran, daß die Afrikaner in ihrer Heimat zur Arbeit erzogen und

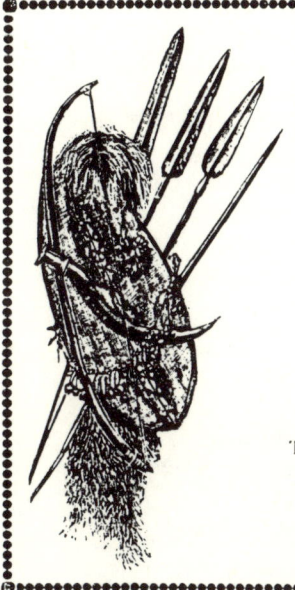

J. F. G. Umlauff
Völkerkundliches Institut und Museum
Hamburg IV, Spielbudenplatz 8.

Lieferung ethnographischer Sammlungen, Einzelobjekte, ethnogr. Modellfiguren und Gruppen, Rasseschädeln, Mumien und Skeletten. Arrangierungen von Ausstellungen.

Telegr.-Adr.: Museum Umlauff, Hamburg.
Fernspr : Gruppe I, 5374.
Bank-Konto: St. Pauli Credit-Bank.
A. B. C. Code Used Fifth. Edition.

Ankauf ganzer Sammlungen etc.

nicht im Mutterland zur nutzlosen Besichtigung freigegeben werden sollten: „(D)ie Folgen sind ganz ungerechtfertigte und unangemessene Ansprüche an die Weißen, und zu einer Propaganda dafür werden die heimgekehrten Eingeborenen die erste Gelegenheit ergreifen, wenn nicht schon die endlosen Erzählungen von dem in Deutschland vorhandenen Reichtum so wie so dazu anreizten." Und weiter: Mehrere Westafrikaner, zu Besuch auf der großen Kolonialausstellung 1896, seien als „vollständige Trinker" aktenkundig geworden. Einer von ihnen „hatte an dem Leben in Berlin soviel Gefallen gefunden, daß er nach Schluß der Ausstellung zurückblieb, vermochte sich aber nicht den Gebräuchen der Zivilisation anzupassen", heißt es im Polizeibericht, der seine Abschiebung nach Kamerun begründet. Am bedenklichsten aber sei, so die „Kolonialzeitung", wie sehr das Benehmen vieler Zuschauer das Ansehen der Deutschen schädige: „Es muß notwendigerweise somit auch der Respekt vor den Weißen in ihrer Gesamtheit leiden; der Weiße ist noch im ganzen für die Eingeborenen der Herr, der hoch über ihnen steht, und es muß dafür gesorgt werden, daß er es bleibt."

Negerweiss

Vater hatte mir es ja gesagt
mir gesagt, dass meine Freundlich-Lächeln-Zähne
niemals Trauer zeigen sollen
niemals Trauer, selbst nicht beim Essani-Tanz
dass sie geschaffen sind auszubrechen
ohne Unterlass
in ein dreckiges Gelächter.
Oh! Nun unterdrück ich's
um den Preis des Flüsterns.

Vater hatte mir es doch gesagt
mir auch gesagt, dass mein ebenholzschwarzer Körper
aus der Alchemie der Zuckungen gegossen ist
der Trancen
dass er immer wieder aufblüht
in den bebenden Rhythmen der minkul-aï-mimba
Oh! Nun verfaule ich
bei einschläfernden Tango-Rhythmen!

Vater hatte mir es ja gesagt
mir noch gesagt, ich erinnere mich
dass mein Magen das Tropenklima nur verdaut
dass er nur hier gedeiht, immer
und ohne Mucken bei einem foufou
gewürzt mit scharfer Sauce ...
Oh! Nun krümm ich mich vor Bauchschmerzen
weil ich Camembert gegessen habe!

Und dies und das und pipapo
so könnt ich ewig weitermachen ...
und diese Typhosen
und diese Zirrhosen
und diese Malariosen
und diese Thrombosen
und diese Bilharziosen
und diese roten, gelben Fieber! ...
Tausendfach Oh! Vater hatte mir das
alles doch gesagt.
So leb ich nun und sterbe dabei jeden Tag
weil ich negerweiss werden wollte.

René Philombe, Kameruns bekanntester Schriftsteller

Essani-Tanz: Totentanz zu Ehren eines Verstorbenen
minkul-aï-mimba: Tam-Tam und Tambourin

Moderne Kultur im afrikanischen Urwald:
Die geheimnisvolle Sprechmaschine

Nur die afrikanische Elite soll noch persönlich einen Eindruck von ihrer europäischen „Schutzmacht" erhalten. King Bell erkundigt sich schon während der Vertragsverhandlungen im Juli 1884 bei den Woermann-Agenten nach einer Möglichkeit, einen seiner Söhne nach Deutschland zu schicken. Manga, sein designierter Thronfolger, ist im britischen Bristol erzogen worden — auf Kosten der Kaufleute R. u. W. King. Nun soll sich William weiterbilden. King Bells Wunsch bereitet Eduard Woermann zunächst Unbehagen: „Ich willigte dann schließlich ein, wenn auch ungern, und hoffe nur, daß mir dieser William Bell nicht zuviel Schwierigkeiten machen wird. Im übrigen ist es vielleicht sehr gut, einmal einen Cameroonmann mit nach Deutschland zu nehmen, um ihm sein Hauptland zu zeigen."

King Akwa will nicht zurückstehen. Vier Jahre später wird Mpundo Akwa, sein 14jähriger Sohn, nach Deutschland auf die Schule geschickt. In Hamburg macht er später Schlagzeilen: Als er einige kolonialkritische Reichstagsabgeordnete mit Munition gegen den Kamerun-Gouverneur von Puttkamer versorgt, wird er öffentlich als „minderwertiges Subjekt" gescholten. Mpundo Akwa verklagt den Urheber, den Schriftsteller und Kapitänleutnant a. D. Liersemann, vor einem ordentlichen deutschen

Gericht wegen Beleidigung. Der Fall ist „in rasse-politischer Beziehung bedeutsam", kommentiert die „Afrika-Post", das Hausorgan der Woermann-Linie, „stellt er doch u. a. den ersten Fall dar, daß ein Schwarzer aus unseren Kolonien einen Weißen in Deutschland wegen ‚Beleidigung' verklagt".

Am 9. Januar 1908 hat Mpundo Akwa Grund zum Jubel: Das Gericht gibt ihm Recht, der Kapitänleutnant a. D. muß 30 Mark Geldstrafe zahlen. Die „Afrika-Post": „Natürlich ist sofort gegen das schöffengerichtliche Urteil Berufung eingelegt worden." Die nächste Instanz stellt die Rassenschranken wieder auf: Im März 1909 verwirft das Hamburger Landgericht die alte Entscheidung, da der Sohn des Duala-Kings gerichtsbekannt sei und außerdem § 193 Herrn Liersemann schütze: die „Wahrung berechtigter Interessen" — gemeint ist wohl die Überlegenheit der weißen Herrenrasse. Die Kosten des Verfahrens trägt der Kläger.

Auch die Bell-Familie lernt deutsche Ordnungsvorstellungen kennen. Manga Bell, nach dem Tod seines Vaters neuer Duala-King, wird zwar 1902 in Berlin von Kaiser Wilhelm empfangen und mit einer Einladung zur Herbstparade des Gardekorps auf dem Tempelhofer Feld geehrt; als sein Sohn, Manga Bell jr., aber in der Reichshauptstadt das Geschäft des Holzkaufmanns erlernt und dabei auch als Platzmeister arbeitet, droht die Farbenlehre erneut ins Wanken zu geraten.

Das ungesunde Kamerun ist kein Land für Siedler. Um die Jahrhundertwende halten 500 Weiße hier die Stellung. Die knapp 100 Missionare unter ihnen sind die wichtigsten Streiter in der psychologischen Kriegsführung, die darauf abzielt, aus Menschen Neger zu machen: schwarze Arbeiter für die weißen Herren. „Gerade die Missionare", doziert ein Kolonial-Theoretiker, „sind dazu berufen und im Stande, unendlich viel Gutes zu schaffen und die Kultivierung und Kolonisation zu fördern, wenn sie die Religion in den Hintergrund treten lassen und die Schwarzen nicht mit unverstandenen Lehren und falscher Nachsicht zu frechen Buben, sondern durch strenge Zucht und Schulung, sowie Erlernung von Handwerken, zu nützlichen Mitgliedern der menschlichen Gesellschaft erziehen wollen, welche dem Weißen gegenüber ihrer Minderwertigkeit sehr wohl bewußt sind."

Viktoria, den 8. Januar 1901

Lieber Freund!
Am 5. Januar habe ich euern werten Brief bekommen. Und ich danke herzlich für alles. Fürchtet euch nicht, ich bin euern Freund und ihr werden sehen wie es mit uns gehen kannst. Du und Harry Baer sollen Küsten und gift für ich schicken welche ich Schlangen, Schmetterlinge, Käfer und andere Tiere töten kann. Zuerst hat mein Vater gesagt daß er will ich nach Deutschland schicken aber ich habe gesagt daß ich will

nicht gehen. Wenn ich gewust hätte so bin ich schon in Deutschland. Am 6. Januar haben die Gemeinde unsere Kirchen elf Leute getaucht wir besuchen es auch zu werden. Ich bin im Jahre 1883 geboren und am 9. Juli dieses Jahres werde ich 18 Jahre alt. Ich habe ein Schwester. Sie ist 19 Jahre alt. Ich habe Geschwistern und Großmutter Onkel und Tante. Mein Vater ist ein Kaufmanngehilfe bei Herrn Wörmann Faktorei aber er bekommen nicht viel geld. Er ist über 20 Jahre dagewesen. Am April werden wir entlassen aus der Schule. Denn Wir war 6 Jahre da gewesen. Es ist genug für uns hier.
Mit den herzlichsten gruß verbleibe ich dein Freund
James Haddison

(Brief eines Schülers der Regierungsschule in Viktoria an Schüler des Neuen Gymnasiums in Darmstadt, abgedruckt in „Deutsche Kolonialzeitung" Nr. 28 vom 11. 7. 1901)

Das Leitbild „Arbeit" in die Köpfe der Kinder zu pflanzen, ist fast ausschließlich Sache der Kirche. Noch 1910 arbeiten nur fünf Regierungslehrer in Kamerun — und die Statistiken weisen fast 30.000 Schüler aus. Es sind Missionsschulen, die die lernbegierigen Afrikaner nicht nur mit der Bibel, sondern auch den deutschen Tugenden bekanntmachen: Fleiß, Pflichterfüllung, Pünktlichkeit, Unterordnung. Gegen die „Versklavung" durch schwarze Magie predigen die Geistlichen „Befreiung" im christlichen Glauben; Nacktheit, so lernen die „Kinder der Natur", verletzt das Schamgefühl, Vielweiberei ist Sittenfrevel und ein Leben ohne Arbeit würdelos. Kluge Kaufleute wie Woermann fördern diese „Hebung" der Afrikaner auf eine höhere Stufe der Zivilisation. „(D)er freie Neger in Kamerun (gibt) sich nicht leicht zur Farmarbeit oder sonstiger Beschäftigung in fremden Diensten her", weiß „Kolonialzeitungs"-Redakteur August Seidel; „nicht aus Faulheit,... sondern weil seine geringen Bedürfnisse und die Ergiebigkeit der Natur ihm ein unabhängiges Leben auf eigener Scholle ermöglichen. Erst die Bedürfnisse einer höheren Kultur werden ihn zur Dienstbarkeit zwingen. Armer Naturmensch! Verdammte Kultur!"

Die Missionare selbst sind es, die sich der Wirtschaft als Vorreiter empfehlen. In seinem Aufsatz „Handel und Mission" schreibt 1886 derselbe Missionsinspektor Zahn, der in der Schnapsfrage heftig mit Adolph Woermanns Geschäftsinteressen zusammenprallt: „Nicht etwa, daß der Missionar zu dem Zweck hinausginge, um zur Arbeit zu erziehen. Das zu behaupten, wäre meines Erachtens ein grundstürzender, das Evangelium fälschender Irrtum. Aber es fällt dies bei seiner Arbeit nebenher ab... (Die Afrikaner) können zu höherem Fleiß nur gebracht werden, wenn sie innerlich erneuert, gehoben werden; wenn man ihnen höhere Lebensziele

Duala-
Brautpaar

steckt und die Lust im Herzen weckt, sich danach auszustrecken. Und das kann die Mission, und sie thut es. Ihr Auftrag geht dahin, die Herzen für das Ewige, das Himmlische, für Gott zu gewinnen. Das ist ihr einziger Auftrag, aber indem sie ihn ausführt, läßt sie in der Wüste eine Quelle entspringen, welche die Einöde zum blühenden Garten macht. Sie pflanzt ein Arbeitsmotiv in die Herzen und reinigt die Herzen von der Trägheit, der Genußsucht, der Untreue u.s.w., kurz von der Sünde, welche das größte Arbeitshindernis ist."

Der Schwarze als Vorgesetzter

... Die Firma, es handelt sich um das grosse Holzsägewerk Julius Assmann u. Co. in der Berliner Strasse, liess durch ihren Geschäftsführer sachlich richtig stellen, dass der Neger nicht den „offiziellen" Titel Platzmeister führe, sie gab aber zu, dass er an Stelle eines weissen Poliers die Funktionen des Platzmeisters übertragen bekommen habe und so der Vorgesetzte der sämmtlichen weissen Arbeiter der Firma sei. Die

Firma ist, wie sie mitteilt, auf ihren „Farbigen" sehr stolz. Denn das sei ein „Fürstensohn", ein Mann von Bildung, der das Einjährigenzeugnis auf einem Berliner Gymnasium erworben habe und einen „Charakter", der besser sei, „als der manches Weissen mit schwarzem Herzen", wie die Firma durch den Vergleich mit ihren „kultivierten Weissen" erfahren hat. Denn unter diesen gibt es — zuweilen unehrliche Leute.

Darum blieb offenbar kein anderer Ausweg, als einen Neger als leuchtendes Beispiel unantastbarer Ehrbarkeit anzustellen. Mit dem ihm „aus der Schulzeit noch bekannten" Jubelrufe: „Seht, wir ‚Wilden' sind doch bessere Menschen!" schliesst der Geschäftsführer sein Bekenntnis.

Hierauf stellt sich in einem langen Schreiben der schwarze Platzmeister von Lichterfelde selbst als Richard Manga Bell mit voller Adresse vor. Er erklärt, dass er den Posten als Platzmeister nur vorübergehend zu seiner Ausbildung als Holzkaufmann versehe. „Es ist nicht einzusehen, warum nicht auch ein Farbiger diese Stelle als Vorgesetzter bekleiden kann, nachdem sich vorher verschiedene Vertreter der weissen Rasse als unbrauchbar und sogar unehrlich erwiesen haben." Er weist dann darauf hin, dass der deutsche Kaiser selbst anderer Ansicht über die Vorgesetztenfähigkeiten der Neger sei, da er seinerzeit einen Farbigen als Unteroffizier zum preussischen Militärdienst in Potsdam, also als Vorgesetzten, heranzog.

Schliesslich verbittet sich Manga Bell eine öffentliche Erörterung seiner Stellung, die „unter Leuten von Lebensart nicht üblich sei".

Am entrüstetsten über den „Rassefeind", der Neger nicht als Vorgesetzte von Weissen dulden will, ist aber der Vormund des Schwarzen. Er bemerkt, dass Manga Bell jr. der Sohn „des bekannten Oberhäuptlings Manga Bell aus Kamerun" sei, der 1902 vom Kaiser im Berliner Schlosse empfangen und sogar durch Einladung zur Herbstparade geehrt wurde. Der junge Bell will später als Holzkaufmann nach seiner Heimat übersiedeln und dazu gehöre die Leitung von Arbeitern. Uebrigens habe Manga Bell bereits als Landwirtschaftsvolontär auf einem grossen Gute 100 weisse Arbeiter unter sich gehabt!

Die ganze Erörterung dreht sich u. E. um den Kern der Sache herum. Herr Manga Bell junior mag ja gewiss ein ehrlicher und brauchbarer Kerl auch in unsrem Sinne sein und sich wohl zum Vorgesetzten einer grösseren Zahl von Arbeitern eignen, und man könnte sich über diese unter Negern verhältnismässig seltene Ausnahme nur freuen, wenn er seine Fähigkeiten — Kamerun zugute kommen liesse. Dort ist ein solcher Mensch Gold wert. Der springende Punkt ist der, dass wir unser deutsches Heimatland vor einem Rassenmischmasch bewahren sollen, und darum gehören Schwarze nicht nach Deutschland. Diejenigen Neger aber, die nun einmal, Gott sei's geklagt, in Deutschland herum-

wimmeln, gehören aus rassepädagogischen Gründen nicht in Stellungen, in denen sie Vorgesetzte von Weissen sind. Es ist gefährlich, wenn ein deutscher Arbeiter einem Schwarzen gehorchen soll, denn der einfache Mann verliert dadurch leicht das Gefühl dafür, dass er selbst einer höherstehenden Rasse angehört, und findet nichts mehr dahinter, wenn seine Töchter solch einen Neger begehrenswert finden. Damit kommen wir von selbst wieder zu der jetzt viel umstrittenen Frage der Mischehen. Der vorliegende Fall bildet ja ein Schulbeispiel, denn, wie berichtet wird, erscheint Herr Manga Bell junior häufig in Begleitung einer jungen Dame auf der Arbeitsstelle, die sich offenbar den Verkehr mit dem „Fürstensohn" zur Ehre rechnet. Die Bezeichnung Fürstensohn, die sich die Lichterfelder Firma leistet, ist übrigens lächerlich. Herr Manga Bell senior war weiter nichts als ein kleiner Dorfschulze, dem seinerzeit nur englische deutschfeindliche Machenschaften den falschen Titel „King" verschafften. Geschmacklos und tiefbedauerlich ist übrigens die Art, wie die Firma Assmann u. Co dem „unehrlichen Deutschen" den „ehrlichen Neger" gegenüberstellt. Wenn die Firma selbst ehrlich sein will, so wird sie zugeben müssen, dass der Grund für die Anstellung des Schwarzen nicht der ist, nicht weil sei keinen ehrlichen weissen Aufseher finden kann, sondern weil sie in mangelndem Rassegefühl mit dem „schwarzen Fürstensohn", wie der Berliner sagt, ein wenig „dicke tun" wollte.

Die ganze Angelegenheit trägt für uns den Fluch der Lächerlichkeit, denn sie zeigt, dass noch weiten Kreisen in Deutschland das Gefühl dafür fehlt, was wir unsrer Rasse und unserm Ansehen in der Welt schuldig sind. Hätten wir dieses Gefühl in dem Masse, wie z. B. die Engländer, so kämen solche Fälle nicht immer wieder vor und die Schwarzen blieben da, wo sie hingehören. Darin liegt keine Härte, denn der tüchtige Neger findet in den Kolonien ein gutes und unangefochtenes Fortkommen.

„Kolonie und Heimat" Nr. 53/1911-12
(gekürzt veröffentlicht im offiziellen Organ der
Woermann-Linie: „Afrika-Post" Nr. 23/9.12.1912)

Ein Afrikaner im europäischen Rock ist für die Deutschen eine „komische Figur". Im Reich kursiert ein neues Schimpfwort: „Hosennigger". Afrikaner können, wie „Kolonie und Heimat" 1911 feststellt, ihre „absolute Unkultur" niemals verleugnen: „Der ‚gebildete' Neger, der eine Missions- oder Regierungsschule besucht hat, möchte freilich nun auch äusserlich den Kulturmenschen markieren... Hose, Bratenrock, Zylinder hat er sich angeschafft, aber er versteht nicht, sich in ihnen zu bewegen, und sieht im ‚totschick' gearbeiteten Gehrock genau so komisch oder dummdreist aus, wie in abgelegten Uniformen oder sonstigen Trödel... Wenn man nun so einen Neger, der bisher herumgelaufen ist, wie ihn Gott geschaffen hat, plötzlich in Hosen und Jackett mit obligatem Stehkragen oder gar Lackstiefeln zwängt oder sich zwängen lässt, so ist das sicher ungesund, denn die anliegende europäische Kleidung setzt eine grössere Sauberkeit voraus, als sie der Neger allgemein kennt."

Schwarz-weiße Freundschaften passen schon gar nicht in dieses Bild. Daß Manga Bell jr. des öfteren von einem deutschen Mädel zum Sägewerk Assmann begleitet wird, fällt unangenehm auf, vor Brieffreundschaften mit „Eingeborenen" wird der weibliche Nachwuchs von Amts wegen gewarnt, und umgekehrt wird an die deutschen Männer in den Kolonien appelliert, den „Umgang mit eingeborenen Frauen" zu meiden. „Halbe Gorillaweibchen" — viel höher steht nach Meinung von „Kolonie und Heimat" die „grössere Hälfte der schwarzen Weiber" nicht — sind

Drei „zivilisierte" Duala-Typen

nichts für blonde Germanen. Der Aufruf gegen „Verbastardierung" und für „Rassenehre" findet allerdings kaum Gehör. Die Beamten bedienen sich, wo sie können. Im November 1904 unterzeichnet Kolonialdirektor Stübel in Berlin einen Runderlaß für alle „Schutzgebiete": „Es wird das Gouvernement angewiesen, dafür Sorge zu tragen, daß, falls der Brauch eingerissen sein sollte, wonach von den Beamten auf Reisen von den Eingeborenen Weiber zum geschlechtlichen Verkehr gefordert werden, den Beamten ein solches Verhalten als mit ihrer Würde unvereinbar verboten wird. Auch soll es unstatthaft sein, daß Soldaten, Dolmetscher und ähnliches farbiges Personal von Beamten beauftragt wird, die Herbeischaffung von Weibern für den Geschlechtsverkehr zu vermitteln."

Die Deutsche Kolonialgesellschaft hat schon frühzeitig versucht, Männer-Bedürfnissen in den Kolonien entgegenzukommen. Insbesondere für Deutsch-Südwest, der einzigen Siedlerkolonie, werden gezielt Frauen angeworben: Dienstmädchen, Köchinnen, Mädchen für alles — auch zum Heiraten. Die Kosten für die Überfahrt trägt die Kolonialgesellschaft. Mitglied Adolph Woermann verspricht, daß es den Frauen auf seinen Dampfern an nichts mangeln werde. Die Frauen-Verschickung beginnt 1898. Als sich 13 junge Heiratswillige nach Swakopmund einschiffen, nehmen sie nicht nur den Zuspruch des Vorstehers der Hamburger Stadtmission, Pastor Harding, mit auf den Weg. Während der Reise werden sie auch noch von einer älteren Dame betreut — dank der, wie die „Kolonialzeitung" lobt, „besonderen Fürsorge und dem liebenswürdigen Entgegenkommen des Herrn A. Woermann". Zehn Jahre später sind bereits 700 Frauen den Kolonialpionieren nach Südwest gefolgt.

Spurensicherung: Verrückte Maßstäbe

Ob wir an Gott glauben und in die Kirche gehen?
Die überzeugte Frömmigkeit, die aus Robinsons Frage spricht, macht uns beklommen. Daß die Gotteshäuser in Deutschland halb leer sind, kann er kaum glauben. Er gehe jeden Sonntag in die kleine Kirche von Groß Soppo.
„Mein Sohn kann sie euch später zeigen."
Die Missionare haben Robinson Lambes Leben entscheidend beeinflußt. Immer hat er die Polygamie abgelehnt, nie hat er Alkohol angerührt, ja sogar auf das Tanzvergnügen hat er verzichtet. Doch seinen Glauben an Masken und Fetische, an die „invisible powers of Africa", für die er auch im Englischen keine präzisen Worte weiß, haben ihm die christlichen Kulturträger nicht austreiben können.
Die Bamiléké, eine zahlenmäßig starke und wirtschaftlich sehr erfolgreiche Volksgruppe Kameruns, die Bamiléké stünden, so vermutet Robinson, mit diesen Mächten in besonders enger Verbindung. Nicht ohne Grund seien alle „big men" im Geschäftsleben „Bamis".
„Sie verkaufen ihre Kinder, sagen die Leute, und verschlucken ganze Eier. Einer ist nach Europa gefahren. Ein Doktor sollte die Eier wieder rausholen. Der Mann ist daran gestorben."
Wir sind ungläubige Europäer.
Ob das denn wahr sei?
„Gesehen habe ich es nicht."
Ganz ausschließen aber will Robinson diese Geschichte nicht. Wie sehr die Afrikaner auf ihren Vorstellungen und Lebensmustern beharren, hat schon die Kolonialherren immer wieder verblüfft. Sie mußten lernen, daß selbst „Hosennigger" innerlich in vielem Afrikaner geblieben sind.
„Es kostet einen weißen Lehrer viel Mühe und große Selbstüberwindung", hieß es 1902 in der „Deutschen Kolonialzeitung", „die Naturkinder inmitten der verderblichen Einflüsse ihrer heidnischen Umgebung und der vielfach unsittlich lebenden Weißen an Arbeit, Ordnung, Reinlichkeit und Sittlichkeit zu gewöhnen, zumal er ja nicht auf Mithilfe seitens der Eltern zu rechnen hat."
Auch, daß die Bakwiri nur zögernd „den Nutzen der Schule einsehen und ihre Kinder zum Besuch derselben anhalten", wußte das Blatt zu berichten. Die Bauern waren skeptisch — wie Robinsons Vater. Das neue Wissen und die Werte der Weißen stellten die soziale Ordnung im Dorf auf den Kopf.

Sehr viel, das betont Robinson Lambe gleich mehrmals, habe er bei den Missionaren nicht gelernt. Sein Leben aber wäre bestimmt ganz anders verlaufen, hätte er nicht Duala und Deutsch, Lesen und Schreiben, Rechnen und deutsche Geschichte gelernt.

„Ganz in der Nähe hier sind die Dörfer der Balundu. Da gab es keine Schule. Wissen Sie warum? Die sollten nicht aus Büchern lernen. Die sollten bleiben wie sie waren — Arbeiter sollten die bleiben. Wenn die Balundu eine Schule gehabt hätten, dann wäre das für die Pflanzer nicht gut gewesen. Dann hätten sie keine Arbeiter bekommen."

Auch ohne Schule kamen sie nicht freiwillig. Doch Gouverneur von Puttkamer wußte durchzugreifen. Man scheute sich nicht, berichtete die „Deutsche Reichs-Post" 1900, „im Balundulande in Ermangelung von Erwachsenen selbst eine Menge Kinder, darunter sogar Mädchen, gewaltsam fortzuführen und in die Plantage zu bringen. Die Balunduleute beklagten sich oft bitter über die ihnen widerfahrene Behandlung und erzählten, daß man alle jungen Männer geholt habe und die Alten allein nicht im Stande seien, neue Hütten zu bauen."

Von Puttkamer hatte sich vorgenommen, „selbst die faulen Bakwiri" zur Plantagenarbeit zu zwingen, und räumte in seinen Memoiren ein: „(D)ass hierbei Schule und Kirche mitunter zu kurz kamen, lag auf der Hand und wurde in der Mission nicht gern gesehen, die das ora von jeher vor das labora gestellt hat, das Verkehrteste, was es bei der Negererziehung geben kann."

Beten oder arbeiten — eine rein theoretische Frage.

„Die Deutschen wollten meine Landsleute gern als Arbeiter auf den Pflanzungen einstellen. Aber meine Landsleute waren faul. Deshalb haben die Deutschen die Arbeiter aus Bamenda im Nordosten Kameruns geholt."

Robinson Lambe hat seine Lektion über die „faulen Bakwiri" gelernt, auch wenn er dem im nächsten Atemzug gleich widerspricht.

„Wir Bakwiri wollten gern Tischler, Zimmermänner oder Maurer werden und das Handwerk von den Deutschen lernen, aber sie wollten die Bakwiri nicht als Handwerker. Sie sollten Koch oder Hausboy bei den Deutschen werden."

Ein Hausboy verdiente zwischen 10 und 25 Mark wie der niedrigste Angestellte der Regierung; ein Koch oder ein Wäscher konnten es bis zu 50 Mark im Monat bringen. Maschinisten und Plantagenaufseher unter den Afrikanern gehörten um 1910 zu den schwarzen Spitzenverdienern: zwischen 100 und 150 Mark trugen sie im Monat nach Hause, und ein qualifizierter Regierungsangestellter erreichte fast das niedrigste Gehalt eines Weißen: an die 200 Mark monatlich — so viel wie für einen Plantagenarbeiter im Jahr an Unkosten veranschlagt wurde.

„Viele mußten auch als Träger arbeiten. Deshalb wollten einige die

Deutschen hier verjagen. Man trug schwere Lasten auf dem Kopf. Große Kisten — von hier bis nach Kumba. Das hieß früher Johann-Albrechts-Höhe. Die Weißen gingen nicht zu Fuß, die wurden in Hängematten getragen. Da gab es keine Straße. Nur Buschweg. Man war drei bis vier Tage unterwegs. Etwa 50 Träger und vielleicht 10 Soldaten. Und wenn einer müde war, wurde er geschlagen. Mancher ist unterwegs gestorben. Die Reise war so weit, und die Deutschen zwangen die Leute. Die sollten immer nur tragen."

Nur eine kleine Elite kam in den Genuß der Schulbildung. 1906 wurden 15.472 Schüler gezählt, sechs Jahre später waren es 43.419. Das pragmatische Ziel der Kolonialverwaltung: „(D)en jungen Leuten eine Bildung zu verschaffen, die sie befähigt, sich später als Beamte bei der Regierung, den Kaufleuten und Pflanzern oder als Handwerker nützlich zu machen; daneben aber zielt der Unterricht auch auf Erweckung und Kräftigung deutscher Gesinnung ab."

Noch heute erzählt uns Robinson Lambe ungern etwas Negatives über die Deutschen. Wenn, dann legt er es am liebsten anderen in den Mund.

„Einige wollten die Deutschen hier nicht haben. Schwere Lasten auf dem Kopf und Schläge auf den Hintern, viele Tote, eine schlechte Behandlung."

Nur mit Strenge, darin waren sich die Weißen einig, konnte man einen „Neger" erziehen.

Prügel aus Fürsorge.

So hielten es auch die Lehrer — Emil Sembritzki zum Beispiel, der aus Gesundheitsgründen nur ein halbes Jahr in der Regierungsschule von Victoria unterrichten konnte und sich dann daheim der Veröffentlichung von Kolonialkalendern und patriotischen Liedern widmete. Von einem seiner Nachfolger, dem Lehrer Fischer aus Württemberg, hieß es in der „Kolonialzeitung": „Obwohl er sehr streng war, hing er mit großer Liebe an seinen Schülern, und diese fühlten auch seine Liebe und zeigten sich bei mancher Gelegenheit dankbar."

Brave Neger.

Wenn sie dann auch noch das Weihnachtsfest und den Kaisergeburtstag als Glanzpunkte ihres Schuljahres erlebten, „wird (es) wohl kaum einen Deutschen gegeben haben, dem das Herz nicht höher schlägt vor Freude, wenn er den Vorträgen der vor Glück strahlenden Kleinen lauscht".

Kaiser-Kinder.

„Die schwarzen Kinder lernen übrigens sehr leicht in allen Fächern, mit Ausnahme des Rechnens, für welches in ihrem Hirn wenig Platz vorgesehen zu sein scheint. Große Freude haben sie am Singen, und es ist eine wahre Lust, ihrem gut geschulten Gesange zu lauschen. Bietet sich ihnen Gelegenheit, dem Herrn Gouverneur oder einem anderen Oberbeamten

ein Ständchen zu bringen, dann sind sie sehr stolz darauf. Die größte Freude bereitet es ihnen aber, wenn sie bei Freiübungen oder beim Marschieren deutsche Volkslieder singen dürfen. Wenn man sie dabei beobachtet, so glaubt man fast, wirklich deutsche Knaben vor sich zu haben."
Dressur-Erfolg.
Deutsche Lehrer in Kamerun — heute sind sie dort wieder gefragt. Als Entwicklungshelfer fordert die Regierung sie an. Freiwillige des Deutschen Entwicklungsdienstes sollen ein ehrgeiziges Ziel verwirklichen helfen: den unwiderruflichen Sprung Kameruns ins technisch-industrielle Zeitalter.

„Die Zauberformel heißt Massenausbildung", beginnt Rainer Schweers — Ende 1983 Chef der 57 DED'ler im Land — unseren Crash-Kurs in Kameruner Bildungsangelegenheiten von heute. 70 Prozent der Kinder sind eingeschult. Vor allem Sekundarschulen und die Ausbildung in technisch-handwerklichen Berufen werden gefördert. Im Haushalt 1982/83 — das sind die letzten veröffentlichten Zahlen — wurde ein Fünftel der Staatsausgaben im Bildungssektor investiert: der zweitgrößte Etatposten nach den „Allgemeinen öffentlichen Dienstleistungen". Ein dichtes Netz von weiterbildenden Schulen soll entstehen. Obwohl die staatlichen Institutionen kostenlos sind, müssen die Eltern der Sekundarschüler für Bücher, Schuluniform und Fahrgeld im Monat bis zu 70 Mark pro Kind aufbringen — das ist viel für einen Kleinbauern mit zahlreichem Nachwuchs, aber nur einem Ernteeinkommen im Jahr. Dennoch streben ein Viertel (in der BRD drei Viertel) der Jugendlichen die mittlere Reife oder das Abitur an.

„Schon wieder ein Reagenzglas kaputt", flucht Peter Conrad, als er den Laborschrank öffnet, um uns zu zeigen, mit wie wenig er auskommen muß. Peter unterrichtet Physik und Chemie an der Presbyterianischen Sekundarschule in Kumba. „Grundlage für das ganze Schulwesen hier waren die Missionsschulen", hat er uns seinen Arbeitsplatz vorgestellt. „Es gibt immer noch sehr viele kirchliche Privatschulen, und die meisten genießen einen sehr guten Ruf." Die Statistik belegt, wie beliebt sie sind: 1982 besuchten zwei Drittel der Grundschüler staatliche Schulen, aber nur die Hälfte der Mittelschüler und nur ein Drittel der Berufsschüler. Ausbildungsmaterial ist knapp. Im Laborschrank stehen ein altes Mikroskop und ein Bunsenbrenner. Baukästen für Schaltkreise gibt es nicht, selbst Reagenzgläser sind Mangelware. „Improvisation ist hier alles", schimpft der Deutsche und kehrt die Scherben zusammen. „Ein einziger Motor für 100 angehende KFZ-Mechaniker", hatte vorher schon eine Berufsschullehrerin geklagt, „wie soll ich da eine praxisbezogene Ausbildung vermitteln?"

Für die massenhafte Ausbildung von Universitätskandidaten, Technikern, Handwerkern und Facharbeitern fehlt es an Geld, ganz besonders aber an pädagogisch erfahrenen Lehrern. In den letzten zehn Jahren wuchs die Zahl der Grundschüler von 1 auf 1,5 Millionen, die Zahl der Sekundarschüler stieg um das Zweieinhalbfache: von 82.000 auf 200.000. Eine vergleichbare Zuwachsrate registrieren auch die berufsbildenden Schulen. Um mit diesem Wachstum Schritt zu halten, werden oft genug Abiturienten gleich nach ihrem Schulabschluß vor die viel zu großen Klassen gestellt. Vor allem Naturwissenschaftler und Techniker sind Raritäten unter den Kameruner Lehrern — sie finden leicht besser bezahlte Jobs. Deshalb häufen sich in diesen Bereichen die Anfragen beim DED — viele aus dem anglophonen Teil des Landes, denn eine englischsprachige Lehrerausbildung bietet der Staat nicht an. Die meisten der 30 DED-Pädagogen arbeiten im ehemals britischen Gebiet, und ginge es nach dem Erziehungsministerium in Yaoundé, wären noch mehr deutsche Lehrer im Land. „Wir kosten die Kameruner nichts und bringen meist auch noch Geld für die bessere Ausstattung unserer Fachbereiche mit", meint Peter auf dem Weg ins Grüne.

Paul Lutz wartet schon auf uns. Der Agraringenieur aus der Bundesrepublik bildet junge Erwachsene für die Community Development Arbeit aus — einheimische Entwicklungshelfer, die die Landbevölkerung beraten sollen, wie sie mehr verdienen, gesünder leben und Genossenschaften gründen können.

Etwas außerhalb von Kumba, inmitten der „Shambas", wo auch die Städter noch Mais, Bananen und Yams anbauen, hat Peter seine Stammkneipe. „Mein Biergarten", lacht der Bayer, als wir unter dem großen Baum vor dem kleinen Holzhaus Platz nehmen. Perfekt Pidgin-Englisch parlierend, bestellt er die erste Runde „Jobajo" und Ziegenfleisch-Spießchen. Die Bemerkung, in diesem Etablissement sei schon einmal ein abgezogener Hund in der Küche gesichtet worden, soll vermutlich die Kamerun-Neulinge schrecken — uns, Ingeborg Friege und ihren Mann. Beide unterrichten Mathematik und Physik und sind mit nur einem halben Jahr Kamerun-Erfahrung die Benjamine unter den DED'lern am Tisch. Mit sechs Jahren am Ort, einer Kameruner Ehefrau und als geachteter Patriarch in einem weitläufigen deutsch-afrikanischen Haushalt fühlt Peter Conrad sich in Kamerun richtig zu Hause.

PETER: Mein Problem ist nur, wie bekomme ich die Schüler dazu, selbständig zu denken und nicht nur immer alles nachzuplappern. Sie wollen Merksätze zum Auswendiglernen! Ich erinnere mich an eine Schülerin, die eine Frage in einem Test ganz toll und komplett beantwortete. Da war nur ein Schönheitsfehler: diese Frage war gar nicht gestellt. Aber irgendwann einmal hatte sie die Antwort auswendig gelernt.

FRAGE: Warum lernen die Schüler auswendig, ohne zu verstehen?

PETER: Es ist einfacher und bequemer und ein Training, das hier in frühem Kindesalter anfängt. Auch wir lernen anfangs durch Nachahmen.

Um selbständig denken zu lernen, brauchen wir aber Anregungen. Wenn es die nicht gibt und in der Schule auch immer nur durch Wiederholen gepaukt wird, dann kann man nicht plötzlich Kreativität erwarten und Problemlösungsverhalten, das nie ausprobiert wurde. Wenn ein Kind hier fragt ‚Warum?', dann kriegt es keine Antwort. Es bleibt ihm nur die Möglichkeit nachzuahmen.

FRAGE: Also fängt das Dilemma schon mit der Kindererziehung an?

PETER: Ganz genau. Die Kinder erhalten ganz viel emotionale Zuwendung, aber wenig intellektuelle Aufmerksamkeit.

FRAGE: Böse gesagt, eine Mentalitätsfrage also?

PETER: Nein, eigentlich eine gesellschaftliche Frage. Der Respekt vor den Älteren ist hier noch ganz stark. Das ist eine gesellschaftserhaltende Sache. Man fragt hier eben keinen Alten, warum darf ich nicht auf den Baum klettern? Man macht es eben nicht, oder nur, wenn der Erwachsene nicht dabei ist.

RAINER: In Europa bestand der Unterricht doch auch lange in nichts anderem als Auswendiglernen und Aufsagen, um dann gute Noten dafür zu bekommen. Schule dient eben ganz wesentlich auch der Disziplinierung. Deshalb werden Dinge trainiert und reproduziert und keine Zusammenhänge hergestellt.

INGEBORG: Hier wird ja auch noch mit der Androhung von körperlicher Disziplinierung gearbeitet. Ein älterer Kollege geht immer mit dem Stock in den Unterricht. Von den jüngeren wird er allerdings ausgelacht.

PAUL: Ich unterrichte Erwachsene, die ja schon relativ einflußreiche Persönlichkeiten sind. Doch kaum kommen sie in die Schule, benehmen sie sich wieder wie Kinder — auch bei Lehrern, die viel jünger sind als sie. Die Autoritätsgläubigkeit ist sofort wieder da. Sobald sie aber die Schule verlassen haben, sind sie die Autorität und drücken nach unten. Deshalb stellt auch keiner das Prinzip in Frage. Jeder will, wenn er eine solche Position erreicht hat, die Vorzüge der Autorität für sich in Anspruch nehmen. Hier funktioniert das Prinzip des „survival of the fittest" noch viel stärker als bei uns.

PETER: Aber in den Städten bröckeln mit den Familienstrukturen auch die Autoritätsmuster. Es ist ein heimlicher Widerstand. Man denkt: Dieser dumme Alte..., aber wenn er dabei ist, wird ihm verbal seine Autorität noch zugestanden.

INGEBORG: Ich halte es für ganz wichtig, daß wir als Europäer unsere Autorität als Lehrer in Frage stellen. Auch die Autorität der Bücher. Unser Mathebuch enthielt zum Beispiel viele falsche Lösungen, doch es war unheimlich schwer, die Kinder davon zu überzeugen.

PETER: Ohne Autorität kannst du hier genausowenig unterrichten wie in Deutschland.

RAINER: Bist du nicht schon Autorität, weil du weiß bist?

INGEBORG: Richtig, deshalb können wir uns eine ganze Menge erlauben. Davon abgesehen, verfügen wir über einen Ausbildungsvorsprung gegenüber unseren Kameruner Kollegen, über eine größere Methodenvielfalt, über mehr Erfahrung — ich habe beispielsweise acht Jahre an einem deutschen Gymnasium unterrichtet; von daher haben wir einfach eine größere Sachkompetenz. Und deshalb muß ich nicht wie viele Kameruner Lehrer auf diese Amtsautorität zurückgreifen. Mich können die Schüler fragen, und im Zweifelsfall weiß ich immer eine Antwort. Ein Kameruner Lehrer aber mit seiner meist schlechten Ausbildung, frisch vom College, der ist auf seine schriftlichen Unterlagen angewiesen und darauf, daß die Schüler ihm glauben, was er an die Tafel schreibt.

PETER: Solange du Sätze diktierst, mit denen die Schüler Examen bestehen und gute Noten bekommen können, wollen die den Lehrer gar nicht in Frage stellen. Sie wollen die Prüfung machen, um dann in bestimmte Berufe reinzukommen.

INGEBORG: Ja, die Motivation zum Lernen ist die, ein Examen zu machen. Das ist ein entscheidender Unterschied.

PETER: Mit der Massenausbildung geht diese Motivation ganz rapide zurück. Früher war man schon etwas, wenn man die mittlere Reife hatte. Heute ist das längst keine Garantie für den Aufstieg mehr. Außerdem lernen die Schüler heute weniger.

INGEBORG: Kein Wunder, wenn in einer Klasse 120 Schüler gemeinsam Englisch lernen. In meiner 6. Klasse der Sekundarstufe, in einer Unterprima also, habe ich 60 Schüler in Mathematik. Das waren früher bestimmt viel weniger.

FRAGE: Ein Freund aus Tanzania hat mir einmal gesagt, ihr Europäer seid komische Leute, ihr stellt eine Frage, z. B. wie eine afrikanische Familie lebt, nur um das zu wissen. Ihr fragt, nur um zu wissen. Das gibt es bei uns nicht.

PETER: Wenn auch etwas übertrieben, stimmt das so. Hier wird gefragt, um etwas herauszufinden. Zum Beispiel: Deine Kochbananen sind so schön, wie machst du das? Man fragt, um das Wissen für sich anzuwenden. In den Naturwissenschaften sind die Fragen oft viel zu theoretisch. Dieses Problem hatte ich jetzt gerade in der ersten Klasse. Warum tropft es hier vom Tisch? Warum ist diese Bierflasche außen naß? Ich habe das dann physikalisch erklärt, und hinterher konnten nur 8 von 99 Schülern die Frage richtig beantworten. Der Rest hat einfach gesagt, das kommt von der Elektrizität im Kühlschrank oder irgendwas anderes. Will sagen, es interessiert auch eigentlich nicht. Wenn der Tisch naß wird, wischt man ihn eben ab.

INGEBORG: Aber das ist doch was ganz Konkretes. Man sagt, Mathematik sei zu abstrakt für afrikanische Kinder, weil sie nie mit Bauklötzen gespielt haben. Deshalb hätten sie keine Beziehung zur Geometrie, wogegen europäische Kinder schon von klein auf mit irgendwelchen Legos spielen.

PETER: Ja, aber schon die Frage ist zu abstrakt. Wenn man ein kaltes Bier trinken will, dann muß man damit rechnen, daß die Flasche außen naß wird. Das ist so. Punktum. Die Frage, warum die Flasche naß wird, liegt nur für uns nahe. Hier tropft es vom Tisch auf den Lehmboden. Bei uns wird die Tischdecke, der polierte Tisch, der Teppich naß. Da interessiert die Frage ‚Warum?', weil man das Tropfen verhindern will.

FRAGE: Was heißt das für einen deutschen Lehrer in Afrika?

PETER: Es macht einen verrückt! Ich frage immer: Schaut euch das an, was seht ihr? Nichts! Sie sehen nichts, zumindest nicht das, was ich sehe. Unser — wie man so schön sagt — Drang nach Wissen und Verstehen wird hier schon früh unterdrückt. Alles was unverständlich ist, wird ja an irgendwelche Geister, an Jujus und Hexenkraft verwiesen. Das ist die Art des Verstehens, die hier noch gilt. Deshalb ist auch unser Wissen nicht gefragt.

RAINER: Ich frage mich, ist das jetzt eine Übergangsphase, in der die Schüler dieser Generation stecken — ein Generationsproblem in einem halb-ländlichen Milieu, das sich mit der Verstädterung in der nächsten Generation automatisch lösen wird? Oder ist es tatsächlich ein Defizit, wie Ingeborg es mit den Bauklötzchen angedeutet hat? Ein Mangel an Abstraktionsvermögen, das man in Europa schon als Kind trainiert?

PETER: Das sind zwei verschiedene Dinge. Zum ersten — die Konfrontation mit der Abstraktion findet in der Schule statt und gerade in den naturwissenschaftlichen Fächern mit Beispielen aus den entwickelten Ländern. Die Lehrpläne hier sind ja noch ganz auf Europa ausgerichtet. Auch die Aufgabenstellungen: In den Mathematikbüchern fahren Züge mit gleichmäßiger Geschwindigkeit. Wenn man hier mit dem Zug von Douala nach Yaoundé fährt, dann fährt der Zug mal schnell, mal langsam, mal gar nicht.

Zum zweiten, die Konfrontation mit der Technik. Die Entwicklung geht ja immer schneller, damit wächst aber auch das Interesse. Nimm den Kunstdünger — der war bis vor kurzem noch ganz unbekannt. Jetzt, wo die Böden durch Überkultivierung schlechter geworden sind, interessiert man sich dafür. Noch kennen die Bauern nur das Markenzeichen auf dem Sack, doch bald werden sie wissen wollen, was in dem Sack ist. Darauf kann man bauen. Noch können die europäischen Maschinen vielfach nicht repariert werden, weil die Leute mit der entsprechenden Ausbildung fehlen; aber das wird, das muß sich ändern.

RAINER: Dann wäre die Konsequenz, diese Übergangsphase mit allen Mitteln abzukürzen, also 200 Jahre technische Entwicklung in 10 oder 20 Jahren nachholen zu wollen. Kommst du dann aber nicht schnell zu dem Punkt, wo du die industrielle Gesellschaft kritisieren mußt, deren

Auswirkungen bei uns ja schon handgreiflich sind. Und wie stellst du dich dann dazu? Werden wir hier dann nicht als Durchlauferhitzer für einen Prozeß tätig, den wir in Europa schon wieder in Frage stellen?

PETER: Ich kann aber doch nicht ankommen und sagen, gut, ich trinke mein Bier, aber für euch ist das zu gefährlich, lutscht ihr weiter eure Orangen, ich verkaufe euch auch noch eine Orangenpresse. Oder nimm das Fernsehen. Wir wissen, es zerstört das Familienleben. Doch die Kameruner sagen, ihr wollt uns was vorenthalten. Auch kann ich hier niemandem klarmachen, daß die Umweltverschmutzung gefährlich werden kann, obwohl das in Städten wie Douala schon anfängt. Da stößt du auf taube Ohren. Wenn ich meinen Nachbarn kritisiere, daß er einen Baum abschlägt, und ihm erzähle, daß er dafür in Deutschland bestraft würde, dann schaut der mich ganz verständnislos an und sagt, guck doch, da wächst doch gleich wieder einer. Man muß durch die Scheiße gehen, um sie dann als Dünger benützen zu können.

INGEBORG: Du meinst also, daß die Afrikaner mit mehreren Jahren Verspätung die gleichen Fehler machen müssen wie wir? Ich habe ja immer noch die Hoffnung, daß es andere Wege gibt. Als Entwicklungshelferin will ich nicht in die Richtung puschen, in die wir uns bewegt haben. Ich will bei meinen Schülern, die ja mal eine gehobene Position haben werden, Kritikfähigkeit gegenüber allem, was von außen kommt.

PAUL: Kamerun steuert doch gerade mit Volldampf auf Fernsehen, Video und das alles zu. Ist es nicht Augenwischerei zu glauben, da könnten wir etwas dran ändern, wenn wir den kritischen Lehrer spielen?

PETER: Natürlich gäbe es einen Weg daran vorbei. Aber die Kameruner Wirtschaft ist so eng mit der europäischen und amerikanischen verflochten, daß der kapitalistische Entwicklungsweg eingeschlagen werden muß. Da können wir überhaupt nichts dran ändern.

RAINER: Aber ein flüchtiger Blick in die Gesellschaften, die den anderen, den sozialistischen Weg gewählt haben, zeigt, daß sie einen ähnlichen Prozeß durchmachen wie die Kameruner, um den Sprung in die Industriegesellschaft zu schaffen. In Äthiopien, Mozambique oder China ist der Disziplinierungsprozeß durch die Schule wahrscheinlich noch viel weniger sanftmütig, viel militärischer als hier. Das Problem findet man in allen Gesellschaften, die aus der Subsistenzwirtschaft hinausgehen und eine nächste Stufe der gesellschaftlichen Entwicklung erreichen wollen. Aber dann kommen diese Länder, die wie Kuba einen unheimlichen Sprung in bezug auf die sozialen Verhältnisse, auf die Schulbildung, ja auch Bewußtseinssprünge gemacht haben, die kommen plötzlich an einen Punkt, wo es nicht weiter geht. Liegt das nicht daran, daß sich auch dort gesellschaftliche Klassen herausgebildet haben, die ihre Position wahren wollen und Angst haben, daß die wachgerüttelten Unterschichten nun aufstehen und neue Forderungen stellen? Und dann kommt die

Blockade, die unter Umständen härter sein kann als in Gesellschaften, wo sich die verschiedenen sozialen Schichten permanent gruppieren.

PETER: In Kamerun gab es immer schon sehr Reiche und sehr Arme. Es gab die Chiefs, die zwar nicht einen Sack voll Geld in der Ecke stehen, aber Einfluß hatten und denen alles zufloß. Von seiner Struktur her hat Kamerun alle Schichten, und deswegen kann man nicht sagen, jeder kriegt nur so'ne kleine Suzuki oder ein Mofa. Dann sagt einer, ich war schon immer mehr, wenn ich nicht laufen wollte, wurde ich getragen, also brauche ich einen Mercedes. Da könnte man einen kubanischen Weg nur mit brutaler Gewalt durchsetzen.

RAINER: Mir scheint, daß es bei aller Verschiedenheit der politischen Systeme ein gemeinsames Kernproblem gibt. In einer ersten Phase, gleich nach der Unabhängigkeit, wird durch einen ungeheuren Disziplinierungsprozeß die gesellschaftliche Entwicklung ein beträchtliches Stück vorangebracht. Doch dann stellt sich die Frage, wie ist die schöpferische Energie der Leute, die man sozusagen aus der alten Gesellschaftsform heraus „geprügelt" hat, wieder neu zu entfalten. Hier in Kamerun stellt sich das Problem in ungeheurer Schärfe, weil eben noch alle Stufen der gesellschaftlichen Organisation erhalten sind. Du hast ja hier den Subsistenzbauern neben dem, der den Computer bedient. Alles nebeneinander. Und das alles muß diese Gesellschaft verkraften.

Agro-Business
oder:
Wie Adolph Woermann Kakao anpflanzt, um den Deutschen das Leben zu versüßen

„Zunächst ... fange man an, den Boden urbar zu machen und Plantagen zu bauen; wenn eingeborene Arbeiter dazu noch nicht im stande sind, so muß man sehen, von der Liberiaküste oder Goldküste Arbeiter zu importieren. Es ist kein Zweifel, daß der Boden ungemein fruchtbar ist und daß alle die Produkte, welche dort wild wachsen, auch angebaut werden können. Plantagenbau ist eine mühselige Arbeit; sie erfordert große Kapitalien, unendliche Geduld und Ausdauer bei mißglückten Versuchen und wird in der ersten Zeit fast nie rentieren; — man muß darauf gefaßt sein, daß das zuerst hineingesteckte Kapital lange keine Zinsen trägt. Dadurch aber sind fast in allen tropischen Ländern die Plantagenbesitzer schließlich wohlhabende und reiche Leute geworden... Was aber mehr ist als das: die Eingeborenen rund um diese Plätze herum fangen an, seßhaft zu werden, sie fangen auch an, den Boden zu bebauen und das zu bauen und zum Verkauf zu bringen, was die auf der Plantage befindlichen Arbeiter gebrauchen. Auch hier ist das gute Beispiel das kulturelle Element und wenn nach Unterdrückung des Sklavenhandels das legitime kaufmännische Geschäft das zweite Stadium in der Entwicklung des Negers bildete, so wird die Bebauung des Bodens das nächste Stadium sein und die kräftigste Stütze des Missionars und Lehrers."

Adolph Woermann
auf der Generalversammlung des Deutschen Kolonialvereins
im September 1884 in Eisenach

Wie man tropische Landschaften in Monokulturen umwandelt, Plantagen anlegt und ganze Landstriche mit Hilfe von Sklaven auf europäische Bedürfnisse ausrichtet, dafür haben die kolonialerfahrenen Spanier, Portugiesen und Briten in der Karibik oder in Brasilien schon Beispiele geliefert. Adolph Woermann will Kamerun zu einer Plantagenkolonie machen. Unermüdlich wirbt er für diese Idee. Schon in der 25-Seiten-Denkschrift der Hamburger Handelskammer vom Juli 1883 hat er der Regierung in Berlin die Erwerbung des Kamerungebietes empfohlen, „weil es sich vorzüglich zur Anlage von Plantagen eigne... Das reiche Vorkommen von Gewürzen, Gummi, Kaffee in der Wildnis lege ein sicheres Zeugnis für die Fruchtbarkeit des Bodens ab und zeige, wie sich seine Ertragsfähigkeit durch Anbau werde heben lassen." Er vergißt auch nicht darauf zu verweisen, daß es brauchbare Arbeitskräfte gebe, „seien doch die Neger der Westküste als Sklaven stets das gesuchteste Arbeitsmaterial für alle heißen Klimate gewesen". Gerade als zukünftiger Rohstofflieferant, so bekräftigt der Hamburger Firmenchef, sei die Annexion des westafrikanischen Gebiets nicht nur im Interesse des Handels, sie würde „fast allen Zweigen der deutschen Industrie, der gesammten deutschen Erwerbsthätigkeit zu gute kommen."

Für seine eigenen Geschäftsinteressen sorgt der Unternehmer vor. In einem vertraulichen Brief an seinen Faktoreileiter in Kamerun, Eduard Schmidt, weist er ihn noch vor der deutschen Flaggenhissung an: „Gleichzeitig mit dem Abtreten der Hoheitsrechte können Sie sich gern recht ausgedehnte Ländereien abtreten lassen, als Privateigentum — besonders solche, welche sich zur Anlage von Plantagen eignen. — Es ist zweifellos, daß für den Fall, daß das Land deutsch wird, manche Bestrebungen dahin gehen werden, dort ausgedehnte Pflanzungen anzulegen, und dann ist es immer gut, wenn das Land bereits in unserem Privateigentum ist, so daß wir es später weiterverkaufen können. Sie müssen natürlich versuchen, möglichst billig zu kaufen. Man kann das Land ja beinahe umsonst bekommen."

Schon zwei Jahre später, 1886, kann Woermann dem Reichstag stolz verkünden: „Bereits ist der Versuch gemacht worden, im Kamerungebiet Plantagen zu gründen." Er weiß es aus erster Hand, denn diese Firma trägt den Namen „Kamerun-Land-und-Plantagengesellschaft Woermann, Thormählen und Co." Das Unternehmen ist erst vier Monate vor Ort, und noch kann Adolph Woermann keine wirtschaftlichen Erfolge melden. Doch er ist optimistisch: „Es wird hauptsächlich darauf ankommen, ob es möglich ist, schwarze Arbeiter, und zwar freie, in ausreichender Zahl und billig genug zu schaffen, um ein derartiges Unternehmen rentabel zu machen. Ich hege die Hoffnung, daß es gehen wird, und daß, wenn ein derartiges Unternehmen schließlich Erfolg hat, dies von großem Nutzen für die Kolonie und auch rückwirkend von Nutzen für Deutschland sein wird."

Seit zwei Jahren ist Deutschland jetzt Kolonialmacht, doch viele Reichstagsabgeordnete — vor allem die Sozialdemokraten und das katholische Zentrum — beurteilen Bismarcks „koloniales Abenteuer" weiter skeptisch. Der Streit um die Branntweinfrage erhitzt die Gemüter, die versprochenen wirtschaftlichen Vorteile der „Schutzgebiete" spürt man noch nicht, und die Abgeordneten knausern mit Entwicklungsgeldern für Afrika. Private Geldgeber sollen die afrikanische Exportwirtschaft ankurbeln, so hat es Bismarck dem Reichstag versprochen.

Auf Woermann ist Verlaß. Nachdem Eduard Schmidt 10.000 Hektar Land von den Häuptlingen „beinahe umsonst" erworben hat, gewinnt der Hamburger 25 Bankiers, Industrielle und Großkaufleute für die risikoreiche Kapitalanlage in einer Plantagengesellschaft. Während andere Europäer sich ausschließlich dem Handel widmen, warnt Adolph Woermann schon vor dem Raubbau an den natürlichen Ressourcen der Kolonie und läßt am Kamerunberg aufforsten: Er pflanzt Kakao und Ölpalmen — eine Investition in die Zukunft. Das Handelshaus um Plantagen, um landwirtschaftliche Großbetriebe erweitern, Rohstoffe produzieren, sie in eigenen Schiffen abtransportieren und in eigenen Fabriken verarbeiten — das ist die Vision eines Kolonialkonzerns, die Adolph Woermann schon lange in seinem Kopf bewegt.

Kaum hat der 25jährige seine Lehr- und Wanderjahre in Übersee beendet und ist nach Hamburg zurückgekehrt, schickt er Mitte der 70er Jahre aus dem Kontor der Großen Reichenstraße eine Depesche an den Faktoreileiter in Gabun. Der Juniorchef schlägt vor, dort auf den Ländereien der Firma Kaffee zu kultivieren. Wenig später entsendet der unternehmungsfreudige Jungmanager kurzerhand den Botaniker Soyaux nach Westafrika. Der soll vor Ort den Urwald roden und Kaffeepflanzen setzen lassen. Der erste Anlauf geht schief: die meisten Sträucher auf der Versuchsplantage Sibange gehen ein. Als der Journalist Hugo Zöller zu Besuch kommt, stehen auf den etwa 20.000 Hektar der Neuen Sibange-Pflanzung 7.000 fruchttragende und 13.000 frisch gepflanzte Kaffeesträucher. Aber der Kaffee, den er auf Sibange trinkt, kommt aus Hamburg. Nein, gegen die Qualität der Woermannschen Kaffeebohnen sei nichts einzuwenden, meint Zöller, nur wollten die Sträucher nicht so recht gedeihen. Sibange verschlingt in wenigen Jahren mehrere hunderttausend Mark, ohne daß die Erträge steigen. Den ersten Hilferuf des glücklosen Botanikers aus Gabun beantwortet Adolph Woermann mit einem strengen „Nein, ich sende keinen Menschen zur Hilfe, bevor Sie nicht 100.000 Pfund Kaffee geschickt haben!" Dazu kommt es nie — der felsige Boden auf dem Woermann-Besitz ist nicht sonderlich fruchtbar. Er taugt nicht für den Kaffeestrauch. „Meine Firma hat selbst einen Versuch mit Plantagen in Gabun gemacht", berichtet Adolph Woermann 1884 vor dem Kolonialverein, „es knüpfen sich manche fehlgeschlagene

Hoffnungen daran, es sind manche Fehler begangen worden, und noch heute, nach sechsjähriger Arbeit, läßt sich noch kein Erfolg konstatieren, — und dennoch wird schließlich die Ausdauer den Sieg davon tragen." Einige Jahre später muß die Plantage als Totalverlust abgeschrieben werden. Der Kaffee aus Sibange, der dabei in der Elbchaussee 131 gereicht wird, schmeckt bitter: 5.000 Mark, so kolportiert der Hauschronist Bohner, dürfte die Tasse das Familienunternehmen gekostet haben — Lehrgeld, das sich in Kamerun auszahlen soll.

Als Adolph Woermann 1886 beginnt, dort Kakao und Tabak anzupflanzen, sind die wichtigsten Voraussetzungen, um deutsches Kapital in großem Stil für das Plantagengeschäft zu interessieren, noch nicht erfüllt. Das Investitionsklima ist sogar äußerst schlecht: Noch leisten die Afrikaner Widerstand, und politische Sicherheit kann den Kapitalgebern nicht garantiert werden. Noch steht fruchtbares Land nicht in großen Mengen zur Verfügung, denn noch halten sich die Deutschen an die „Schutzverträge", die den Afrikanern die Nutzung ihres Grund und Bodens zusichern. Adolph Woermann und sein Geschäftspartner Thormählen leisten Pionierarbeit, als es darum geht, diese verbrieften Rechte außer Kraft zu setzen. Eigens um die Besitzansprüche ihrer „Kamerun-Land-und-Plantagengesellschaft" zu sichern, verfügt Gouverneur von Soden 1888, daß als Grundeigentümer gelte, wer vier Jahre lang Kameruner Land in Besitz habe. Als Adolph Woermann mit dubiosen Verträgen immer mehr Land zusammenrafft und andere europäische Firmen ganze Küstenstriche für sich beanspruchen, schiebt von Soden diesem spekulativen Landkauf einen Riegel vor: Wird das Land nicht binnen vier Jahren kultiviert, so geht es in den Besitz der Regierung über. „Ohne diese wohltätige Verordnung", kommentiert die „Deutsche Kolonialzeitung" 1895, „wäre schon jetzt etwaigen Unternehmungslustigen der Zugang zum Kamerungebiet fast vollständig abgesperrt."

Am Kamerunberg, so die Erkenntnis der 90er Jahre, liegt die Zukunft des „Schutzgebietes". Vor allem der Forschungsreisende Zintgraff und Landwirtschaftsexperte Wohltmann empfehlen den fruchtbaren vulkanischen Boden und das feuchtwarme Klima als günstig für tropische Kulturen. In der Gegend um Victoria haben Baptisten die Kakaopflanze eingeführt, und die Kameruner sind auf ihren kleinen Farmen so erfolgreich, daß sie die Bohnen exportieren können. Auch in der Versuchsanstalt für Landeskultur, im Botanischen Garten der Hafenstadt Victoria, hat sich Kakao als erfolgversprechende Tropenfrucht für diese Gegend erwiesen. Nur die am Kamerunberg lebenden Afrikaner stören noch die Entfaltung des Agro-Business.

Für die Kameruner in diesen Landesteilen ist Stammesland seit jeher unverkäuflich — Gemeineigentum. Der Boden wird extensiv bewirtschaftet. In den Brachzeiten regeneriert sich die in den Tropen dünne Humusschicht schnell, wild wachsende Früchte und Pflanzen ergänzen die Subsistenzwirtschaften. Das Brachland liefert Feuerholz, außerdem wird hier gejagt.

Jesko von Puttkamer, der 1895 Gouverneur der Kolonie wird, hat seine europäische Lesart dieser den natürlichen Bedingungen angepaßten Wirtschaftsform. „Wenn man einen eingeborenen Häuptling fragt, wie weit das Land ihm gehört, so zeigt er ganz bestimmt irgendwo im Urwald eine Art von Grenze, jenseit deren dann das Gebiet des nächsten Stammeshäuptlings beginnt, so dass es freies oder herrenloses Land nach den Angaben der Eingeborenen überhaupt nicht gibt... Man stelle sich nun weiter vor, wie der Eingeborene in den Urwaldregionen wirtschaftet. Von irgendeiner regelrechten Felderbestellung ist keine Rede; der Mann arbeitet überhaupt nicht, sondern treibt, wenn es hoch kommt, etwas Handel, zu dem aber die Weiber die Träger liefern; im übrigen faulenzt er oder führt Kriege mit seinen Nachbarn. Die Weiber werden an irgendeine beliebige Stelle des Waldes geschickt, wo sie auf einer kümmerlichen Lichtung den Boden etwas aufkratzen und gerade so viel Jams, Kassada, Makabo und Planten bauen, wie die Familie zur Ernährung braucht; diese Farmen liegen oft stundenweit von den eigentlichen Wohnsitzen entfernt, da die Leute einen Fleck, der ein paar Jahre lang Frucht getragen hat, einfach wieder verlassen und sich eine neue Stelle aussuchen, wo es ihnen gerade am bequemsten erscheint; die verlassene Farm ist dann in wenigen Jahren mit einem undurchdringlichen Gestrüpp bedeckt und völlig wertlos. Diese Art von systematischer Verwüstung des Landes ist natürlich vollkommen kulturfeindlich und würde sich selbst den Eingeborenen längst fühlbar gemacht haben, wenn eben die zur Verfügung stehenden Gebiete nicht so ausgedehnt und die Eingeborenen nicht so wenige wären. Ich habe nun diesen Standpunkt von vornherein nicht anerkannt, sondern bin bei der Einteilung des Landes nach dem bewährten Grundsatz verfahren, dass nur dasjenige Land Eigentum der Eingeborenen ist, was sie im Moment der Auseinandersetzung tatsächlich bebauen, und sie ferner veranlasst, nicht nur ihre meist weithin verstreuten Hütten und Gehöfte in ordentlichen Dörfern zusammenzulegen, sondern auch die weit ab liegenden Buschfarmen aufzugeben, und dafür Land um das Dorf herum in regelrechte Bewirtschaftung zu nehmen."

Dieses Verfahren segnet die Kolonialabteilung in Berlin mit der „Allerhöchsten Kronlandverordnung" ab, die 1896 auf Antrag des Gouverneurs erlassen wird. Die Herren Woermann, Jantzen und Thormählen haben die Reichsregierung vorher beraten. Paragraph eins: „Vorbehaltlich der Eigentumsansprüche oder sonstiger dringlicher Ansprüche, welche private oder juristische Personen, Häuptlinge oder unter Eingeborenen bestehende Gemeinschaften nachweisen können, ... ist alles Land innerhalb des Schutzgebietes von Kamerun als herrenlos Kronland. Das Eigentum daran steht dem Reiche zu."

So wird Landraub legal. Afrikanisches Bodenrecht kennt kein Katasteramt, das die Besitztitel für Stammesland im Grundbuch aktenkundig nachweisbar macht. Von nun an kommt die Unterwerfung der Bevölkerung am Kamerunberg der Zerstörung ihrer Existenzgrundlage gleich: Sie werden enteignet und in viel zu kleine Reservate verbannt.

Für die potentiellen Investoren im deutschen Reich ist die Kronlandverordnung das Signal für die nun einsetzende kapitalfreundliche Politik. Sie leitet private „Entwicklungsgelder" nach Kamerun, um dort die Rohstofförderung zu beschleunigen. Gouverneur von Puttkamer erhält mit dieser Verordnung das entscheidende Instrument, um Kamerun innerhalb von drei Jahren zur wichtigsten Plantagenkolonie des Reiches zu machen: Als Gouverneur übereignet oder verpachtet er den neuen Grundbesitz des Kaiserreichs an Plantagen- und später an Konzessionsgesellschaften. Die Kolonialverwaltung als Dienstleistungsunternehmen, so wünschen es die Unternehmen. „Die Aufgabe der Regierung ist es nicht, selbst Landspekulation betreiben zu wollen", mahnt Johannes Thormählen, „sondern nur die naturgemäße Verbesserung und Verwertung der kolonialen Ländereien in den Händen der Ansiedler nicht aufzuhalten."

Die Regierung hält sich daran. Nachdem die Bakwiri am Kamerunberg enteignet sind, wird bis 1899 das gesamte fruchtbare Land für drei, später fünf Mark pro Hektar verkauft. Den Löwenanteil schnappen sich vier millionenschwere deutsche Aktiengesellschaften: Woermanns „Kamerun-Land-und-Plantagengesellschaft"; die „Westafrikanische Pflanzungsgesellschaft Victoria" (WAPV), die größte von allen; die „Westafrikanische Pflanzungsgesellschaft Bibundi" und die Gemeinschaftsgründung dieser drei Großen, die „Moliwe-Pflanzungs-Gesellschaft".

In kürzester Zeit verlieren die Kameruner einen ganzen Landstrich fruchtbaren Bodens. Ihre Kakaopflanzungen müssen sie den Europäern überlassen. Das Ausmerzen der afrikanischen Konkurrenz rechtfertigt der Gouverneur in seinen Memoiren: Seine Aufgabe habe nicht sein können, „die Eingeborenen darin zu bestärken, gerade da, wo europäisches Kapital in grösseren Plantagen rationell arbeitet, nun ihrerseits mit den gleichen Erzeugnissen herum zu pfuschen". Puttkamer überläßt es den Europäern, den früheren Bodenbesitzern ihre neuen Reservate auf dem Plantagengelände zuzuweisen. 1 1/2 bis 2 Hektar Land pro Hütte werden ihnen zugestanden — unabhängig davon, was der Boden hergibt. Laut Kronlandverordnung sollen die „Eingeborenengebiete" ausreichend groß sein, um das Überleben der Kameruner zu sichern. Die Pflanzer ver-

Plantagengesellschaften (Stand 1913)

nach: Karin Hausen, Deutsche Kolonialherrschaft in Afrika, Zürich 1970

Gründung	Name	Fläche in ha	Kapital in Mio.	Kapitaleigner	Dividende
1885	Kamerun-Land-und-Plantagengesellschaft (ab 1909 Bimbia-Pflanzung)	10.000	?	26 Aktionäre, u.a.: A. Woermann, E. Bohlen, E. Barth, C.F.W. Jantzen, C.P. Dollmann, W. Oechelhäuser, F. Scipio, G. Siemens (ab 1909 A. Woermann Alleinbesitzer)	1900: 5% 1902: 5% ?
1897	Westafrikanische Pflanzungsgesellschaft Bibundi (WAPB)	14.100	2,1	J. Thormählen, C.F.W. Jantzen, C.P. Dollmann, M. Esser, Gebr. Hoesch, A. Oechelhäuser, J. Scharlach u.a.	1906/07: Vorzugsaktien 6%; 1908-12: 9, 0, 3, 7%
1897	Westafrikanische Pflanzungsgesellschaft Victoria (WAPV)	18.000	3 1 Oblig.	33 Aktionäre aus 6 Kapitalgruppen: M.Esser-A.Ahn, Gebr. Hoesch, L. Peill, M. Hiller (Industrielle), Sh. Douglas, Deutsche Bank; Finanzgeschäfte wickelt der Schaafhausensche Bankverein ab, der eng mit der rhein.-westf. Industrie verbunden ist.	1904-06: Stammaktien 3, 3, 6% 1907-09: Vorzugsaktien 8%, 1910-13: 15, 15, 18, 20%
1898	Moliwe-Pflanzungs-Gesellschaft	14.000	2	A. Woermann, J. Thormählen, C.P. Dollmann, H. Upmann, Gebr. Douglas, W. Oechelhäuser u.a.	1907-11: 5% 1912-13: 6%
1898	Pflanzung Scipio bzw. Idenau-Pflanzung	4.000	0,8	F. Scipio F. Scipio Erben	?
1899	Plantage Oechelhäuser	2.050	?	Gebr. Oechelhäuser	?
1901	Plantagengesellschaft Süd-Kamerun/Robert Guthmann	3.000	0,16		?
1903	Kautschuk-Pflanzung Meanja	6.000	0,8	M. Esser, H. Hoesch, W. Catwinkel, C. Levy (Deutsche Bank) u.a.	1911-13: 3, 4, 5%
1905	Debundscha-Pflanzung	1.750	0,22	M. Esser, Gebr. Hoesch u.a.	1906-13: 4, 3, 10, 12%
1906	Kamerun-Kautschuk-Kompagnie	3.000	3		1913: 2%
1907	Deutsche Kautschuk AG	5.600	2,5	M. Esser, Gebr. Hoesch u.a.	1910-13: 3, 5, 6, 8%
1910	Afrikanische Fruchtkompagnie	5.000	1914: 1,75	eng mit Hamburger Reederei Laeisz verbunden	?

folgen andere Ziele. Ihre Plantagenleiter erklären, „daß die Eingeborenen auf möglichst kleinen Landflächen zusammengedrängt werden müßten, um dann durch Hunger zur Arbeit gezwungen zu werden".

Plantagen in Kamerun — eine gewinnversprechende Anlage, besonders, wenn man seine Interessen wirkungsvoll zu vertreten weiß. Als Kapitaleigner zeichnen immer wieder die gleichen Aktionäre: neben Woermann und Thormählen die Industriellen Esser, Douglas, Oechelhäuser und Gebrüder Hoesch; der ostelbische Junker Prinz zu Loewenstein und der Hamburger Spekulant Scharlach. Hier wächst ein Pflanzermonopol heran, das die Kolonialverwaltung unter Druck setzen und die Bedingungen für eine profitable Ausbeutung der Kolonie diktieren kann.

Für die Regierung ist das erwachte Kapitalinteresse an Kamerun ein Erfolg. Im Jahresbericht 1896/97 werden die Plantagenwirtschaft und der Handel erstmals als gleichwertig eingestuft. Die Regierung spricht von einer „Wende" in Kamerun: „Die Masse Kapital, die mit einem Schlage zu Pflanzungszwecken in die Kolonie hineinkam, beweist, wie sehr ... das Zutrauen zu einer gedeihlichen Entwicklung des Schutzgebietes gewachsen ist, und es wird eine Hauptsorge der Regierung sein, durch Herstellung und Erhaltung geordneter Zustände den im ganzen Schutzgebiete nunmehr im Großen in Angriff genommenen Plantagenbau die Bedingungen für eine erfolgreiche Weiterentwicklung zu sichern." Im Zuge dieser „Wende"-Propaganda überreicht der Kaiser persönlich an Max Esser, den im kolonialen Pflanzer-Filz allgegenwärtigen Unternehmer, den Königlichen Kronen-Orden II. Klasse. Offizielle Begründung: für „die Befruchtung Kameruns mit Kapital".

Kamerun wird Hauptkakaolieferant unter den deutschen Kolonien. Schon 1893 werden 1.560 Zentner exportiert, etwa die Hälfte ins Deutsche Reich. Um jährlich 200 Zentner soll die Produktion gesteigert werden. Ein Jahr später kommt der Kamerun-Kakao zum ersten Mal in deutsche Kolonialwarenläden. Sein Markenname: „Aline Woermann". Er erhält auf der Dresdner Internationalen Ausstellung eine Goldmedaille und kann, wie die „Deutsche Kolonialzeitung" berichtet, „durch zahlreiche Kolonial- und Delikatessenwaarenhandlungen bezogen werden". Überhaupt sei der Kamerun-Kakao wegen seines hohen Eiweißgehalts besonders nahrhaft, wegen seines geringen Fettgehalts gut verdaulich und trotzdem billiger als andere Kakaosorten. Deutschland hat einen süßen Traum: unabhängig von ausländischen Rohstoffen, Selbstversorger will man werden. Zumindest bei Kakao. Da die Kaffee- und Tabakpflanzungen wenig abwerfen, wird die Anbaufläche für Kakao zwischen 1895 und 1905 ständig erweitert. Auf über 7.000 Hektar wächst jetzt die Tropenfrucht, an der auch die kaiserliche Familie Gefallen findet. Die „Durchlauchtigsten Kinder der Kaiserlichen und Königlichen Majestäten" genießen seit Jahren schon die Schokolade aus der Kolonie, wie das Ober-Hof-

☐ Pflanzungs-
  Gesellschaften.

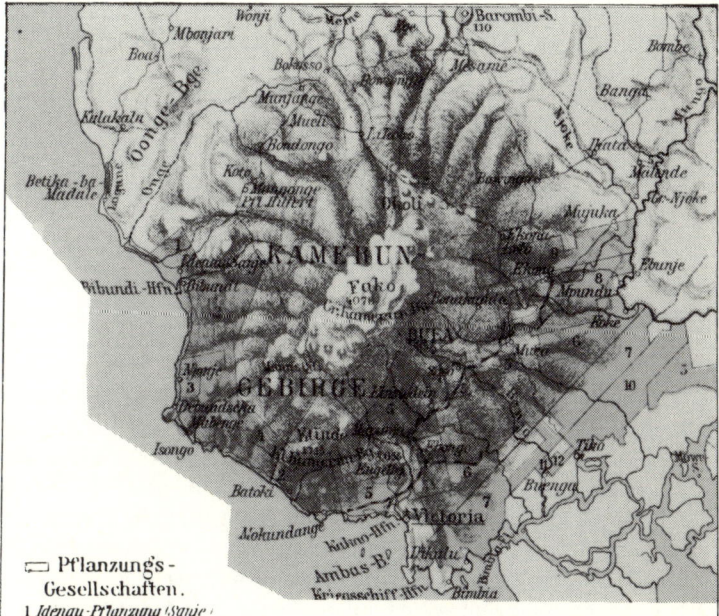

1 *Idenau-Pflanzung (Sanje)*
2 *Westafr. Pflanzungs-Ges. Bibundi*
3 *Debundscha Pflanzung*
4 *Plantage Oechelhausen*
5 *Westafr. Pflanzungs Ges. Victoria*
6 *Molive Pflanzungs Ges.*
7 *C. Woermann*
8 *Deutsche Kautschuk Aktien Ges.*
9 *Kautschukpflanzung Meanja*
10 *Afrikan. Fruchtkompagnie*
11 *Buenga Pfl. (Ambas B. Tr. Co.)*
12 *Hottroth u. Gen.*

DAS KAMERUN-GEBIRGE
1 : 750 000
0   5   10   15   20 km

In Kamerun

soll e. vorl. 150 ha grosse Kakao-Plantage unter Leitung e. tücht. Fachm. für 70 bis 100000 M. errichtet werden. D. i. so billig möglich, d. d. drei Beamten und Mitgl. zugleich zusammen jährlich nur 7200 M. in bar und 3600 M. als Anteile erhalten. Die Plantage wird a. 400 ha vergrössert und wird der Reingewinn von 50000 M. auf 130000 M. jährlich steigen. 30000 M. sind schon vorhanden und mögen sich n. einige Herren finanziell mit 10 bis 20000 Mark beteiligen.

Offerten unter **K. V. 2341** an **Rudolf Mosse, Köln**, erbeten.

marschall-Amt im Januar 1897 den Geschäftsführern der Kamerun-Kakaogesellschaft zu Hamburg, den Herren Jantzen, Thormählen und Scharlach, attestiert.

Die steigende Nachfrage nach Süßem im Reich schafft auch Probleme. Das Angebot an Arbeitskräften in der Kolonie hält nicht Schritt. Die Kolonialherren nennen das die „Arbeiterfrage". Lohnarbeit ist für die Kameruner ein unbekanntes Wort. In ihren Subsistenzwirtschaften arbeiten Familienmitglieder und Haussklaven, unterworfene Feinde entrichten Tribut. Man arbeitet auf dem eigenen Feld und tauscht seine Erzeugnisse mit den Nachbarn und an der Küste mit den Europäern. So wird die Existenz der Sippe gesichert. Das ökonomische Motiv für die Arbeit bei Fremden fehlt. Lohnarbeit gilt als letzte Stufe des sozialen Abstiegs und eines freien Mannes unwürdig. Solange die Kameruner Wirtschaftsverhältnisse nicht zerstört sind, müssen erst die Händler, dann die Pflanzer ausländische Wanderarbeiter aus Liberia, Nigeria oder von der Goldküste verpflichten — eine Übergangslösung, wie es schon 1887 in einem Bericht der „Kamerun-Land-und-Plantagengesellschaft" heißt: „Wenn wir uns nun auch genöthigt gesehen haben, für den Anfang die theuren Accra-Arbeiter auf der Plantage zu verwenden, so muß es doch immer unser Bestreben bleiben, die einheimische Bevölkerung zur Plantagenarbeit heranzuziehen und damit seßhaft zu machen, da wir dadurch nicht nur reichliche, sondern auch bedeutend billigere Arbeitskräfte gewinnen würden. Wir ... glauben aber eine völlige und befriedigende Lösung dieser Frage nur mit Hülfe der Regierung herbeiführen zu können, und dürfte es sich empfehlen, da das Gedeihen des Unternehmens zum Theil davon abhängt, die Regierung zu veranlassen, dieser Frage näher zu treten, was sie um so bereitwilliger thun dürfte, als der Erfolg dieser Angelegenheit der ganzen Colonie zu Gute kommen würde."

Solange Berlin sich nicht rührt, streifen private Anwerber durch das Land. Für jeden kontraktierten Arbeiter erhalten sie von den Plantagengesellschaften ein Kopfgeld. Der Menschenhandel wird in der Regel mit den Chiefs per Vertrag und möglichst langfristig besiegelt. Oft erhalten auch die afrikanischen Herrscher Provision. Doch für die wird es immer schwieriger, die Verträge zu erfüllen, denn mit Heimkehrern und Handelskarawanen dringen Nachrichten über die schlechten Lebensbedingungen auf den Pflanzungen bis weit ins Hinterland. Die Anwerber greifen immer häufiger zu Tricks, um sich ihre Kopfgelder zu verdienen.

Häuptlinge werden mit Schnaps abgefüllt, berichtet ein Missionar und schildert den Fall einiger Nkosi-Oberen, die sich in diesem Zustand verpflichtet haben, zwölf Jahre lang eine Plantage mit Arbeitern zu beliefern. Als sie die geforderte Anzahl von Männern nicht mehr beschaffen können, schicken sie auch Frauen und Kinder auf die Pflanzung.

Löhne der „Kamerun-Land-und-Plantagengesellschaft"		
1893:	*Monatslohn*	*reale Lohnkosten*
200 Strafarbeiter	—	7 Mark pro Mann und Monat an Regierung
Arbeiter aus Liberia	16 Mark	Waren im Wert von ca. 8 Mark
1894:		
3 englischsprechende Vorarbeiter	20 Mark	
Erwachsene	15 Mark	Löhne werden erst nach Ablauf der Kontraktzeit in willkürlich übertuerten Waren ausbezahlt
Knaben	10 Mark	
1895:		
Bakwiri-Kinder	4-6 Mark	
Bakwiri-Männer	bis 10 Mark	
ausländische Arbeiter	3-16 Mark	
ausgebildete Handwerker	25-60 Mark	

Helmuth Stoecker (Hg.):
„Kamerun unter deutscher Kolonialherrschaft", Bd. 1, Berlin 1960

Ein anderer „beliebter Trick", weiß ein Arbeiterkommissar, ist die Geiselnahme, zum Beispiel „die Weiber des Dorfes zu greifen und in Verwahrsam zu nehmen, bis sie von Männern als stellvertretende ausgelöst werden". List und Tücke, Lug und Betrug sind nur die harmloseren Formen dieses Menschenraubs: „Die Anwerber sind pekuniär zu sehr am Erfolg der Anwerbung beteiligt", klagt der Stationschef von Jaunde, „zum Teil müssen sie die Kosten der Anwerbung tragen und erhalten dafür ein Kopfgeld von 50 Pfennig für den angeworbenen Mann und dessen monatliche Verpflichtung, für 12 Monate Verpflichtung also 6 Mark und für 18 Monate 9 Mark. Es liegt mithin nahe, ... daß die Arbeiteranwerber zu Gewalttätigkeiten und Übergriffen ihre Zuflucht nehmen, um ein möglichst gutes Resultat zu erzielen."

Dabei bedienen sich die Arbeiterjäger auch des Gewaltmonopols der Verwaltung. Ein Missionar berichtet, daß sie „sich als Soldaten verkleideten und den Häuptlingen, die natürlich nicht lesen können, ein Stück Papier vorwiesen, dieselben Glauben machend, sie seien von der Regierung geschickt, um Arbeiter anzuwerben. Ich selbst bin einem solchen Boten begegnet, der Billette von einem Pflanzungsdirektor geschrieben bei sich trug, die für mehrere Nkosi-Häuptlinge bestimmt und in folgender Form aufgestellt waren: ‚Der Häuptling N. N. von X ist gebeten mir sofort die versprochenen Arbeiter zu schicken'. Nicht ein einziger von diesen Häuptlingen hatte sich in irgendeiner Weise mit der Pflanzung verpflichtet!"

Max Esser wirbt bei den Bali Arbeiter an

„Eine höchst interessante, aber auch etwas beunruhigende Szene stand mir bevor, — die Ueberreichung der Geschenke an Garega, von denen ich nicht wußte, ob sie durch die Reise gelitten, oder nicht.

Schon für den Nachmittag des zweiten Tages hatte der erwartungsvolle König seinen Besuch angekündigt. Da stand denn bald zu meiner Freude der ebenso kunst- wie geschmackvolle Thronsessel, unversehrt und richtig zusammengestellt in meiner Hütte und ließ, sowie man sich auf ihn setzte, die schönsten Melodien, wie: ‚Ach, du lieber Augustin' ertönen...

Einige Räte hatten mir den Vormittag zugeflüstert, Seine Majestät liebe besonders den Zucker des weißen Mannes und habe nun schon seit vier Jahren sich vergeblich danach gesehnt. So opferte ich denn auch einige Pfunde von den Vorräten; des weiteren Stoffe, mehrere Bunde Perlen zur Befriedigung der Weiber, da jetzt, nachdem ich die wilde Begehrlichkeit der königlichen Frauen aus eigener Anschauung kennen gelernt hatte, ich aufrichtiges Mitleid mit dem Könige empfand.

Gegen vier Uhr kam Garega in großem Aufzuge nach der Station...

Der ganze Zug hielt vor meiner Thüre. Garega trat ein und hieß ich ihn, auf dem Throne, welchen er, nachdem ich ihn ihm geschenkt, von allen Seiten besehen, Platz zu nehmen.

Er erschrak einen Augenblick, als die Musik, indem er sich setzte, zu spielen anfing, zuckte aber dann mit keiner Miene und suchte den Anschein zu erwecken, als habe er genau gewußt, daß der Stuhl musiziren werde und finde dies ganz natürlich...

Sein verständnisvolles Wesen, seine gewinnende Freundlichkeit und einfache Würde, verbunden mit soviel Energie, Machtgefühl und Stolz, machten auf mich einen ungemein angenehmen Eindruck.

Am Abend noch besprach ich mit ihm die mir auf dem Herzen liegende Arbeiterfrage, von der er aber durchaus nichts wissen wollte. Er habe seine Leute nötig, um Kriege zu führen, nicht um sie an die Küste als Knechte der Weißen zu versenden.

Ich suchte ihm zu beweisen, wie verkehrt es sei, Kriege zu führen, wie gerade im Frieden Macht und Ansehen der Völker durch der Hände Arbeit gedeihen, wie der Wohlstand seines Landes wachsen, wie er grö-

ßere Einkünfte haben würde und — um drastisch zu werden — erzählte ich ihm dann, daß er für jeden Arbeiter so und so viele Stücke Zucker, so und so viele Ellen Zeug, so und so viel Schießpulver und Blei bekommen könne. Dies verfing. Er begann nunmehr einzusehen, daß für ihn persönlich ein großer Vorteil aus meinen Vorschlägen erwachsen könne. Plötzlich war er Feuer und Flamme und versprach mir, mit seinen Aeltesten alles beraten zu wollen...

Am Nachmittage verhandelten wir dann wieder mit Garega wegen der Arbeiterfrage und kamen zu folgendem Resultat. Er, der Fürst, will jährlich bis 2000 Leuten gestatten, zur Küste zu gehen. Dieselben müssen ihm aber, sowohl wenn sie fortgehen, wie wenn sie wiederkommen, eine bestimmte Kopfsteuer entrichten. Dafür soll jeder Bali das Recht haben, 5 Mann von den den Bali unterthanen Stämmen ohne Steuer mit zur Küste nehmen zu dürfen".

Max Esser
in einer Beilage der „Deutschen Kolonialzeitung"
vom 6. Februar 1897

Drei Jahre später in der „Deutschen Reichs-Post":
„(D)ie Westafrikanische Pflanzungsgesellschaft Victoria (wurde) vom König Garega in Bali mit Arbeitern versorgt, wofür Garega jährlich für etwa 300 M(ark) Geschenke erhielt und jährlich von einem Beamten der Pflanzung besucht werden mußte. Zuerst wurden die Arbeiter wahrscheinlich einigermaßen ordentlich behandelt, so daß manche Arbeiter nach Ablauf der auf ein Jahr festgesetzten Arbeitszeit ein zweitesmal nach Victoria kamen. Die Behandlung der Leute wurde aber schlechter, und Garega sandte im vorigen Juli 600 Leute auf nur vier Monate mit dem Versprechen, daß seine Leute sechs Monate arbeiten müßten, wenn er nach Ablauf der vier Monate nicht neue Leute sende. Wie schon berichtet, starben aber viele Leute, was Garega durch Handelskarawanen erfuhr und infolgedessen keine neuen Leute mehr sandte."

Der rührige Gouverneur von Puttkamer ist schon längst aktiv um den Arbeiternachschub bemüht. Seine „Schutztruppe" ist ohnehin auf Eroberungsfeldzügen und Strafexpeditionen unterwegs, und die Besiegten werden zur Lieferung von Zwangsarbeitern verpflichtet. Auch die „Kamerun-Land-und-Plantagengesellschaft" profitiert von dieser Art Kriegsentschädigung. 1893 nimmt sie 153 strafgefangene Mabea und 77 Batanga-Leute in Dienst, „zu einem niedrigen Lohnsatz", wie im Jahresbericht vermerkt ist. Ein Jahr später sind es „105 Jaunde-Leute, welche Leutnant Dominik zur Küste mitgebracht hatte".

Trotz dieses Einsatzes des Gouvernements klagt die Gesellschaft weiterhin, daß die Profite nicht gesteigert, die Anbaufläche aus Mangel an Arbeitern nicht erweitert und die Erträge nicht erhöht werden könnten. Solche Beschwerden über die Untätigkeit der Regierung stapeln sich in der Kolonialabteilung in Berlin. Die Zahl der Plantagen wächst: 1906 sind es 23 Betriebe, die über 7.000 Hektar Land hauptsächlich mit Kakao kultiviert haben. 1894 beschäftigt die erste Großplantage der Kolonie, die „Kamerun-Land-und-Plantagengesellschaft", 255 Leute, zehn Jahre später sind es dreimal so viele. Die „Moliwe-Pflanzung", in der der Aktionär Adolph Woermann an der Spitze des Aufsichtsrates sitzt, steigert allein 1902 ihre Arbeiterzahl von 180 auf 523 Mann; ab 1907 arbeiten dort etwa 1.000 Menschen. Insgesamt schuften zu diesem Zeitpunkt etwa 10.000 Afrikaner auf den Pflanzungen, und doch immer noch zu wenige, um das bereitstehende Kapital in der gewünschten Geschwindigkeit zu vermehren.

Um die ersten kolonialen Früchte wirklich ernten zu können, kommt der auf Druck der Pflanzerlobby installierte Arbeiterkommissar der Regierung, Carnap-Quernheimb, wie auch seine Nachfolger, nicht ohne die Hilfe der „Schutztruppe" aus. Als er 200 Träger bis zur Küstenstation Kribi anwirbt, werden dort „die ahnungslosen Leute von Polizeisoldaten umstellt, auf ein Schiff gebracht und nach Viktoria transportiert, wo sie auf den Pflanzungen arbeiten mußten", berichtet ein Missionar.

Menschenjagd in Kamerun. Ein Afrikaner urteilt: „Das Wild ist besser von der Regierung geschützt als wir: Um ein Wild zu töten, braucht es einen Jagdschein, aber uns Schwarze, reißt man den Familien und Dörfern weg ohne Jagdschein."

Sofern die Afrikaner diese Jagd überleben, läßt sich die Regierung ihre Mühen mit einem Kopfgeld von 10 Reichsmark plus Unterhalt während des Transports, die Passagekosten, lohnen. Auch für die, die bei Ankunft an ihrer neuen Arbeitsstelle „alsbald sterben oder entlaufen, sind Kopfgelder und Passagekosten einzuziehen. Für die den Pflanzungen abgegebenen Strafarbeiter sind in Zukunft gleichfalls Kopfgelder und Passagekosten einzuziehen", legt das Gouvernement 1903 fest.

Diese Vorinvestition gilt es für die Pflanzer, schnell wieder herauszuholen. „Für den Eingeborenen ist Plantagenarbeit meist schlimmer als der Tod", berichtet Hauptmann Stieber 1907, „und wer die Plantagenarbeiter in früheren Zeiten gesehen hat ... wie sie abgemagert, in schlechten Wohnungen und unter schlechten Ernährungsbedingungen von Sonnenaufgang bis Sonnenuntergang zur härtesten Arbeit bei jeder Witterung angehalten wurden, wird ihre geringe Vorliebe für dieses Dasein ... nur begreifen".

Gewehr und Peitsche treiben sie an — mindestens zehn Stunden am Tag. Ungehorsam und Trägheit werden von der Verwaltung streng be-

Gerichtsverhandlung auf einer Plantage

straft, mit Ruten- oder Peitschenprügel zum Beispiel. Das Höchststrafmaß von 25 Hieben mit der Nilpferdpeitsche ist so alltäglich, daß Kamerun bald „the twenty-five-country" genannt wird. Doch es gibt noch Steigerungsmöglichkeiten: Gefängnis mit Zwangsarbeit, Kettenhaft oder Tod.

Bezirksamt Victoria   *Victoria, den 24. Mai 1900*

Vor dem Unterzeichneten erschienen die 3 Vorleute der von Bibundi entlaufenen Lagosleute, Akadi, Togodu und Lawani Offa, und sagten, befragt, warum sie aus Bibundi entlaufen wären, folgendes aus: „Wir sind fortgelaufen, weil wir von den Weißen des Herrn Becker, Tabaksbauabteilung, zuviel Schläge erhielten. Der Betreffende mußte sich mit dem Bauch auf die Erde legen, wurde an Händen und Füßen festgehalten und erhielt dann seine Schläge, meistens 25. Arbeitete er nicht genügend, bekam er Schläge; hatte er wunde Füße oder war er sonst krank, bekam er so lange Schläge, bis er arbeitete, aber keine Medizin. Viele von unseren Leuten sind gestorben. Wenn einer im Sterben lag, schlug der Weiße auf ihn ein; meldeten wir ihm, daß einer von unseren Landsleuten tot sei, sagte er: ‚Was, der ist tot, der will nur nicht ar-

beiten' und schlug auf ihn los. Rührte er sich dann nicht, nahm er einen brennenden Stock und hielt ihm den an die Schläfe beziehungsweise an das Gesicht. War der Betreffende dann wirklich tot, mußten wir ihn in den Busch tragen, durften uns aber nicht aufhalten, um ihn zu beerdigen." Lawani fügte hinzu: *„Ich hatte 26 Leute. Wenn einer von diesen krank war, erschien Herr Papke mit 2 oder 3 Vorleuten und haute solange auf den Mann ein, bis er auf allen Vieren zur Arbeit kroch; auch während des Kriechens bekam er noch Schläge. Konnte er nicht zurück, mußte er im Busch über Nacht bleiben, und der Vorarbeiter ließ ihm durch den Koch Essen bringen. Herr Mabukopff und Herr Papke sind die Weißen, welche uns derartig behandelt haben, während Herr Petschelt immer gut zu uns war..."*
Zur Beglaubigung gez. Boeder Bezirksamtmann

Zit. in Helmuth Stoecker (Hg.):
„Kamerun unter deutscher Kolonialherrschaft", Bd. 1, Berlin 1960

Auf Wunsch der Missionare ist sonntags arbeitsfrei. Der Lohn beträgt — auf dem mit Kreuzen gegengezeichneten Papier — 6 bis 9 Mark im Monat. Ausgezahlt wird weniger oder gar nichts. Geldstrafen und Krankheitstage werden vom Lohn abgezogen, und statt Bargeld gibt es Waren, die mit Preisaufschlägen bis zu 100 Prozent gegen den Nominallohn verrechnet werden. Die Doppelausbeutung der Arbeitskraft und des Konsumenten ist perfekt. Selten wird am Monatsende gelöhnt, meist erst nach Ablauf der Kontraktzeit. Stirbt der Arbeiter vorher, hat die Firma gespart.

Freie Kost und Logis versprechen die Verträge als Teil des Arbeitslohns. Ein typisches Beispiel für die Verpflegung eines Kameruner Arbeiters aus dem Jahr 1905: wöchentlich 2 bis 4 Pfund Reis, 1 Pfund Stockfisch oder Fleisch, 100 Gramm Palmöl und Kochbananen. Oder: eine Woche lang nur Kochbananen.

„Kamerun-Land-und-Plantagengesellschaft" (1898/99)

Weiße		Schwarze	
Gehälter:	*Mark*	Löhne:	*Mark*
1 Betriebsleiter	10.000	600 Arbeiter	60.000
6 Assistenten	10.200		
Verpflegung:		Verpflegung:	
7 Europäer	10.500	600 Arbeiter	60.000
		Transp./Anwerb.	15.500
Summe:	30.700		135.500

Helmuth Stoecker (Hg.):
„Kamerun unter deutscher Kolonialherrschaft", Bd. 1, Berlin 1960

Die in den Verträgen festgeschriebene „ortsübliche" Logis sind Hütten und Baracken, in denen 60 bis 100 Menschen zusammengepfercht leben; die sanitären Anlagen verdienen den Namen nicht; Krankheiten — die aus Europa eingeschleppte Syphilis, die Malaria und Tuberkulose — treten in Epidemien auf, die ärztliche Fürsorge ist mehr als mangelhaft. 6 bis 18 Monate sind die Kameruner auf dieses Leben verpflichtet — für viele ist das zu lang: 85 Prozent der Arbeiter, so Schätzungen, sind krank. „(E)s ist nicht zu viel gesagt", schreibt die „Deutsche Reichs-Post" 1900, „wenn behauptet wird, daß jährlich 20 Prozent der Arbeiter als Kulturdünger dienen... Von 600 Baliarbeitern der Westafrikanischen Pflanzungsgesellschaft Victoria waren nach vier Monaten Arbeit 80 Leute entweder tot oder schwer krank. In der Moliwe-Pflanzung starben vom März bis August 1899 von 200 Arbeitern 23. In den anderen Pflanzungen ist es nicht besser, die Pflanzungen Kriegsschiffhafen, Debundja und Esser-Oechelhäuser vielleicht ausgenommen."

Die Kindersterblichkeit ist besonders hoch. Die Pflanzer sehen eher das Positive, wenn die kleinen Afrikaner schon am europäischen „Kulturgut Arbeit" teilhaben. Bei der „Kamerun-Land-und-Plantagengesellschaft" erhalten die Bakwiri-Kinder nur halb so viel Lohn wie ihre Väter. Überhaupt, schreibt ein Betriebsleiter an Gouverneur von Puttkamer, seien Halbwüchsige und Kinder bestens für die Plantagenarbeit geeignet, weil sie sich noch „leiten und erziehen" ließen, während die „Neger" mit zunehmendem Alter immer unwilliger würden.

Diese Zustände sorgen im Reich für Aufregung. Öffentlich wird über die Sterberaten auf Kameruns Plantagen gestritten. 20 Prozent im Jahr schätzt der Bremer Kaufmann Vietor; 25 bis 30 Prozent sind es unter den Graslandbewohnern. Nie liegt die Todesrate unter 10 Prozent, sagen selbst vorsichtige Rechner. Auch die Woermannsche „Kamerun-Land-und-Plantagengesellschaft" meldet Verluste: 1902/03 sind es 41 bzw. 77 Tote — jeweils etwa 10 Prozent der afrikanischen Belegschaft.

Während die Kameruner sterben, laufen die Kolonialgeschäfte gut. Trotz des immer wieder beklagten Arbeitermangels schüttet die Woermann-Plantage schon zur Jahrhundertwende fünf Prozent Dividende aus. Das ist guter Durchschnitt, wenn erst einmal geerntet werden kann. Fünf Jahre braucht ein Kakaobaum, bis er trägt. Deshalb müssen die Aktionäre der anderen, gerade erst gegründeten Pflanzungsgesellschaften noch warten.

Doch die Unternehmer sind optimistisch. Die „Moliwe-Pflanzungsgesellschaft" will 1905 gleich nach der ersten Kakaoernte expandieren. Das Kapital soll fast verdoppelt werden, um die Anbaufläche zu erweitern, denn noch sind von den 14.000 Hektar erst 1.000 mit Kakao, Kautschuk und Kolanüssen bepflanzt. Thormählen, Woermann, Dollmann, Douglas und Co. werben mit fantastischen Rentabilitätsberechnungen um 900.000 Mark frisches Kapital: Produktionssteigerungen von 530 Prozent bei Kakao innerhalb von fünf Jahren, kletternde Weltmarktpreise, wenn der Kakaokonsum im Reich und anderswo weiter so anziehe, Dividenden von 14 Prozent und mehr. „Noch weit günstigere Aussichten weist die Kautschukkultur auf", heißt es in dem Prospekt. Die Anbaufläche für Kickxiabäume soll auf 500 Hektar verdoppelt werden.

Das Unternehmen in der Hamburger Große Bleichen 56 kann sich vor Interessenten kaum retten. Schon bald sind die 900.000 Mark überzeichnet, und die Anteilscheine über 1.000 Mark aber sind immer noch gefragt. Nicht alle Möchte-Gern-Aktionäre kommen voll zum Zuge.

Zweiggeschäfte in Berlin: W., Kantstrasse 22,

Wählt
deutsch-koloniale Ostergeschenke!

SW., Gneisenaustrasse 2, W., Schillstrasse 16,

NW., Alt-Moabit 121 und Alt-Moabit 1 (Kolonial-Museum)

DEUTSCHES-KOLONIAL-HAUS
BRUNO ANTELMANN
BERLIN.
Schutzmarke.

Haupt- u. Versandgeschäft
Berlin C. 19
Jerusalemerstr. 28
(I. 939 u. 5680).

Aus feinstem Kamerun-Kakao:

Neger, Kaffern, Soldaten der Schutztruppe, Elefanten, Hasen, Strausseneier, Kaffernkraale, Osterglocken, Kokosnüsse u. dergl.

Man verlange den ausführlichen Oster-Prospekt umsonst.

sowie in Dresden, Frankfurt a. M., Kassel, Leipzig, Wiesbaden.

Deutsche Kolonialzeitung, 14.3.1901

Monopole kontra Freihandel
oder:
Wie Adolph Woermann mit einem Fünftel Kameruns an der Börse spekuliert

„*Die Bedeutung (einer Handelskolonie) besteht darin, daß für den Handel jene Gebiete am vortheilhaftesten sind, welche in ihrer Produktion von der Produktion des Mutterlandes am verschiedensten sind. Gerade dort, wo man Produkte herholen kann, welche für uns von Wichtigkeit sind, und wo man Waaren und Industrieerzeugnisse hinschaffen kann, welche dort von großem Werthe sind, gerade dort ist der Werthunterschied zwischen beiden ein verhältnismäßig großer, und diese Thatsache bewirkt, daß für den Handel in solchen Gebieten ein besonderer Gewinn erwächst; daß aber mit dem Gewinn für den Handel, mit dem Gewinn für den einzelnen auch für das allgemeine ein Vortheil geschaffen wird, das kann man wohl nicht ganz in Abrede stellen. Denn wir sehen, wie sehr die englische Industrie durch diesen Export gehoben ist, und wie viel Arbeiter in England dadurch beschäftigt sind, daß England seine Kolonien gehabt hat. Ich bin fest überzeugt, daß, wenn Deutschland auf diesem Wege, auf dem es begonnen hat, fortschreitet, daß dann in Deutschland wesentlich mehr Arbeiter beschäftigt werden können, als jetzt beschäftigt werden, und zwar durch die Kolonialpolitik*".

*Adolph Woermann
im Reichstag
am 4. Februar 1885*

Wie immer hängt Adolph Woermann seinen Geschäftsinteressen ein deutsch-nationales Deckmäntelchen um. Im Reichstag überzeugt er nur wenige Abgeordnete — Geld für die Kolonien bewilligen sie kaum. Das Kapital bleibt bis in die 90er Jahre hinein skeptisch. Ganz allein auf eigene Kosten aber, ohne jede Risikostreuung, wollen die beiden Kamerun-Firmen das lockende Hinterland nicht erobern. Eine verfahrene Situation.

1889 bringt Adolph Woermann eine neue Idee ins Spiel: eine Anleihe des Reichs zur Entwicklung des „Schutzgebietes", aufgenommen bei den Händlern. 1,5 Millionen Mark wollen Woermann sowie Jantzen & Thormählen zur Verfügung stellen — gegen gute Zinsen, versteht sich, die ebenso wie die Tilgungsraten aus den erwarteten Einnahmen der Kolonie gezahlt werden könnten: ein Sonder-Etat für Kamerun, den das Parlament nicht billigen muß. Jantzen & Thormählen präzisieren den Vorschlag in einer Denkschrift und diskutieren sie mit Bismarck.

Fast hätte es geklappt — wenn der Reichstag nicht Wind von der Sache bekommen hätte. Die Opposition klagt heftig gegen diese Umgehung der Abgeordneten, die Regierung muß den Rückzug antreten und legt einen Nachtragshaushalt für Kamerun in Höhe von 1,425 Millionen Mark vor. Der Steuerzahler soll die Erschließung der Kolonie finanzieren — zum Wohl der beiden Hamburger Kamerun-Firmen, wie Ludwig Bamberger von den Freisinnigen in der Debatte aufzeigt:

„Meine Herren, die ganze Absicht ... der Bewilligung, die man heute von Ihnen verlangt, ist: diesen Stamm (die Duala; d. A.) zu verdrängen, ihm sein ganzes Geschäft zu legen und es den Herren, die an der Küste niedergelassen sind, in die Hände zu geben. Das ist der wahre Sinn; man muß sich vollständig staarblind machen, um das zu übersehen... Die Hamburger Kaufleute beschweren sich in ihrer Denkschrift, daß die Duallas einen ganz unerhörten Profit machen; sie verdienten manchmal über 500 Prozent an der Waarenvermittelung! Nun, meine Herren, was würden die Hamburger Kaufleute sagen, wenn die Duallas sich beschwerten, daß sie auch manchmal große Profite an ihren Geschäften machen!

(Heiterkeit)

Ich glaube, das würde ihnen auch nicht gefallen. Ja, die Hamburger Kaufleute führen eine Sprache gegenüber diesen ihren Konkurrenten und Fachkollegen,

(Heiterkeit)

die in der That viel weniger überraschen dürfte, wenn sie aus dem Munde unserer sozialdemokratischen Kollegen stammte. Da ist die Rede von Ausbeutung, von Monopol, davon, daß die Leute Geld verdienen, ohne zu arbeiten, während andere für sie arbeiten. Ja, wenn die Herren Jansen und Thormälen so kommen, was sollen dann die Herren Bebel und Singer erst sagen!

(Heiterkeit)

... Meine Herren, hätten denn diese Duallas nicht das Recht, sich darauf zu berufen, daß sie in der That ein ganz legitimes Geschäft machen, wie man sagt? Bedenken Sie sogar noch das eine: wir haben mit den Duallas Blutsbrüderschaft getrunken;

(Heiterkeit)

sie sind Schutzbevölkerung, wir haben sie expressis verbis unter den Schutz des Reiches gestellt. Und nun kommen die Hamburger Herren und sagen: die verdienen 500 Prozent, der ist doch mit dem Schutz des deutschen Reiches nicht verträglich, helft geschwind uns, ihnen dies Geschäft legen!"

Bamberger argumentiert vergebens. Der Mehrheit der Abgeordneten scheint das Geschäftsinteresse der hanseatischen Kaufleute vorzugehen. Sie bewilligen das Geld — offiziell ein Etat „für Kultur und Handel im Schutzgebiet Kamerun".

Weder Kultur noch Handel aber kommen in der Kolonie im Moment so recht voran. Die Reichstags-Spritze hält nicht lange vor. Adolph Woermann unternimmt einen neuen Vorstoß. Die Regierung soll ihm Gewinne garantieren — mit einem Monopol. Gummi aus Kamerun: er allein soll es ausführen dürfen. Für dieses Recht verspricht er, einiges zu investieren. Aber die Regierung lehnt ab.

Eine Wohltat ist es

für stark Transpirierende,

Schiesser's Abhärtungswäsche

aus indischer Nesselfaser zu tragen.
Schneeweiss, hochelegant, höchste dauernde Porosität.
Kein lästiges Transpirationsgefühl, kein nasskaltes Anliegen der Wäsche, daher keine Erkältung. Behagliches Wärmegefühl ohne Ueberhitzung. Filzt nie, geht nicht ein.
Glänzend begutachtet. Proben, Zeugnisse etc. gratis u. franko.

Niederlagen teilt mit

Jacques Schiesser, Radolfzell (Baden)
mech. Trikotwebereien.

Deutsche Kolonialzeitung, 21.7.1904

Statt dessen erhält Woermann 1889 für zehn Jahre das Recht, die Ramie-Faser zu vermarkten — eine Art Chinagras. Wenn es nach Woermann ginge, sollte Ramie die Textilindustrie revolutionieren, „König Baumwolle" ablösen. Auch andere Kolonialnationen setzen große Hoffnungen in das Nesselgewächs. Allerdings: Maschinen zur Faserherstellung sind noch in der Entwicklung. Die Deutsche Kolonialgesellschaft lockt Erfinder mit einem Preis, eine Ramie-Expedition wird mit Lotterie-Geldern nach Kamerun geschickt, der Spendentopf geht herum. Adolph Woermann ist großzügig: Seine 1.000 Mark übertrifft kein anderer Spender.

Der Ramie-Plan ist ein Reinfall. Ende 1900 läuft Woermanns Nessel-Monopol aus. Ein Experten-Kongreß in Paris konstatiert, das Maschinenproblem sei immer noch ungelöst, und in Kamerun hat sich herausgestellt, daß die Pflanze die Trockenzeit nicht übersteht. Adolph Woermann muß seine Nessel-Idee begraben, König Baumwolle bleibt auf dem Thron.

Die Monopol-Idee macht Schule. Als 1898 eine Kautschuk-Expedition aus Westafrika zurückkommt mit der Botschaft, der Südosten Kameruns sei wohl „eine der reichsten Kautschukregionen Afrikas", legen Spekulanten der Regierung Konzessionsgesellschaften ans Herz. Nach dem Vorbild des belgischen Königs Leopold, der seinen Kongo stückweise privaten Gesellschaften zur Ausbeutung übergeben hat, werden ganze Regionen Kameruns zwei kapitalstarken Gruppen zugeschlagen. Jedes dieser Gebiete, im Süden und Nordwesten der Kolonie, ist so groß wie Bayern, rund 80.000 qkm — „herrenloses" Land der Afrikaner.

Dank der Kronlandverordnung herrschen die Konzessionäre nach 1898/99 über zwei Fünftel der Kolonie. Allein sie haben dort das Recht, Rohstoffe zu gewinnen und Handel zu treiben. Für diese Garantie verlangt das Reich lediglich 10 Prozent des Gewinns. Theoretisch, so die Regierungsidee, müßten die Gesellschaften Wege anlegen, Brücken bauen, Siedlungen errichten, um das Gebiet wirtschaftlich zu erschließen. In der Praxis, das zeigt sich schon bald, saugen sie es nur aus.

Die Kaufleute an der Küste sehen schwarz. Ein Monopol im Hinterland, dort, wo sie ihre künftigen Handelsgebiete sehen, kann ihnen nicht gefallen — es sei denn, sie haben es. Im 1890 einberufenen Kolonialrat, dem wichtigsten Beratungsgremium der Regierung in Sachen Koloniales, erheben sie Protest. Dort sitzt auch Adolph Woermann. Seinen Platz im Reichstag hat ein Sozialdemokrat eingenommen. Konzessionen, so sagt der Hamburger auf einer Kolonialrats-Sitzung im Juni 1899, seien ein Verstoß gegen den Freihandel. Und: Diese Gesellschaften würden den Reichtum Kameruns skrupellos zerstören.

Adolph Woermann muß es eigentlich wissen. Bei der ersten Konzessionsgesellschaft, der „Gesellschaft Süd-Kamerun" (GSK), ist er Gründungsmitglied, und bei der zweiten, der „Gesellschaft Nordwest-Kame-

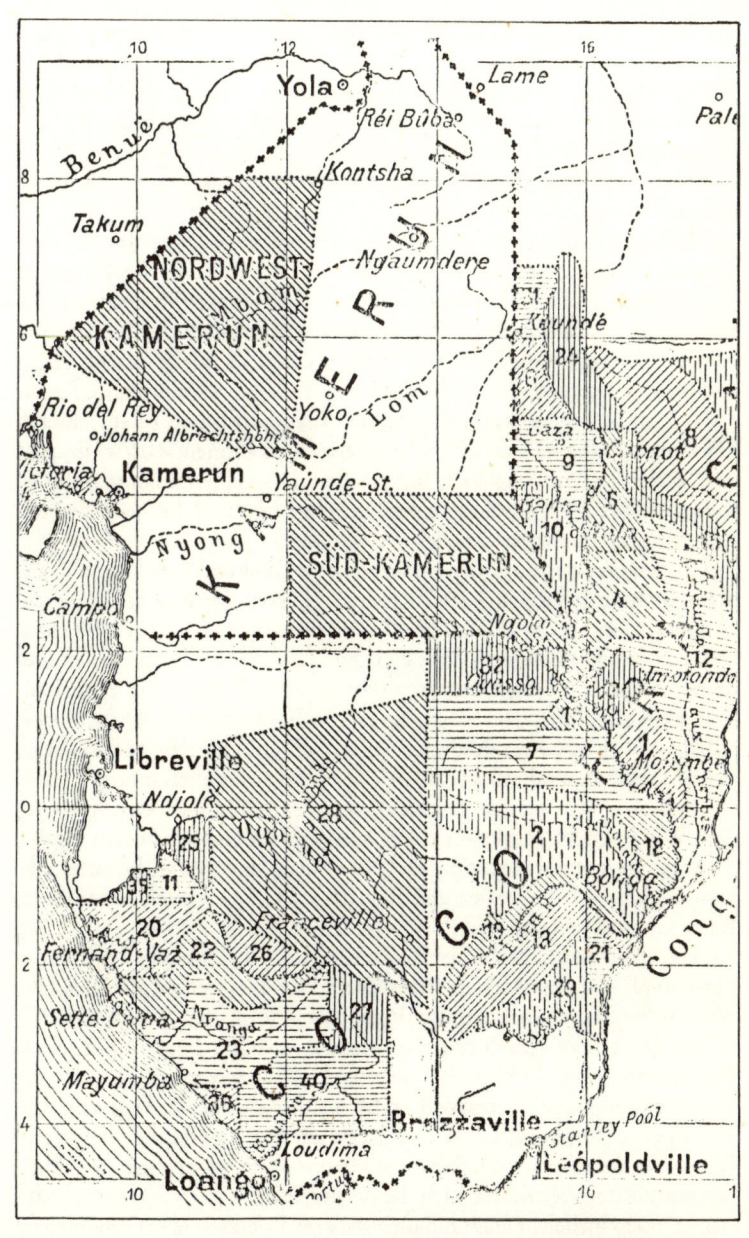

Landkonzessionen in Kamerun und Französisch-Kongo
Deutsche Kolonialzeitung, 8.2.1900

run" (GNWK), sitzt er im Verwaltungsrat, seit er dem Monopolunternehmen seine Firmen-Faktoreien nördlich des Sanaga verkauft und dafür 400 Gesellschaftsanteile, nach offiziellem Kurs 300.000 Mark, erhalten hat. Pläne für eine eigene Konzession in Kamerun sind gescheitert: Woermann hat sich mit dem angestrebten Partner, der britischen „Royal Niger Company", nicht einigen können und seinen Konzessionsantrag zurückgezogen.

Bei der GSK bringen Belgier nicht nur ihre Kongo-Erfahrungen, sondern auch Kapital ein. Der Vorsitzende des Direktoriums, Rechtsanwalt Julius Scharlach aus Hamburg, ist ein alter Bekannter Woermanns. Bei mehreren Kolonialgesellschaften sitzen sie zusammen im Aufsichtsrat. Einen besonders guten Leumund hat dieser Julius Scharlach nicht. Er gilt als übler Spekulant und versilbert seine bei der GSK-Gründung als Bonus erhaltenen „Genußscheine" eiligst an der Brüsseler Börse. Allein dadurch hat Scharlach einen Gründergewinn von zwei Millionen Mark in die eigene Tasche „gewirtschaftet". Sogar die „Deutsche Kolonialzeitung" schimpft über diese „Praktiken des Dr. Scharlach" und die „unersättliche Begehrlichkeit gewisser Kreise".

Bei der „Verwertung" der Kolonien zum eigenen Vorteil sieht Woermann-Freund Scharlach die Afrikaner als Sklaven der weißen Herrenrasse. Den „Hamburger Nachrichten" gibt er es am 25. August 1899 sogar schriftlich: „Kolonisieren, das zeigt die Geschichte aller Kolonien, bedeutet nicht, die Eingeborenen zu zivilisieren, sondern sie zurückzudrängen und schließlich vernichten. Der Wilde verträgt die Kultur nicht; auf ihn wirken nur ihre schlimmen Seiten; sie vernichtet rücksichtslos den Widerstrebenden oder Schwachen... Diese an sich gewiß traurige Tatsache muß als eine erwiesene geschichtliche Notwendigkeit betrachtet werden. Wer sie nicht anerkennen will, weil sie von einem höheren idealen Standpunkt aus unberechtigt erscheinen mag, der darf nicht unternehmen, Kolonien zu erwerben und zu verwerten... Die Verschiedenheit der Rasse ist entscheidend. Der Neger ist seiner Natur nach ein Sklave, wie der Europäer seiner Natur nach ein Freier ist... Wo immer ein mächtiges Herrenvolk auf ein Sklavenvolk trifft und die Herrschaft über dasselbe erwirbt, ist das letztere dem Untergang geweiht."

Die Konzessionsgesellschaften tun das ihre, damit diese Prophezeiung Wirklichkeit wird. Kurz nach Erteilung der Ausbeutungsrechte über die 80.000 qkm Kronland schreibt die GSK an die Behörden: „Angesichts des günstigen Erfolges, welchen eine Reise unseres Faktoreileiters, Herrn Kalmar, in den Norden und Nordwesten unserer Konzession hatte, erlauben wir uns, bei der Kaiserlichen Regierung hiermit ganz ergebenst anzufragen, ob es vielleicht nicht möglich sei, gerade jetzt in jene Gegenden einen militärischen Vorstoß zu unternehmen, um der dortigen, recht starken Bevölkerung zu zeigen, daß den Kaufleuten im Notfalle doch eine starke militärische Macht helfend zur Seite steht. Solche Expedition würde von allergrößtem Nutzen sein und unsere Agenten in die Lage versetzen, unsere Handelsinteressen auch weiterhin auszubreiten, namentlich aber der Lebensbedingung des hiesigen Handels, der Arbeiterfrage, möglichst einen endlichen Erfolg sichern."

Die „Schutztruppe" bemüht sich. Der einflußreiche Häuptling von Bertua etwa, der nicht mit der GSK handeln will, sondern seine Waren lieber den französischen Nachbarn verkauft, wird nach heftigen Kämpfen kurzerhand abgesetzt. Gouverneur von Puttkamer tut alles, um nicht nur den Pflanzern zu helfen, sondern auch den Konzessionären ihr Geschäft zu erleichtern. Seinen „Schutztruppen"-Kommandeur weist er schon 1899 an, für den „Bezug von Arbeitern in grösserem Maßstabe" zu sorgen. Die Herren des GSK-Direktoriums, so das Sitzungsprotokoll, blikken optimistisch in die Zukunft: Im Konzessionsgebiet gebe es „noch reichlich Produkte, sowohl Bein wie Kautschuk, welche man zu billigen Preisen erwerben könne. Es sei deshalb nur eine Frage der Kommunikation und der Beschaffung von Arbeitern, um zu günstigen Resultaten zu gelangen." Aber schon auf der ersten ordentlichen Generalversammlung, am 5. November 1900, spricht GSK-Vorsitzender Scharlach vor den in Hamburg versammelten Aktionären von einem „Mangel an genügenden Arbeitskräften", und ein Jahr später ist es Adolph Woermann, der als GSK-Vorsitzender in seinem Bericht die hohen Kosten für die in Liberia angeworbenen Arbeiter beklagt: „Die Gesellschaft wird alles aufzubieten suchen, die Eingeborenen im Konzessionsgebiet zur Arbeit heranzuziehen."

Diese Drohung macht die GSK wahr. Jetzt, wo das Zwischenhandelsmonopol der Duala gebrochen ist und die Deutschen auch weit im Hinterland Geschäfte machen, ist „Menschenmaterial" ein knappes Gut geworden: Plantagen, Konzessionsgesellschaften und Kaufleute — sie alle brauchen Arbeiter. Vor allem der Handel sucht Träger. Nur sie können die Waren ins Hinterland und die Rohstoffe zur Küste transportieren, und schon jetzt, wo nur die Strecke nach Jaunde genutzt werden kann, sind jeden Monat 8.000 Mann unterwegs.

Die Nachbarstaaten wollen keine Arbeiter mehr liefern. Auch dort sind Menschen Mangelware. Im April 1900 beraten Kamerun-Interessenten, auch Adolph Woermann, in Berlin mit Gouverneur von Puttkamer die Lage. Johannes Thormählen drängt darauf, chinesische Kulis nach Kamerun zu holen. Der Einwand, sie vertrügen das Klima nicht, kann ihn nicht schrecken. Doch sein Vorschlag wird verworfen. Es bleibt nur eins: Die Kameruner, sie müssen dazu gebracht werden, für die Weißen zu arbeiten — mit allen Mitteln.

> *„Bei Komba und Ediki traf ich seinerzeit kriegsgefangene Bafut-Leute, von schwarzen Soldaten zum Transport nach Buea bestimmt. Männer und Weiber! waren meist splitternackt, so daß sich die Schwarzen selber darüber ausließen. Wie sie vom Innern kamen, so schickte sie Oberleutnant Schmied ebenfalls nackt weiter. Ich machte, da ich zufällig auf die Station Johann-Albrechts-Höhe kam, Schmied darauf aufmerksam, daß die Weiber und Männer nackt und sämtliche halb verhungert seien. Besonders machte ich ihn auf 2 zu Skeletten abgemagerte Weiber aufmerksam mit ebenfalls skelettartig abgemagerten Säuglingen. Es war ein Grausen, Mütter und Kinder anzusehen. Eine der Frauen fiel, als sie auf dem Wege einen Augenblick haltmachten, ohne jeden Anlaß, nur vor Schwäche, in den Straßengraben und mußte von andern wieder aufgestellt werden. Bis zum andern Morgen war das eine Kind vollends verhungert laut Meldung des Polizeimeisters an den Oberleutnant. Das andere sah ich auch nicht mehr, als ich anderntags in Ediki wieder mit dem Trupp zusammentraf, und das eine genannte Weib lag halb tot in Ediki. Die Soldaten sagten mir, es seien schon von Tinto her 4 Leute erlegen. Sie hätten eben keinen shop (Nahrungsmittel). "*
> *Missionar G. Spellenberg in Njasoso an Missionar Lutz in Buea am 4. August 1905, zit. nach Helmuth Stoecker (Hg.): „Kamerun unter deutscher Kolonialherrschaft", Bd. 1, Berlin 1960*

Lasten schleppen ist für die Afrikaner immer noch besser als die Plackerei auf den Plantagen. Die Träger sind nach einigen Wochen wieder zurück in ihrem Dorf, und wenn alles gut geht, können sie von der Küste sogar noch einige Waren zum Verkauf mitbringen. Trotzdem: kein leichter Job. 35 Kilo sind das mindeste, was einem Träger aufgebürdet wird, und Märsche von zehn Stunden am Tag sind die Regel. Mit zunehmendem Träger-Bedarf müssen auch Frauen und Kinder schleppen. „Um die Leute zu Trägerdiensten oder zum Gummischneiden zu zwingen, läßt man von seinen Arbeitern ein Dorf überfallen", meldet ein GSK-Agent seinem Chef Scharlach nach Hamburg. „Die Bewohner werden gefangengenommen, gefesselt und zur Arbeit gezwungen." Wenn die jungen und kräftigen Männer sich versteckt halten, dienen Alte und Frauen als Geiseln.

Allein im Jaunde-Bezirk werden 1904 fast 28.000 Träger beschäftigt. Für ganz Kamerun ist der Bedarf mehr als doppelt so hoch. Missionare melden, die Dörfer entlang der Handelsstraßen hätten sich „zunehmend entvölkert", die Bewohner würden als Träger requiriert. In besonders heimgesuchten Gegenden liegt die Landwirtschaft brach. Oft reichen die Lebensmittel nicht mehr für die Selbstversorgung, geschweige denn für die durchziehenden Kautschuk-Karawanen — „ich weiß, ... wie ein Gebiet aussieht, in dem der Kampf um dieses Gold des Urwalds getobt hat", konstatiert Hauptmann Dominik im März 1906. „Die Sucht, schnell Geld zu erwerben, die Furcht vor der Konkurrenz läßt dort alle Rücksichten schwinden, und die Angesessenen werden von dem Taumel miterfaßt; sie schlachten alles, säen und ernten nicht, sondern machen nur Gummi, Gummi. Ein Glück für das Land ist es, daß die Woge sich weiterwälzt, wenn der Gummi zu Ende ist, aber dann kommen die Durchmärsche, dann sind nicht genügend Lebensmittel vorhanden, und dann kommt es zu Gewalttätigkeiten."

Hungersnöte gehören zum typischen Bild verkehrsreicher Gegenden, als Theodor Seitz 1907 von Puttkamer als Gouverneur ablöst. Mehr als ein Drittel der Träger auf dem Weg Kribi-Jaunde, so schätzt er, sind Frauen und Kinder. Bei Stichproben entdecken seine Beamten, daß Männer bis 52,5 kg schwere Lasten schleppen müssen, Frauen 44 kg und selbst „kleine Mädchen" 20,5 kg auf dem Rücken haben. „Die damals auf dem Weltmarkt herrschende Kautschukhausse", so erinnert sich Seitz, „hatte im ganzen Süden eine wilde Jagd auf Kautschuk hervorgerufen. Die ganze arbeitsfähige Bevölkerung war in Bewegung geraten. Die Dörfer waren leer. Was nicht in den Wäldern Gummi zapfte, war als Träger von und nach der Küste unterwegs. Trotzdem wurde dauernd über Mangel an

Trägerkarawane

Trägern geklagt... Als ich auf meiner ersten Reise nach dem Süden von Jaunde zur Küste marschierte, zogen stundenlang Karawanen auf Karawanen an uns vorüber. Männer, Weiber und Kinder, kräftige und schwache, schleppten sich mit Lasten von und nach der Küste. Überall in den Dörfern, in denen nur ein kleiner Teil der Bevölkerung zurückgeblieben war, klagten die Eingeborenen über gewaltsame Übergriffe fremdstämmiger Träger."

Schon bald nach der Jahrhundertwende ist im Reich nicht nur von den „Kongo-Greueln" der belgischen Konzessionäre, sondern auch von den Zuständen in Kamerun die Rede. Der Reichstag beginnt, über die „Arbeiterfrage" in Afrika nachzudenken. Hofprediger Stöcker von den Konservativen beklagt „Drangsalierungen" der „Eingeborenen", denen man so jede Liebe zum Deutschen Reich austreibe, und bedächtige Kolonial-Interessenten warnen, Raubwirtschaft habe auf Dauer keine Zukunft, da der Vorrat an Menschen, Gummi und Elfenbein endlich sei.

Davor hat Adolph Woermann schon 25 Jahre früher gewarnt, vor der Hamburger Geographischen Gesellschaft in einem Vortrag über die steigenden Produktionszahlen des „Gummi elasticum" im Jahre 1879: „Wenn der Export dieses Artikels bisher nicht ab- sondern zugenommen hat, so liegt das nicht an einer vermehrten Produktion, sondern daran, dass immer grössere Terrains im Innern des Landes ausgebeutet werden, und dass immer mehr Menschen sich mit der Gewinnung des Gummi beschäftigen. Die Ausbeutung des Landes durch rücksichtsloses Zerstören der Pflanzen ist so vollständig, dass diejenigen Strecken, auf welchen früher die Gummipflanze wuchs, erst nach vielen Jahren, wenn überhaupt je wieder, ohne Anbau Gummi hervorbringen können."

Im Sommer 1903 tritt das Gründungsmitglied der Konzessionsgesellschaft aus der GSK aus. Keine prinzipielle Kritik an ihren Methoden — Adolph Woermann ist das Vordringen im Konzessionsgebiet zu überhastet. Auch der Interessenkonflikt Kaufmann gegen Konzessionär hat ihn eingeholt. Im Dezember 1902 ist ein Agent der Firma C. Woermann aus dem GSK-Gebiet ausgewiesen worden, weil er dort Kautschuk gekauft hat. Wie allen anderen Konkurrenten droht ihm die Gesellschaft mit einer Klage. Woermann gegen Woermann? In diesem Konflikt entscheidet sich der Kaufmann für sein Handelsgeschäft. Auch aus der zweiten Konzessions-„Gesellschaft Nordwest-Kamerun" zieht sich Woermann zurück — sie steckt tief in den roten Zahlen.

Wieder unabhängig von der Geschäftspolitik der Aktiengesellschaften, konzentriert er sich auf seinen eigenen Kamerun-Handel. Seine Sanaga-Faktoreien hat er von der GNWK zurückgekauft. Kautschuk wird schnell das gewinnträchtigste Exportgut der Kolonie. Handelshäuser und Konzessionsgesellschaften liefern sich einen erbitterten Konkurrenzkampf.

„Jeder Gummi, der dort erzielt wird, ist für uns", weist die GSK ihre Agenten im Konzessionsgebiet an, „und kommt die Konkurrenz mit beladenen Karawanen aus dem Gebiet, so ist ihnen aller Gummi, der nicht einwandfrei außerhalb unseres Gebietes gekauft, zu konfiszieren. Dieser Nachweis dürfte nie erbracht werden." Ein Eigentumsbegriff, der auch für die „Eingeborenen" Folgen hat: Ihren Kautschuk dürfen sie nur in den Faktoreien der Gesellschaft abliefern und können froh sein, wenn es für das Abzapfen des Gummis etwas Lohn gibt.

Das Gouvernement deckt dieses Monopol-Verständnis. Dank seiner Unterstützung können die Konzessionäre die Preise drücken. Von den Briten in Calabar erhalten die Afrikaner für Gummi 4,50 Mark, von der GNWK aber für die gleiche Menge nur 1,50 Mark: ein Drittel. An der Südküste wird ein Kilogramm Kautschuk nach der Jahrhundertwende zunächst gegen Waren im Wert von einer, später von zwei Mark eingetauscht. Um diese Menge Kautschuk zu sammeln, ist ein Afrikaner fünf harte Arbeitstage im Busch. Für sechs Kilo geben ihm die Europäer einen kleinen Kochtopf, ein Handtuch oder ein Buschmesser — offizieller Gegenwert für 30 Tage Arbeit. Für ein Gewehr muß der Afrikaner 600 Tage Gummi zapfen.

Die günstigen „terms of trade" sind für die Weißen so verlockend, daß die Händler das Vordringen in den Urwald diesmal nicht den Soldaten überlassen, sondern selbst die Vorreiter sind. Auch die Kunde vom Kannibalismus mancher Stämme schreckt sie nicht ab. Rücksichtslos wird der Raubbau vorangetrieben: Ist eine Gegend erschöpft, ziehen die Agenten weiter. Die Kautschuk-Orte verlagern sich bald jedes Jahr. Jeder versucht, soviel Gummi zu machen wie möglich. 1904 dringen die Kaufleute aus Batanga von Süden her in das GSK-Gebiet ein. Bevor sie die Kautschuk-Vorräte mit ihnen teilen muß, will die Gesellschaft noch möglichst viel beiseite schaffen. Sie sucht ein neues Transportmittel, schneller als Träger. Ende 1904 läßt die GSK einen kleinen Flußdampfer auf 20 Karren verladen und an den oberen Nyong bringen. 150 Kilometer dort sind schiffbar, wie sich bei einer Versuchsfahrt herausstellt. Palisaden, die die Afrikaner im Fluß zum Fischfang aufgebaut haben, werden einfach zerstört. Ihre Proteste bleiben wirkungslos: „Wo sie aufmuckten, wurde einfach geknallt", notiert ein Redakteur der „Weser-Zeitung", „ein paar Tote, und es ging weiter."

Der Widerstand gegen die Gummi-Jäger wächst. Von den Besiegten verlangen sie laufend Strafarbeiter als Entschädigung für die Kosten ihrer Unterwerfung. Auch das Gouvernement sieht den Zusammenhang zwischen den zahlreichen Aufständen und dem Kautschukhandel. Es fordert zwei weitere Kompanien Soldaten, um die militärische Unterwerfung der „noch unbotmäßigen Stämme" zu sichern. Die sogenannte „Südexpedition" der „Schutztruppe" ist erst nach zwei Jahren beendet. Jetzt sorgt der

Gummi-Wettlauf auch im Reich wieder für Aufregung. Die Konkurrenten, GSK und Batanga-Händler, werfen sich gegenseitig Gummi-Raubbau und Menschen-Mißhandlung vor. Ein Ende ist nicht abzusehen, denn die Nachfrage nach Gummi steigt weiter. Kautschuk wird Plantagenkultur. Nicht nur die „Moliwe-Pflanzung" setzt auf Kickxiabäume. Die „Vereinigten Gummiwaaren-Fabriken Harburg-Wien", die späteren „Phönix"-Werke und damals die größte Gummifabrik in Deutschland, kommentiert in ihrem Geschäftsbericht 1903/04: „Es ist erfreulich, daß in unseren Colonien und namentlich in Kamerun die Anpflanzung von Kautschuk-Bäumen gefördert wird und Maßnahmen getroffen werden, den Raubbau einzuschränken; ebenso wird in den bisherigen Bezugsländern die Production nach Möglichkeit erhöht durch Vermehrung des Sammelns und durch Verbesserung der Wege, so daß der Transport aus den Waldungen nach den Sammelstellen erleichtert wird. Wir hoffen, daß diese Maßnahmen in den nächsten Jahren größere Zufuhren an Kautschuk bewirken werden."

Die Industrie boomt. 1888 hat der Brite Dunlop den Fahrrad-Luftreifen erfunden, zehn Jahre später experimentiert der Franzose Michelin mit einem luftgefüllten Autoreifen, und 1902 beginnen auch die Harburger mit dieser Produktion. Der Aufschwung der Gummi-Industrie hat gerade erst begonnen.

Er spiegelt sich im Weltmarktpreis, der immer neue Rekordhöhen erreicht (1910: 14 Mark/kg): Ansporn, in Kamerun noch mehr zu sammeln. Ganze Landstriche dort sind ausgepreßt, Träger auf friedlichem Wege kaum mehr zu bekommen. 1909 bricht im GSK-Gebiet eine Hungersnot aus, die Ruhr geht um. Der Regierungsarzt will das Seuchengebiet eine Zeitlang sperren. Die Händler aber protestieren — und setzen sich durch: Das Geschäft muß weitergehen.

Die GSK schließt sich dem Südkameruner „Gummi-Syndikat" an, einigt sich mit den Batanga-Händlern auf gemeinsame Einkaufspreise. Die Gummi-Produktion steigt unaufhörlich: 1907 liefert die GSK 22.000 kg Kautschuk, 1909 bereits 62.000, 1911 92.000 und 1913 dann 178.000 kg. Dank der Umstellung auf die Plantagenwirtschaft verkraftet die GSK auch die große Gummikrise vor dem Weltkrieg. Sie schüttet weiter Dividenden aus, obwohl der Weltmarktpreis innerhalb von zwei Jahren auf ein Drittel gesunken ist: Die von den Briten aus Brasilien herausgeschmuggelten Kautschuksamen sind in ihren asiatischen Kolonien aufgegangen. Das Überangebot macht die Preise kaputt.

Das bekannteste und bedeutendste Elfenbeingeschäft in Deutschland ist die Hamburger Firma Heinr. Ad. Meyer, in kolonialen Kreisen kurz „Elfenbeinmeyer" genannt... (Es rüstet) selbständige Karawanen mit bis zu 600 Trägern für das Innere Afrikas aus.

Die Elfenbeinverschiffungen Afrikas betrugen 1879 bis 1883 durchschnittlich im Jahre 848.000 Kilogramm im Werte von etwa 17.000.000 Mark. Dies ergibt, den Verbrauch für Afrika selber an Schmuckgegenständen, Kornschlägern, Keulen, Kriegshörnern usw. nicht gerechnet, jährlich 65.000 getötete Elefanten.

Zur Herstellung von Klaviertasten und Messerheften werden die Zähne in Platten von bestimmter Stärke geschnitten und dann sorgfältig in der Sonne gebleicht. Je reiner die Weisse der Fläche ist, desto wertvoller ist die Qualität.

Zur Anfertigung der wirklich erstklassigen Elfenbeinbälle werden nur kleine Zähne verwandt, welche sich durch besonders rundlichen, vollen schlanken Wuchs auszeichnen. Es sind dies die Zähne weiblicher Elefanten. Diese sogenannten Ballzähne (werden)... von Jahr zu Jahr höher bezahlt.

Kolonie und Heimat Nr. 36/1911-12

Spurensicherung:
Bauern-Los

„Die Deutschen haben unser Land genommen, meine Landsleute zurückgesetzt. Da wohnten dann die Deutschen. Meine Leute hatten wenig Land, die Deutschen viel. Weil, alles Land gehörte den Pflanzern. Das haben die Deutschen getan."

Robinson Lambe sagt das mit Verbitterung.

„Die Deutschen haben das Land nicht gekauft. Sie haben es sich von uns umsonst genommen."

Kronland — im Namen des Kaisers.

„Auf dem Pflanzungs-Land konnten die Buea-Leute nichts anbauen. Sie konnten sich nicht ernähren. Wir lebten in dem kleinen Land, das die Regierung uns gelassen hat. Die Pflanzer und die Regierung hatten eine große Verbindung."

Pflanzer-Filz. In Soppo waren „Schutz"-Truppler stationiert, „um zu wachen", wie Robinson sagt.

„Und meine Leute waren auch sehr dumm: Sie hatten keine Soldaten. Kein Gewehr. Was sollten sie denn machen? Die Deutschen konnten einfach alles rauben."

Die „Modernisierung" Kameruns. Heute ist die Agrarwirtschaft immer noch wichtigster Produktionszweig und bringt dem Land nach Erdöl die meisten Devisen.

„Jetzt wo die Deutschen und Engländer weg sind, gehören die Pflanzungen unserer Regierung. Etwas Land hat sie uns zurückgegeben. Wir haben jetzt etwas mehr Land. Aber die Bauern haben immer noch zu wenig Land."

Kleinbauern, die nicht mehr als zwei Hektar Land besitzen, müssen Kamerun heute ernähren. Sie bewirtschaften über zwei Drittel der bebauten Fläche und produzieren darauf außer den Nahrungsmitteln cash crops, Kakao und Kaffee für den Export. „Eingeborenenkulturen" nannten die Kolonialherren das, was heute Rückgrat der Wirtschaft ist. Der Staat hat das Monopol auf die Kakaoausfuhr und garantiert feste Preise. Das schützt die kleinen Produzenten, wenn die Weltmarktpreise fallen, und füllt die Staatskassen, wenn sie steigen. In der Weltrangliste der Kakaobohnenexporteure steht Kamerun mit etwas über 100.000 Tonnen an fünfter Stelle. Noch immer versüßen die Kameruner das Leben der Bundesbürger: Sie sind ihr zweitwichtigster Kakaolieferant.

Kameruns Agro-Business hat heute eher bescheidene Ausmaße. Großbetriebe mit mehr als 100 Hektar beanspruchen für Ölpalmen, Kautschuk, Kaffee und Bananen zehn Prozent des bebauten Bodens — den besten allerdings, in der Küstenregion, da wo früher die deutschen

Kolonialherren ihre Plantagen hatten und wohin sie 1924 zurückkehrten.

„Es war ungefähr 1925. Da hab ich mit Herrn Woermann auf einer Plantage gearbeitet. Das war in Tiko. Die Pflanzung reichte von hier bis zum Mungo-Fluß. Es gab tausend-tausend Arbeiter. Herr Woermann hat mich zum Oberaufseher gemacht. Tausend und tausend."

Um die 2.000 Arbeiter zu beaufsichtigen, erhielt Robinson Lambe ein Schienenfahrzeug, wie wir es von Buster Keaton kennen.

„Zuerst hatten wir Kakao, und das Kakao-Geschäft war nicht gut. Dann Ölpalmen. Zuletzt haben wir Kakao und Palmen abgeschlagen, denn Herr Woermann hatte Bananen mitgebracht. Es gab eine Eisenbahn bis zum Hafen. In den Wagen, große Wagen, haben wir die Bananenbündel zum Hafen gefahren. In einen luden wir 150 Bündel, manchmal 200. Alle zwei Wochen kam ein Schiff aus Hamburg und hat die Bananen abgeholt. Am Dampfer luden wir auf und mit einer kleinen Maschine zählten wir: eins, zwei, drei, vier ... bis der Dampfer voll ist."

Waren das Woermann-Schiffe? Robinson Lambe kann sich nicht mehr erinnern. Dafür hat er sich nicht interessiert.

Zwischen Schienen mit der Prägung „Krupp 1908" spazieren wir zum alten Hafen von Tiko — 30 Minuten von Schwelle zu Schwelle. Die „Ebermaier-Bahn", wie Robinson sie nennt. Erst durch eine verwahrloste Bananenpflanzung, dann werden Gras und Gebüsch immer höher, die Insekten angriffslustiger, und die schwüle Mittagshitze in der schmalen Schneise verschlägt uns den Atem.

Der Hafen von Tiko: eine Geisterstadt in der Wildnis. Leere Lagerhallen, wellblechgedeckte Wohn- und Verwaltungsgebäude; ein verrostetes Schiff an der Pier; am Ladekran ein Schild „Stothert & Pitt, Bath/England". Sogar die Glasscheiben am Führerhaus sind noch heil. Alles sieht nach unerwartetem Aufbruch aus, so als habe man die Dinge stehen und liegen lassen, dann aber vergessen zurückzukommen. Das Ufer gegenüber — urwaldbewachsen. Die „Kamerunplätze", der Hafen von Tiko — eine vergessene Insel im Mündungsdelta.

Im Verwaltungsgebäude liegen Papiere auf dem Fußboden verstreut. Am 24. 9. 1967 sind den Zöllnern Mbayium und Ebini mehrere Schmuggler entwischt. Die Schmuggelware — 24 Bierflaschen voll mit Gin — konnten sie beschlagnahmen. Wert: umgerechnet 16,70 DM. Ein Zollprotokoll — Abfall oder Hinterlassenschaft? Daneben die Lohnabrechnung des Bissy Nyang — ein Arbeiter. Zwischen dem 26. Dezember 1980 und dem 25. Januar 1981 hat der Mann in Tiko täglich 11, 12 und 13 Stunden gearbeitet und insgesamt 93 Mark verdient — nach Steuerabzug.

Wie lebte es sich in den 20er Jahren auf einer Plantage, wollen wir von Robinson wissen.

„Die Deutschen hatten uns gut getan auf der Pflanzung. Wir hatten freie Verpflegung: Essen, Fisch und Fleisch, alles frei. Außer Bier. Aber das habe ich nicht gekauft. Mit vielen Leuten habe ich die Holzhäuser gebaut. Die Deutschen hatten Steinhäuser. Viele sind bis jetzt da. Aber wir Arbeiter hatten Holz. Das Wohnen war frei. Nur der Lohn für die Arbeiter war sehr gering. Weil, wir konnten alle Sachen billig in der Faktorei kaufen. Herr Woermann hat die Faktorei gebaut. Unsere Kleidung war nicht teuer. Hemden, wie diese, die ich trage, kosteten einen Shilling — eine Mark, aber es gab nur englisches Geld. Die Sachen haben die Europäer mitgebracht. Nur die, die Arbeit hatten, konnten kaufen. Aber nicht alle hatten Arbeit."

Ob Robinson sich noch erinnert, wieviel er oder die anderen Arbeiter verdient haben?

„Ich kann das nicht vergessen. Wir hatten nur sehr wenig Geld."

Robinson hält unser Mikrophon zu.

„Wenn ich sage, wie wenig Geld, dann ist das nicht gut für die Deutschen. Wollen Sie, daß ich es sage? Einige hatten nur vier Penny, vier Pfennig am Tag. Das war nicht gut. Die Arbeiter wollten nicht, aber die vielen Leute aus Bamenda, die hatten da oben ja gar kein Geld. Deswegen waren sie zufrieden mit diesem Kleingeld."

Das dichtbesiedelte Grasland ist seit König Garegas Zeiten ein Arbeitskräftereservoir geblieben.

„Die meisten Arbeiter kamen aus Bamenda. Manchmal, wenn wir keine Arbeiter bekommen, wenn wir kurz mit Arbeitern, schickten wir die Head-Männer, um noch andere aus Bamenda zu bringen. Wir hatten viele, viele, viele. Einige blieben nur ein Jahr. Einige blieben drei, vier oder zehn Jahre. Die haben auch ihre Kinder hier geboren."

Auf der Plantage M'Bongo begegnen wir den Wanderarbeitern von heute. Die „Arbeiterfrage" scheint nicht gelöst. M'Bongo ist Teil der riesigen staatlichen Entwicklungsgesellschaft Socapalm, die auf Ölpalmpflanzungen u. a. in Tiko, Edea, Eseka, Kribi und hier, südöstlich von Douala, insgesamt 20.000 Menschen beschäftigt. Von den 1.200 Arbeitern auf M'Bongo kommen mehr als die Hälfte aus dem Nordwesten, wo Land knapp ist, und der Rest aus dem unterentwickelten Norden.

„Ohne die Franzosen liefe hier gar nichts", stimmt der französische Direktor uns ein. „Die Burschen arbeiten ja nicht. Kommen sie am Nachmittag, dann finden Sie hier keinen mehr bei der Arbeit." Der Pflanzungsboß mit dem schmalen Schnurrbart und der dicken Zigarre im Mund empfiehlt die Asiaten als Vorbild. Den Arbeitskräftemangel schreibt er auch der „unwirtlichen Region" an der Küste und der Anziehungskraft der nahen Großstadt Douala zu. Deshalb fahren seine Anwerber 2.000 Kilometer weit, um mit Hilfe des örtlichen Arbeitsamts und der Chiefs „soundsoviele Köpfe" anzuheuern. Schnell aber verlassen die jungen Männer die Plantage wieder. Zu schnell: „Wir haben eine Desertationsrate von 50 Prozent", sagt Dieter Meschwitz, Ende 1983 der DED'ler vor

Ort. Das wirkt sich auf die Rentabilität des Unternehmens aus. Der Entwicklungshelfer soll helfen, soll die Männer zum Bleiben „ermuntern" und ihre Lebensbedingungen in den sechs Dörfern der Plantage verbessern. Dieter ist Sozialarbeiter. „Die Leute kommen hier ahnungslos an, finden sich in einem völlig anderen Klima und unter den vielen Fremden aus allen Volksgruppen Kameruns nicht mehr zurecht."

Warum kommen sie überhaupt?

„Die Abwesenheit von Plantagen in ihrer Region macht die im Süden so attraktiv. Sie brauchen Knete."

Steuern, Schulgeld, Kleidung — die Geldwirtschaft hat alle erreicht. Plantagenarbeiter verdienen nicht viel, fallen in die niedrigste Lohngruppe. Auf M'Bongo werden sie über Tarif bezahlt. Das macht bei 208 Arbeitsstunden im Monat einen Lohn von 120 Mark — vor Steuerabzug.

Dieter Meschwitz wohnt in Dorf Nr. 4. Seinem Haus gegenüber sind die schäbigen Holzbaracken seiner Klientel aufgereiht. Noch sind nur Frauen zu Hause, hängen Wäsche auf und bereiten das Essen vor. Grundnahrungsmittel können sie auf dem halben Hektar Land anbauen, das ihnen die Plantagenverwaltung zugeteilt hat. „Die Shambas sind fünf Kilometer weit entfernt", kommentiert der Sozialarbeiter, „ein Haushalt ohne Frau — und das sind die meisten hier — kann damit nichts anfangen."

In Dieters Wohnzimmer liegt aufgeschlagen „Zettels Traum". Arno Schmidt in M'Bongo. Wir spielen mit der Fernsteuerung der schwarzen Spielzeuglimousine. Was tut ein deutscher Sozialarbeiter, um Kameruner Wanderarbeiter an ihrem Arbeitsplatz zu halten? Er sorgt für Freizeitbeschäftigung: Die Fußballmannschaft hat er auf Schwung gebracht, Filmvorführungen und Nähkurse initiiert; er bemüht sich um eine Pumpe und einen Generator fürs Dorf und organisiert einen Sparkassenverein. „Damit die Leute", wie er sagt, „am Ende des Kontrakts ein Haus bauen oder das Brautgeld bezahlen können." Schnaps ist eine Versuchung. Ansonsten gibt es in diesem Ghetto nicht viele Möglichkeiten, seinen Verdienst auszugeben. „Um den Filmprojektor flott zu machen, mußte ich schon dreimal nach Douala fahren", erzählt Dieter, auch jede Rolle Garn für die Nähkurse der Frauen muß er aus der Stadt mitbringen. Er sorgt für die Logistik, bis die Regale im „Discountladen" des Plantagendorfes besser gefüllt sind. „Faktorei" sagt Robinson dazu.

Der Projektplatz des Sozialarbeiters ist unter DED'lern als „Beruhigungspille" umstritten. „Kamerun ist keine Dorfidylle", verteidigt Dieter das Pilotprojekt, „Wanderarbeit ist soziale Realität. Daß wir Sozialarbeiter bloß Klempner des Systems sind, bon, dem stimme ich zu."

Afrikaner als Aktivposten
oder:
Warum die Woermanns öffentlich über die Vermehrung der Neger nachdenken

> *„Durch welche praktischen Maßnahmen ist in unseren Kolonien eine Steigerung der Geburtenhäufigkeit und Herabsetzung der Kindersterblichkeit bei der eingeborenen farbigen Bevölkerung — des wirtschaftlich wertvollsten Aktivums unserer Kolonien — zu erreichen?"*
>
> Eduard Woermanns
Koloniale Preisaufgabe,
1913

Das Reich hat Sorgen. Seine Kolonialpolitik ist alles andere als erfolgreich. Schlimmer noch: Kritiker wie der Zentrumsabgeordnete Erzberger sprechen von einem „totalen und vollständigen Zusammenbruch". Vor 20 Jahren habe Bismarck „auf Rat hanseatischer Kaufleute das Reichsschiff in das koloniale Fahrwasser gelenkt", beginnt Matthias Erzberger am 14. Dezember 1905 eine Generalabrechnung vor dem Reichstag. Kein Grund zu Jubiläumsfeiern. Verfehlte „Eingeborenen"-, Wirtschafts- und Personalpolitik — so lauten seine Vorwürfe. Die Bürokratie feiere Urstände, das Parlament werde hintergangen, und überhaupt habe die Kolonialverwaltung „eine ungemein unglückliche und ungeschickte Hand in der Auswahl ihrer Beamten gehabt". Die Skandale sind nicht mehr zu vertuschen. Disziplinarverfahren häufen sich.

Seit 1904 gärt es wieder in der Kolonie Kamerun. In den südlichen Gummigebieten und im Nordwesten haben sich die „Eingeborenen" erhoben. Die Kronlandverordnung wird korrigiert, jeder Hütte jetzt sechs Hektar Land zugestanden, damit wenigstens in den Küstengebieten die Lage stabil bleibt. Auch von dort droht Gefahr: die Akwa-Duala werden unruhig.

Am 5. September 1905 trifft in Berlin ihre Beschwerdeschrift ein. Die Absender, King Akwa von Bonambela und 26 seiner Häuptlinge, klagen das Gouvernement der Willkürherrschaft an. Im geheimen haben sie die Petition verfaßt, ins Deutsche übertragen und in drei handgeschriebenen Exemplaren in ihr „Hauptland" expediert — adressiert an den Reichskanzler, den Reichstag und den Sohn des Beschwerdeführers Mpundo Akwa, der in Hamburg-Altona, Marktstraße 2, wohnt und bereit ist, dem Reichstag Rede und Antwort zu stehen.

*An den
allerdurchlauchtigsten allergnädigsten deutschen Reichstag
Berlin.*
Bonaku, Duala-Kamerun, den 19. Juni 1905.
Dem „Deutschen Reichstag" senden wir die unterzeichneten Häuptlinge von „Bonambla-Duala-Kamerun" dem heutigen Berichte beiliegend, unsere Beschwerden in nummerierten Bogen, um unsere hohen Herren des „deutschen Reichstag" in Kenntnis über sämmtlichen Unfug, der durch das Kaiserliche Gouvernement von „Kamerun" unter Leitung des Herrn Gouverneur v. Puttkamer hier bei uns verübt wird, besonders, was er bisher an unseren „King" uns Häuptlingen und dem ganzen Volke gethan hat.
Da solche Behandlungen, wie die beiliegenden Blätter schildern, Unruhe im Lande erregen, und dem Volke leicht Reiz zu Ungeziemtheiten geben, und wir Häuptlinge sowie das ganze Volk dem „deutschen Reiche" nicht abhängig oder in irgend einen bösen Zustand kommen möch-

ten, wie andere ungebildeten Völker es gleich gemacht hätten, haben wir für geratener ersehen, unserem „allerdurchlauchtigsten allergnädigsten deutschen Reichtag" die Mitteilung zu machen, damit dortseits befohlen sein möchte, daß zur Vermeidung etwaiger Unregelmäßigkeiten, die Quälereien des hiesigen „deutschen Gouvernements" an uns und unserem „King" ein Ende nehmen möchten.
Derartigen Aufführungen des hiesigen „deutschen Gouvernements" erniedrigen das Land und verderben den guten Namen des „deutschen Reiches"!
Unser „King" ist für uns das Oberhaupt des Landes, wenn er nun so viehisch behandelt wird, so können die Gemüther des Volkes sich niemals beruhigen, und bringt eher nur Zwietracht im Lande!!!
Uns befriedigen Vorschlag über unsere Klagen, dürfen wir allerunterthänigst hier, wie folgt, unserem „allerdurchlauchtigsten allergnädigsten deutschen Reichstag" eröffnen, nämlich:

> *Den Herrn Gouverneur v. Puttkamer, dessen Richtern, Bezirksamtmännern, kurz seine ganze Regierungsbesatzung wollen wir nicht mehr hier haben.*

Sämmtliche jetzige Gouvernementsbeamten des Schutzgebiets „Kamerun" bitten wir fort räumen zu wollen, denn ihre Regierung führen sie nicht gut, sie sind nicht gerechtfertigt, ihre Art und Weise explotieren das Land...
Allerunterthänigst bitten wir, unseren allergnädigsten „Kaiser Wilhelm von Deutschland und Kamerun etc. etc. etc." von uns höchlichst grüßen zu wollen, und „Ihm" mittheilen zu wollen, daß wir wiederholt sagen, wie damals, als Herr „Dr. Nachtigall" „Seine" „deutsche Flagge" in unserem Lande aufhieß, gesagt haben, daß wir von da an deutsch sind und deutsch bleiben werden bis an das Ende der Welt; wir machen uns nie dem „deutschen Reiche" abhängig sondern wollen uns stets befleißigen, treue „deutsche Unterthane" zu bleiben. — Ebenso bitten wir unsere „Kaiserin Augusta Victoria" und den „Kronprinzen Wilhelm des deutschen Reiches" und „Seine" Braut „Herzögin Cecilie von Mecklenburg-Schwerin" allerunterthänigst grüßen zu wollen, und unserem „Kronprinzen Wilhelm des deutschen Reiches" unsere nachträglichen allerunterthänigsten Gratulationen zu „Seiner" Verlobung bestellen zu wollen; der liebe Gott segne „Ihn und Seine Braut."
Gleichzeitig senden wir unsere verbindlichsten Grüße an „Sie" unseren hohen Herren des „deutschen Reichstags" und zeichnen in Allerunterthänigkeit.
Hand XX Zeichen des „King Akwa von Bonambela"...

Reichstagsdrucksache Nr. 294
vom 16. 3. 1906

24 Fälle werden dokumentiert: ein Massaker, das Niederbrennen von Dörfern, die Zwangsverheiratung zweier geraubter Mädchen, die Entlassung aller Duala-Lotsen im Hafen, die Vernichtung der Palmöl- und Palmkernlager der Duala-Händler am Wuri sowie diverse Justizskandale. Akwas Leute müssen Zwangsarbeit leisten, werden bei jeder Gelegenheit ausgepeitscht und ins Gefängnis gesteckt. Beim Verkauf von Grundeigentum behält das Gouvernement zwei Drittel des Erlöses ein. Allein in Akwa-Stadt fallen der Sanierung von Groß-Duala 370 Häuser zum Opfer, ohne daß die Bewohner (wie die von Bell-Stadt) entschädigt werden. King Akwa wird vor seinen Leuten gedemütigt und kommt hinter Gitter, als er seine rechtmäßigen Ansprüche auf eine Ölquelle verteidigt. „(S)olche fortwährende niederträchtige Behandlung an unserem King ist für uns eine unhaltbare Schande", heißt es warnend, und das Dokument endet mit dem Appell an das Nationalgefühl der Abgeordneten: „Die Regierung des Gouverneurs v. Puttkamer und deren Beauftragten ist geradezu eine Schande für das hochlöbliche Deutsche Reich."

Die vom Reichstag eingesetzte Untersuchungskommission teilt diesen Eindruck. Der Beklagte allerdings, von Berlin gebeten, zu den Vorwürfen Stellung zu nehmen, macht kurzen Prozeß: Die 23 Beschwerdeführer, deren er habhaft werden kann, läßt von Puttkamer vor Gericht stellen und am 6. Dezember 1905 wegen „Beleidigung" zu Zwangsarbeit und Gefängnis zwischen drei und neun Jahren verurteilen.

Als nach Abschluß der Reichstagsuntersuchung selbst ein Regierungsmitglied den Wahrheitsgehalt der Duala-Petition eingestehen muß, werden die Urteile revidiert. Von Puttkamer, gerade zur Berichterstattung in Berlin, kehrt nicht mehr in seinen Gouverneurspalast zurück.

Viele wissen, und Zeitungsberichte bestätigen es: Die von den Akwa-Leuten veröffentlichten Fälle sind nur die Spitze des Eisbergs. Einige Politiker erkennen, daß die Erziehung durch Flinte, Peitsche und Zwangsarbeit ein Bumerang sein kann. Erzberger bescheinigt der Regierung eine „völlig verfehlte Eingeborenenpolitik". Schlimmer noch: Er schreibt ihr die Mitverantwortung am Maji-Maji-Aufstand in Ostafrika und am Kolonialkrieg gegen die Herero in Deutsch-Südwest zu, dessen erste Kosten der Reichstag schon bewilligt hat. Der Versuch, die Afrikaner zu Konsumenten und Lohnarbeitern zu erziehen, ihre Subsistenz- in eine Exportwirtschaft umzuwandeln, wird kostspielig.

Bismarcks Ideal vom „regierenden Kaufmann" in den „Schutzgebieten" sei endgültig dahin, bilanziert Erzberger 20 Jahre deutsche Kolonialpolitik, und um den wirtschaftlichen Wert der Kolonien sei es schlecht bestellt. Etwa 750 Millionen Mark hätten sie den deutschen Steuerzahler schon gekostet. Der gesamte Handel aber bringe netto nur rund 250 Millionen als Gegengewicht auf die Waage. Fazit: eine verfehlte Wirtschaftspolitik. Schlimmer noch: Der Korruptionsverdacht wird laut. Vor allem die Konzessionspolitik ist ins Gerede gekommen. Die hofierten Monopolgesellschaften machen Spekulationsgewinne, ohne ihren vertraglichen Verpflichtungen zum Ausbau der Infrastruktur nachzukommen. Aktuelles Beispiel 1905: die Vorgänge um das Kameruner Eisenbahnsyndikat, an dem auch die Brüder Adolph und Eduard Woermann beteiligt sind.

Erste Vorstöße für den Eisenbahnbau hat der Hamburger Firmenchef schon Mitte der 90er Jahre in Berlin mit Unterstützung des Gouverneurs von Puttkamer unternommen. Eine Bahnlinie könne Träger ersetzen, den Kameruner Arbeitsmarkt entlasten. Noch ist es zu früh für das Projekt — erst muß das Hinterland militärisch unterworfen werden. Ab 1900 wird der Plan konkreter, 1902 das „Kamerun Eisenbahn-Syndikat" zum Bau der Nordlandbahn gegründet. Neben den Gebrüdern Woermann beteiligen sich u. a. Rechtsanwalt Julius Scharlach (Kolonialrat, GSK), Max Hiller (WAPV) und Max Schoeller (GNWK, WAPV). Die Trägerkarawanen, die langen Fußmärsche von den Faktoreien im Hinterland zur Küste — das sind Kostenfaktoren für die Handelsgesellschaften. Der Reeder Woermann wittert außerdem lukrative Transportgeschäfte: Schwellen, Schienen und Baugerät müssen nach Kamerun geschafft werden. Auch daß die Warentransporte der anderen Kaufleute nach Fahrplan zur Küste rollen, kann nur von Vorteil für ihn sein.

Eisenbahnbau in Kamerun

Die Regierung setzt erneut auf Monopolgesellschaften und erteilt dem Syndikat eine Reichskonzession über 90 Jahre: Bau und Betrieb der Eisenbahn, Rechte über das Regierungsland zu beiden Seiten der noch zu wählenden Trasse und über 50.000 Hektar im Inneren, ohne daß die Eroberung ganz abgeschlossen ist. Bis 1908, so berichtet die „Deutsche Kolonialzeitung", sollen 400 Kilometer der Nordlandbahn mit deutschen Materialien erbaut und befahrbar sein. Hochgesteckte Ziele. Wieder ein Fehlschlag.

Eine Expedition zieht 1903 erste Erkundungen ein. Doch noch kein Meter der Bahn ist gebaut, als das Syndikat 1905 zugunsten eines kapitalkräftigeren Konsortiums auf seine Konzessionsrechte verzichtet. Unter den neuen Aktionären sind zahlreiche Banken: Darmstädter Bank, Disconto-Gesellschaft, A. Schaafhausensche Bankverein; dazu Friedrich Krupp — und Adolph Woermann. Die Aktionäre des alten Syndikats lassen sich den „Verzicht" gut bezahlen: mit 120.000 Mark in bar für ihre bisherigen Auslagen, 360.000 Mark in Anteilen und drei Sitzen im Aufsichtsrat der neuen „Kamerun-Eisenbahn-Gesellschaft". Darüber hinaus erhalten sie Vorzugsaktien. Dem Bankkapital garantiert der Staat eine dreiprozentige Verzinsung und ab 1911 allen Aktionären beim Verkauf ihrer Aktien einen zwanzigprozentigen Gewinn. Dazu kommen die Landrechte und die Bergwerksrechte zu beiden Seiten der Trasse von Bonaberi in Duala nach Bare in den Manengubabergen. Als 1911 160 Schienenkilometer in Betrieb genommen werden, hat nicht nur die deutsche Eisen- und Kohleindustrie profitiert; die „Kamerun-Eisenbahn-Gesellschaft" arbeitet rentabel und schüttet Dividende aus.

Nur für die Kameruner bedeutet der Bahnbau eine zusätzliche Belastung. Schon die Ausweitung des Handels und des Plantagenbaus verursacht Engpässe auf dem Arbeitsmarkt. „(D)er Beginn des Eisenbahnbaues", befürchtet die Regierung, „und die immer mehr zunehmende Inanspruchnahme der Dorfschaften zu den Wegebauten und zu Trägerdiensten für das Gouvernement haben die an die einzelnen Bezirke gestellten Anforderungen derartig gesteigert, daß man für die Zukunft immerhin wird mit einem gewissen Rückschlag rechnen müssen. Jaunde ist nach den Berichten des Bezirksamtes fast erschöpft und an der Grenze seiner Leistungsfähigkeit angelangt, so daß die Anwerbungen selbst beliebter Arbeiteranwerber bereits erfolglos waren. Von den Ngumbas berichtet die Station Lolodorf, daß in den meisten Dörfern sich nur noch einige alte Weiber befinden, und ähnliche Klagen kommen immer mehr auch aus anderen Bezirken."

1906 in Berlin: Regierungskrise. Reichskanzler von Bülow schickt die Parlamentsabgeordneten nach Hause. Sie weigern sich, weitere 30 Millionen Mark für den südwestafrikanischen Krieg zu bewilligen. Neuwahlen werden ausgeschrieben. Die Kolonialpolitik ist Wahlkampfthema Nummer eins. Wieder einmal wird mit Afrika Innenpolitik betrieben. Die Auseinandersetzungen um den schwarzen Kontinent nutzen von Bülow und die Konservativen, um ein nationales Bündnis zu schmieden. Wer — wie die Sozialdemokraten — die Kolonialpolitik ablehnt, gilt als Vaterlandsverräter, und die haben nichts zu vermelden im Reich. Die „Hottentottenwahlen" bringen den Konservativen einen haushohen Sieg. Weit abgeschlagen die SPD: Sie verliert fast die Hälfte ihrer Parlamentssitze.

Seit 1906 ist Bernhard Dernburg, Spezialist für die Sanierung bankrotter Unternehmen, in Berlin für die Kolonialpolitik zuständig. Der ehemalige Direktor der Darmstädter Bank kennt die Wünsche der Wirtschaft: langfristige Sicherung von Rohstoffquellen und rentable Investitionsmöglichkeiten in Übersee. Staatliche Kolonialpolitik erhält eine neue Qualität. Sie soll nicht mehr nur — wie vor 20 Jahren — bestehende Handelsaktivitäten absichern, sondern zukunftsorientiert neue Wirtschaftsräume erschließen. Der neue Mann greift Erzbergers Forderung, „ein bestimmtes Kolonialprogramm, eine einheitliche Kolonialpolitik zu entwickeln", auf und kündigt Reformen in der Wirtschafts-, Personal- und „Eingeborenen"-Politik an. Sein Programm: „Kolonisation heißt die Nutzbarmachung des Bodens, seiner Schätze, der Flora, der Fauna und vor allem der Menschen zugunsten der Wirtschaft der kolonisierenden Nation, und diese ist dafür zu der Gegengabe ihrer höheren Kultur, ihrer sittlichen Begriffe, ihrer besseren Methoden verpflichtet." Sein Credo: „Das wichtigste Aktivum in unseren Kolonien sind die Eingeborenen."

Die „Hottentottenwahlen" haben die Weichen für Dernburg günstig gestellt. In seiner neuen Zusammensetzung bewilligt das Parlament 1907 das eigenständige Reichskolonialamt, macht keine Abstriche am Etat und läßt 1908 seine Eisenbahnvorlage passieren. Ein erster Schritt, sein Verkehrsprogramm für Kamerun durchzusetzen. Die zweite Bahnlinie wird vom Staat finanziert. 360 Kilometer, von Duala über Edea „bis zu den äußersten Süd- und Ostgrenzen", ist der Bau projektiert, doch nur 130 Kilometer werden fertiggestellt. Die deutsche Wirtschaft gründet 200 neue Kolonialunternehmen, obwohl Dernburg keine Monopol-Konzessionen mehr erteilt. In Kamerun wächst die Zahl der Plantagen; Kautschuk-, Tabak- und Ölpalmkulturen entstehen. Erste Fabriken werden gebaut: 1908 eine Ölmühle in Mamfe am Cross-Fluß und eine Seifensiederei der Kautschuk AG in Duala; Ölfabriken in Viktoria, Maka und Mpundo folgen.

Die von den Missionen schon länger propagierte Förderung der „Eingeborenenkulturen" wird politikfähig. Schutztruppenkommandant und Puttkamer-Stellvertreter Oberst Mueller schlägt 1906 gegenüber der Basler Mission ganz neue Töne an: „Als Arbeiter und Träger wird der Eingeborene mehr oder weniger ausgenützt, ohne daß er das Gefühl hat, dadurch einen Vorteil oder Gewinn zu haben. Er betrachtet sowohl die

Arbeit in den Plantagen als auch seine Trägerdienste stets nur als Zwangsarbeit, zu der er besten Falls von seinen Dorfältesten gestellt, häufig aber geradezu gegriffen wird. — Die einzig gesunde Grundlage für die gedeihliche Entwicklung der Kolonie sehe ich in der Schaffung eines freien eingeborenen Bauernstandes."

Kleinbauern sind plötzlich gefragt. Die Landbevölkerung soll die Träger, Eisenbahnbauer und Plantagenarbeiter mit Lebensmitteln versorgen und für den Export produzieren. Saatgut wird verteilt, Kakaoanbau in den Missionsschulen unterrichtet, Anbauprämien winken, Versuchsgärten werden angelegt. Anreiz statt nur Zwang — das hat es in Kamerun bislang nicht gegeben. Vor allem bei den Pflanzern sind die „Eingeborenenkulturen" umstritten. „Mit Verlaub, Herr Gouverneur", verspottet die „Koloniale Zeitschrift" Puttkamer-Nachfolger Seitz, „einige Gemüsebeete, die irgend ein Unteroffizier anlegte, um zu sehen, ob sein Kohl gedeiht, kann man unmöglich als Versuchsgarten ... im kolonialwirtschaftlichen Sinn bezeichnen. Versuchsgärten bei den Bezirksämtern und Stationen in Südkamerun! Wahrlich, der Casus macht mich lachen."

Die Kameruner sind der neuen Wirtschaftspolitik gegenüber nicht abgeneigt. Die Duala beispielsweise haben im Anbau von Kakao, Makabo und Kochbananen bescheidenen Ersatz für das zerschlagene Handelsgeschäft gefunden. Manga Bell besitzt, als er 1908 stirbt, etwa 200 Hektar Plantagenland; seine Untertanen bewirtschaften durchschnittlich etwas über zwei Hektar. 1906 exportieren die Afrikaner 63 Tonnen Kakao, sechs Jahre später mehr als 700 Tonnen — ein Siebtel der Kameruner Kakao-Ausfuhr.

Die Geldwirtschaft soll die Afrikaner noch stärker in die Wirtschaftsform der Weißen einbinden. Ab 1907 müssen alle Dienstleistungen der Kameruner in Bargeld entlohnt werden. Zwar ist die Reichsmark offiziell schon seit 13 Jahren eingeführt, doch die Kaufleute haben am lukrativen Tauschhandel festgehalten. Sie wehren sich gegen die Ausbreitung des Bargelds, da — wie einer von ihnen einräumt — „die jetzige Bezahlung im Südbezirk mit Waren an Wert regelmäßig nur die Hälfte der Summe erreiche, die nach Einführung der Verordnung in bar gewährt werden müsse". Damit würden „die Unkosten des Handels um 100 Prozent steigen". Den Tauschhandel und das Trustgeschäft ganz abzuschaffen, gelingt der Regierung nicht. Auch die Kameruner müssen sich an Bargeld erst gewöhnen. Zwar können sie jetzt ihre Lohnzahlungen besser überprüfen, doch daß sie für ihre Arbeit ein paar Münzen mit einem bloß abstrakten Wert erhalten, paßt vielen nicht. Sie ziehen Rum vor oder Töpfe und Stoffe, die in der traditionellen Gesellschaft einen bestimmten Prestigewert haben.

Bargeld schaffe Kaufkraft und neue Märkte, beruhigt die Kolonialverwaltung die Kaufleute, es beende die „alte Bedürfnislosigkeit" der „Eingeborenen". Das propagiert auch die „Deutsche Kolonialzeitung": „Dar-

Gummiherstellung, Viktoria-Pflanzung

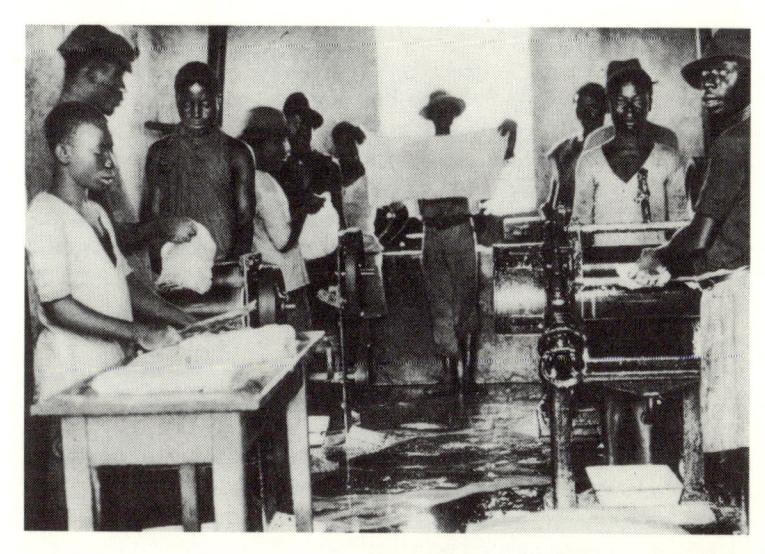

in liegt nun der Kulturwert des Geldes, daß es den Eingeborenen in den Stand setzt, selbst Abnehmer deutscher, und zwar guter deutscher Erzeugnisse zu werden, was ihm bei dem bisherigen System der Warenentschädigung und eines recht einseitigen Tauschhandels nur recht bedingt möglich war." Als Beweis dieser These führt der Autor die Firma C. Woermann an, „die in der Nähe der Bahnlinie an verschiedenen Stellen Landanwerbungen macht, um Faktoreien anzulegen, weil der am Bahnbau arbeitende Neger keine zu unterschätzende Kaufkraft repräsentiert". Die Faktoreien verändern ihren Charakter: Die Großhandelsmärkte für Elfenbein, Gummi und Palmölprodukte und Abfertigungsplätze für Handelskarawanen werden zusätzlich Einzelhandelsgeschäfte.

Im eigenen Interesse verfolgt die Kolonialverwaltung mit der Bargeldverordnung noch ein anderes Ziel: Die Kameruner sollen „steuerkräftig" werden — ihre Kolonisation selber zahlen. Steuertests sind in Duala und im Bezirk Johann-Albrechts-Höhe schon seit 1903/04 in Gang. „Wir müssen", so machen die katholischen Pallottiner sich zum Sprachrohr der Verwaltung, „dem Eingeborenen seine Pflichten zu Bewußtsein bringen gegenüber einer Regierung, die die Sklavenjagden und Raubzüge kriegerischer Nachbarstämme abstellte, die Unsicherheit der Handelswege beseitigte, ihn von den Schrecken der Menschenopfer und Geheimbünde befreite und seine Person und seine Habe unter ihren mächtigen Schutz stellte."

Der Expertenstreit, ob die Kopf- der Hüttensteuer vorzuziehen sei, zögert die allgemeine Besteuerung der Kameruner bis Oktober 1908 hinaus. Dann müssen in fast allen Bezirken die arbeitsfähigen Männer einmal im Jahr den Gegenwert von 30 Tagen, in manchen Bezirken von 20 Tagen Arbeit in die Steuerkasse zahlen — nach den üblichen Lohnsätzen sechs bzw. vier Mark. 1913 wird der Steuersatz einheitlich auf zehn Mark erhöht. Wieder bedient sich die Verwaltung der traditionellen Autoritäten: Gegen eine Beteiligung von bis zu zehn Prozent ziehen sie die Steuern ein und werden hart bestraft, wenn die Kasse nicht stimmt. Von der Kopfsteuer befreit bleiben Polizisten, Soldaten, Zöllner, Schüler, Eisenbahnarbeiter und später alle staatlich angeworbenen Männer — Beweis, daß die Kopfsteuer keine Einkommenssteuer, sondern ein indirekter Arbeitszwang ist. „Der Hauptbeweggrund bei der Besteuerung der Eingeborenen ist", so die Pallottiner in ihrem „Stern von Afrika", „die erzieherische Wirkung dieser Maßnahme. Um es gerade heraus zu sagen: die Trägheit des Negers, die in seinem Naturell begründet und durch das Klima begünstigt ist, soll in ihren stärksten Stützen, dem Mangel an Notwendigkeit zur Arbeit und der Bedürfnislosigkeit, getroffen werden."

Die Steuer als Hebel, um die bloße Subsistenzproduktion zu knacken — das versöhnt auch die Handelsgesellschaften mit dem Bargeld. Doch die Kaufleute spüren, die Zeiten des absoluten Freihandels sind vorbei. Entrüstet reagieren sie auf die höhere Besteuerung des Alkoholimports der Kolonien. Seit 1898 hat die Regierung die Zölle für einen Hektoliter 50prozentigen Alkohol auf 100 Mark verdoppelt. Afrikanische Schankwirte müssen statt früher 100 Mark jetzt 400 Mark Lizenzgebühren entrichten. Der Handel fürchtet Absatzrückgänge und das Wiederaufleben der heimischen Maisbier- und Palmweinproduktion. Die Regierung aber ist besorgt, wie es 1908 in der Denkschrift „Alkohol und Eingeborenenschutz" heißt, „daß mit dem zu erwartenden Ausbau der Erschließungs-Eisenbahnen der Kolonien die Gefahr der Ausbreitung des Alkoholismus unter den farbigen Schutzbefohlenen des Deutschen Reiches in ein wesentlich bedenklicheres Stadium tritt, als dies in den letzten 20 Jahren der Fall war". Sie kündigt weitere Zollerhöhungen an. Ihr Trost für den Handel: Die Eisenbahnen sorgten für neue Kunden. Alkoholsteuer als „Eingeborenenschutz".

Die Regierung fürchtet, daß das „Zusammenwirken von Spiritus und Zündstoffen eines Tages zur Explosion führt". Sie erweitert das schon bestehende Verbot für die Einfuhr von Feuerwaffen und Munition — ein attraktiver Tauschartikel geht verloren. In den Südbezirken soll der Raubbau an Kautschuk und Menschen eingeschränkt werden. Das Gouvernement wird zur „Sperrung unruhiger und noch nicht verkehrsreifer Gebiete" ermächtigt. „Eingeborenenschutz" aus Angst vor Aufständen.

Dernburgs rationalere Praktiken der Kolonialpolitik sind umstritten. Daß die Regierung sich jetzt auf die Erklärung der Berliner Kongo-Konferenz von 1884/85 besinnt, in der sie sich verpflichtet hat, „über die Erhaltung der eingeborenen Völker zu wachen und für die Verbesserung ihrer moralischen und sozialen Lage zu sorgen", bereitet Pflanzern und Händlern Kopfzerbrechen. Den Vorwurf der „Schwarzenfreundlichkeit, ja Weichheit gegenüber den Eingeborenen" weist Dernburg zurück: Er will seine Schutzpolitik nicht „negerfreundlich", sondern „negererhaltend" genannt wissen.

Erlaß der Kolonialabteilung, Berlin, 12. 1. 1900
„(A)uf die Strafe der körperlichen Züchtigung (ist) in einer so überaus großen Anzahl von Fällen erkannt worden, daß zu befürchten steht, der Reichstag und die öffentliche Meinung werde hieraus ungünstige Schlüsse auf die Erfolge der deutschen Kulturarbeit in unseren Kolonien ziehen."

Aktennotiz der Kolonialabteilung, Berlin, 23. 10. 1903
„Das Tauende ist ... m. E. vorzuziehen, weil die Gefahr der Übertragung ansteckender Krankheiten vermieden wird und der Geprügelte sofort weiterarbeiten kann."

Erlaß der Kolonialabteilung, Berlin, 31. 10. 1905
„Bei der Vollstreckung der Prügelstrafe gegen Eingeborene wünsche ich auf Grund der hier vorliegenden ärztlichen Gutachten, daß in Zukunft in allen afrikanischen Schutzgebieten der in Deutsch-Südwest- und Ostafrika bisher in Gebrauch befindliche Schambock oder Kiboko ausschließlich in Anwendung komme."

Bericht des Kamerun-Gouvernements, Buea, 30. 4. 1906
„Das hiesige Gouvernement ist ... fortgesetzt bemüht gewesen, die Vollstreckung der Prügelstrafe möglichst mild zu gestalten, und es muß als ein Erfolg dieser Bemühungen betrachtet werden, wenn ... die jetzt im Schutzgebiet in Gebrauch befindlichen Züchtigungsmittel Rute, Rohrstock, Tauende etc. bedeutend milder sind als der im Erlaß Nr. 1039 erwähnte Schambock oder Kiboko. Die Einführung des letzteren würde somit keinen Fortschritt, sondern einen Rückschritt bedeuten."

Fachgutachten, Berlin, 23. 6. 1906
„Es ist zuzugeben, daß ein Tauende die Haut mehr schont und weniger leicht blutige Striemen und direkte Hautverletzungen macht als ein Kiboko ... Ein Tauende macht aber — und zwar je dicker das Tau ist um so mehr — leichter Verletzungen in der Tiefe, und auf diese Verletzung

tiefer Organe, besonders der Leber, sind mit größter Wahrscheinlichkeit die auf körperliche Züchtigungen folgenden plötzlichen Todesfälle zurückzuführen."

Reichskolonialamt an Finanzministerium, Berlin, 11. 10. 1907
„Nach einer Mitteilung der Postzollabfertigungsstelle II ... sind als Inhalt eines uns aus Daressalam eingegangenen Pakets ... 2 Peitschen aus Nilpferdhaut im Reingewicht von 0,75 kg bei der zollamtlichen Revision vorgefunden, wofür ein Eingangszoll von 60 Pf. berechnet worden ist. Die Peitschen stehen im Eigentum des Fiskus und sind im amtlichen Interesse eingefordert worden, um den Gouvernements von Kamerun und Togo eine Anschauung von dem in Deutsch-Ostafrika gebräuchlichen Strafvollzugswerkzeuge zu verschaffen... Es dürfte somit eine zollpflichtige Ware im Sinne des Zollgesetzes nicht vorliegen."

Bezirksamtmann v. Brauchitsch, Duala, 23. 8. 1908
„Beim Gebrauch (der Probekiboko aus Ostafrika; d. A.) wurde die Beobachtung gemacht, daß beim Schlag aus größerer Entfernung und Berührung nur der Spitze des Kibokos mit dem Gesäß Striemen von der Stärke des kleinen Fingers, bei näherer Entfernung und Berührung des stärkeren Teiles des Kibokos tiefergehende Blutunterlaufungen sich zeigten. Letztere waren äußerst schmerzhaft... Eine größere Gleichmäßigkeit beim Schlagen wird zweifellos bei Anwendung des Tauendes erzielt."

Zitiert nach F. F. Müller,
„Kolonien unter der Peitsche",
Berlin 1962

Über Arbeitermangel klagen alle. „Eingeborenenfürsorge" wird jedoch zum Reizwort, sobald die eigenen Geschäftsinteressen berührt sind. Als sich die Trägerverordnung von 1908 gegen den allzu rüden Verschleiß der Kameruner richtet, wissen die Kaufleute sich zur Wehr zu setzen. Eine Beschränkung auf eine Maximallast von 25 Kilogramm und eine staatliche Kontrolle der Trägeranwerbung blocken sie bis zum Ende der deutschen Kolonialherrschaft ab. Und wenn auf dem Papier steht, daß „nur ausgewachsene, arbeitsfähige und gesunde Leute angenommen werden" dürfen, so verstößt es nicht gegen das Gesetz, daß weiter Frauen und Jugendliche die nun vorgeschriebenen 35 Kilogramm auf dem Rücken schleppen. Kinderarbeit wird nirgends ausdrücklich verboten, auch auf den Plantagen nicht.

Die Pflanzer laufen gegen die von Dernburg angestrebte Erweiterung der Arbeiterverordnung von 1902 Sturm. Drei Jahre dauert es, bis sie die

Schutzbestimmungen 1909 auf ein ihnen genehmes Maß zurechtgestutzt haben. Präzise Vorschriften zu Unterkunft, Verpflegung und Krankenfürsorge fallen weg — sie würden Unkosten verursachen. Es bleiben Gummiparagraphen, die etwa für die Arbeiter „eine allen gesundheitlichen Anforderungen entsprechende Unterkunft und Verpflegung" und kostenlose ärztliche Behandlung fordern. Den Kontroll- und Sanktionsmöglichkeiten der Regierung wird der Stachel genommen. Überraschende Besuche der Arbeiterkommissare werden ausgeschlossen, Gefängnisstrafen für weiße Pflanzungsangestellte gestrichen und die Geldstrafen von 2.000 auf 150 Mark reduziert. Außerdem: Einen Überwachungsbeamten gibt es am Kamerunberg „schon seit langer Zeit" nicht mehr, wie der Gouverneur später zugibt.

Auf den Plantagen bleibt alles beim alten. „Ärztliche Aufsicht wird fast gar nicht geübt", heißt es noch 1913 in einem Bericht des Amtsarztes Pfister. „Zu beanstanden ist vor allem die mangelhafte Unterkunft. Für gewöhnlich sind die Arbeiter zu größeren Trupps in viel zu kleinen, schlecht ventilierten Häusern pferchartig zusammengelegt, wodurch naturgemäß der Entstehung von Krankheiten der Boden geebnet wird."

Als Dernburg 1910 zurücktritt, ist seine viel gerühmte „Eingeborenenschutzpolitik" am inneren Widerspruch seines Programms gescheitert: Er will die Kameruner vor allzu brutaler Ausbeutung schützen, ohne den Unternehmern weh zu tun. Ihre Investitionen braucht er, um die wirtschaftliche Ausbeutung der Kolonie zu steigern. Doch der Eisenbahnbau, jede neue Handelsfirma, jeder frisch bepflanzte Hektar Land verstärken den Druck auf die Bevölkerung — auch von seiten der Verwaltung, die sich in den Arbeiterverordnungen verpflichtet hat, den Pflanzern bei der Aushebung von Arbeitskräften zu helfen.

Die Plantagen melden 1914 einen Bedarf von 25.000 Arbeitern an, die Regierung von monatlich 12.000 Mann für den Bau der Mittellandbahn. Die anderen im Straßen- und Wegebau Beschäftigten sind statistisch ebenso wenig erfaßt wie die Träger. Deren Zahl wird auf 80.000 geschätzt. Insgesamt liegt der Arbeiterbedarf für 1914 ganz offensichtlich weit über der amtlichen Prognose von 100.000.

Als das Gouvernement 1913 sogar bereit ist, das Anwerbemonopol für Plantagenarbeiter zu übernehmen, schlagen die Handelsgesellschaften Alarm. Auf den Pflanzungen will keiner freiwillig arbeiten; Träger dagegen sind auf dem freien Arbeitsmarkt noch am ehesten zu bekommen. Deshalb kann ein staatlicher Eingriff — das wissen die Händler — nur der Konkurrenz Vorteile verschaffen. Die Kaufleute starten eine Kampagne, der die Nachwelt aufschlußreiche Enthüllungen über das Leben der Kameruner am Ende der deutschen Kolonialzeit verdankt.

„Die Bezirksleiter senden Polizisten in die einzelnen Dörfer und verlangen von den Häuptlingen, dass eine bestimmte Zahl Arbeiter geliefert wird", berichtet Otto Breckwoldt, der Woermann-Vertreter, in der „Kamerun Post". „Nun kommt die Misere, die Leute wollen nicht auf die Pflanzungen gehen und laufen mit ihren Familien in den Busch... Da aber die in den Busch gesandten Polizisten Leute bringen müssen, so geht es ohne Zwang nicht ab." Das Wort von der „Zwangsarbeit" macht auch in Kolonialkreisen die Runde. „Dann werden die alten Männer als Geiseln mitgenommen", berichtet die Handelsfirma Vietor & Freese nach Berlin, „oder die Soldaten veranstalten eine Razzia, durchstreifen die nähere Umgebung, greifen jeden Menschen, dessen sie habhaft werden können, auf, und um sich seiner Person zu sichern, legen sie ihm einen Strick um den Hals. Ist so die nötige Anzahl zusammen, marschieren die Soldaten mit ihren Opfern zur Station ab." Fazit: Aus ehemals selbständigen Bauern werden Lohnarbeiter. Mehr noch, schreibt ein Missionar: „In den gegenwärtigen Verhältnissen hat man den Eindruck, daß der Schwarze in eine Art Sklaverei zurückkehren muß, die zwar in einer verfeinerten Form ist, aber doch Sklaverei."

Im Reichskolonialamt stapeln sich solche Beschwerden. Auch Eduard Woermann weist auf die Folgen der Staats-Jagd hin: „Nach mir vorliegenden Berichten sollen ganze Dörfer von ihren Einwohnern verlassen sein und die Felder ohne Bearbeitung brachliegen." Rahmenbedingungen und Geschäftspolitik haben sich geändert. Vor 20 Jahren, als die Afrikaner noch keine Lohnarbeit kannten, hat Adolph Woermann den Staat bei der Arbeiterbeschaffung für seine Plantagen zur Hilfe gerufen. Jetzt, wo es zu wenige Kameruner für zu viel Arbeit gibt, schließt sich Eduard Woermann dem „Feldzug gegen die Zwangsarbeit" an.

Gezielt prangern die Händler die Lebensbedingungen der Plantagenarbeiter an. „Über die Sterblichkeit kann ich leider keine genauen Zahlen geben", erklärt der den Missionen verbundene Bremer Kaufmann Vietor 1913, „und das ist für mich ein Zeichen, wie schlimm es mit denselben auf den Kakaoplantagen heute noch aussieht. Während ich voriges Jahr in Kamerun war, wurde mir erzählt, daß auf der Tiko-Pflanzung 50 oder 75 % der Arbeiter in 6 Monaten gestorben seien, was auch von den Leitern zugegeben wurde."

Offiziell spricht man von „Anpassungsproblemen" der „Kinder der Natur" an die „Mühsale eines mit Arbeit verknüpften Lebens". Vernichtung durch Arbeit — daran kann den Kaufleuten nicht gelegen sein. Sie wollen weiterhin mit den Afrikanern Geschäfte machen und sind deshalb an ihrem Wohlergehen interessiert. Zwischen 1905 und 1913 hat sich der Kamerunhandel fast verdreifacht. Um weitere Wachstumsraten zu erzielen, lautet die zukunftsweisende Richtschnur: „Die Eingeborenen müssen zwar in strikter Abhängigkeit gehalten, in ihrer materiellen und geistigen Kultur aber nach Möglichkeit gehoben werden, damit sie sich zu brauchbaren Arbeitern, leistungsfähigen Steuerzahlern, kaufkräftigen und kauflustigen Abnehmern unserer Waren und fleißigen Produzenten wertvoller Weltmarktartikel entwickeln."

„Seien wir doch ehrlich gegen uns selbst und lassen die schöne Lüge fallen, wir gingen nach Afrika, um den Neger zu beglücken. ‚Zivilisatorische Mission‘, ‚kulturelle Mission‘ und wie die Phrasenschlagworte alle heißen, sie sind nichts als Mäntelchen um die einfache brutale Anwendung des brutalen Naturgesetzes vom Recht des Stärkeren in Verbindung mit der des weiteren ehernen Naturgesetzes vom gesunden Selbsterhaltungstrieb. ‚Der eine hat's, der andre braucht's; um dessentwillen führt man Krieg‘. Um dessentwillen erwirbt man auch Kolonien... Unsere Bemühungen um die ‚kulturelle Hebung der Eingeborenen‘ sind lediglich Mittel zum Zweck; ein höherer Kulturstand der Neger kommt auch uns wieder zugute. Wir brauchen uns dieser nackten Tatsache nicht zu schämen, wir treiben einfach Realpolitik."

Hauptmann Franz Hutter
1911 in „Das überseeische Deutschland", 1. Band

Als sich die Kaufleute 1913 in der „Deutschen Gesellschaft für Eingeborenenschutz" sammeln, ist Eduard Woermann mit dabei. „Ich halte es für unsere Kolonien für das allerwichtigste", begründet er seinen Beitritt, „zunächst für die Vermehrung der eingeborenen Bevölkerung zu sorgen; der Schwarze ist, wie schon von berufener Seite gesagt, das größte Aktivum unserer Kolonien." Der Interessenverband sieht sich anfangs in der Tradition der „Congo-Liga", die die Menschenrechtsverletzungen in König Leopolds Afrika angeprangert hat. Wenig später allerdings ist der Verein von den Befürwortern der staatlichen Arbeiteranwerbung, den „Zwangsarbeitern", unterwandert und orientiert sich neu: statt Agitation Appelle für den Erhalt der „Eingeborenenkulturen", für mehr ärztliche Versorgung und speziell für eine bessere Geburtshilfe. Selbst die „Viktoria-Pflanzung" macht sich für Hebammenkurse stark. Sie spendet 10.000 Mark — in fünf Jahresraten. Daß es mit dem Arbeiternachwuchs nicht zum besten steht, muß auch Staatssekretär Solf kurz vor dem ersten Weltkrieg auf einer Kamerunreise feststellen: „Es ist ein trauriger Zustand zu sehen, wie die Dörfer von Männern entvölkert werden, wie auch Weiber und Kinder Lasten tragen, wie das ganze Leben eines Volkes sich auf der Straße abspielt... Das Familienleben geht zugrunde, Eltern, Gatten und Kinder sind getrennt. Es werden keine Kinder mehr geboren, da die Frauen den größten Teil des Jahres von ihren Männern getrennt sind."

Eine zukunftsgerichtete Bevölkerungspolitik — darüber brütet auch Eduard Woermann in seinem Kontor. Eine Belohnung von 6.000 Mark verspricht er demjenigen, der seine „koloniale Preisaufgabe" am besten löst: „Durch welche praktischen Maßnahmen ist in unseren Kolonien eine Steigerung der Geburtenhäufigkeit und Herabsetzung der Kindersterblichkeit bei der eingeborenen farbigen Bevölkerung — des wirtschaftlich wertvollsten Aktivums unserer Kolonien — zu erreichen?" Die Ausschreibung wird 1913 im „Deutschen Kolonialblatt" veröffentlicht: „In der Arbeit sollen außer den medizinischen auch die religiösen, ethnographischen und wirtschaftlichen Verhältnisse untersucht und dargelegt werden, die von Einfluß auf die Geburtenzahl und Säuglingssterblichkeit bei den Eingeborenen unserer Kolonien sind."

Der Professorenrat des Hamburger Kolonialinstituts zeichnet einen Missionar mit dem ersten Preis aus. Seine Vorschläge sind für die Deutschen nicht mehr viel wert. Nach dem ersten Weltkrieg nehmen Engländer und Franzosen Kamerun in Besitz. Ein Leserbriefschreiber der Berliner „Deutschen Tageszeitung" sieht schon 1913 die Stellung der weißen deutschen Bevölkerung in Afrika bedroht: „Wenn ich auch überzeugt bin, daß Herr Woermann dieses Preisausschreiben *nur* aus menschenfreundlichen Gründen erlassen hat, so habe ich mich doch gewundert, daß Herr Woermann gerade *dieses* Thema ausgewählt hat. Wäre es für Herrn Woermann nicht passender gewesen, folgende Preisfrage aufzustellen: *Durch welche praktischen Maßnahmen ist auf den Woermann-Dampfern eine Herabsetzung der hohen Preise, durch die die eingewanderte weiße Bevölkerung, das Rückgrat unserer ganzen ‚Kolonialpolitik', in ihrer Existenz auf das Schwerste bedroht wird, zu erreichen?"*

Gewinn und Verlust
oder:
Warum Adolph Woermann plötzlich als Kriegsgewinnler dasteht

„*Dass pekuniäre Erfolge erzielt wurden, soll... keineswegs in Abrede gestellt werden, wenn sie auch nicht annähernd so gross sind, wie sie von manchen Seiten, die von den Verhältnissen nichts kennen, dargestellt werden. Demgegenüber aber muss festgestellt werden, dass die Woermann-Linie alle erzielten Gewinne und noch weit grössere Summen wieder in neuen Schiffen oder in Neuanlagen und Bauten in der Kolonie angelegt hat, sodass diese Gewinne im hohen Masse, sei es dem deutschen Schiffbau, sei es der deutschen Reederei, sei es den Kolonien, wieder zu gute gekommen sind.*"

*Adolph Woermann
in einer Verteidigungsschrift,
1906*

Adolph Woermann hat Sorgen. Die Geschäftspolitik seiner Reederei, ihre „pekuniären Erfolge", machen Schlagzeilen. Ihren wirtschaftlichen Erfolg allerdings bremsen sie kaum.

Mit fünf Dampfern hat die „Woermann-Linie" 1885 angefangen, zehn Jahre später sind es schon 15. Aus der Aktiengesellschaft, die ihre Bilanz veröffentlichen muß, wird eine GmbH, dann — 1902 — eine KG: Neue Gesetze haben diese Rechtsformen geschaffen und erlauben solchen Firmen, auf die öffentliche Rechenschaft zu verzichten. Der Blick in die Bücher ist in der Großen Reichenstraße nicht gern gesehen. Von 1895 bis 1901 wird die Ladekapazität der Flotte verdoppelt, bis 1904 verdreifacht: 36 Schiffe führen jetzt die Woermann-Flagge am Heck.

Hinzu kommt 1890 die vom Reich subventionierte „Deutsch-Ost-Afrika-Linie" (DOAL). Für zunächst 900.000 Mark Zuschuß im Jahr verpflichtet sie sich zu einem regelmäßigen, mit dem Reich abgesprochenen Liniendienst; Regierungspassagiere erhalten 20 Prozent Rabatt. Das Haus C. Woermann hält zwar nur einen kleinen Teil des Grundkapitals, wird aber mit der Leitung des Unternehmens beauftragt. Mit 21 Schiffen ist die DOAL fast so groß wie die Woermann-Linie. Beide werden von der Großen Reichenstraße aus gesteuert, und 1904 pachtet Adolph Woermann vier große Schuppen im Hamburger Hafen — einen Kilometer Kai-Anlage mit eigener Lichtzentrale und Stromversorgung für die Kräne: Der Petersenkai wird Zentrum des Warenumschlags mit Afrika.

Fast fünf Prozent des Welthandels laufen jetzt über Hamburg, und das Handelsvolumen wächst um die Jahrhundertwende fünfmal so schnell wie das der Welthandelsmacht Großbritannien. Das von Carl Woermann 1837 gekaufte Haus in der Großen Reichenstraße 27 ist zu klein geworden. Um die Jahrhundertwende wird das Nachbargebäude dazugekauft. Mehr als 300 Angestellte gehen in den Kontore des umgebauten Afrika-Hauses täglich ein und aus. Weltweit beschäftigen die Woermann-Unternehmen rund 5.000 Europäer — und mindestens noch einmal so viele Afrikaner.

Die beiden Reedereien ziehen ihr Liniennetz um Afrika immer enger. Wenn es sich lohnt, steuern sie auch andere Ziele an und transportieren nicht nur Waren. Der König von Dahome verkauft lange Zeit Menschen. In den 90er Jahren werden die Sklaven auch auf Woermann-Schiffen zu ihren neuen Arbeitsplätzen geschafft — nach Mittelamerika zum Bau des Panama-Kanals, in den Kongo König Leopolds zum Trassieren der Eisenbahn. 320 bis 350 Mark kostet ein erwachsener Mann auf dem Markt von Wydah; 400 Mark erhält der Vermittler von der Kongo-Eisenbahngesellschaft für einen Zwangsarbeiter. Der König von Dahome wird in Waren bezahlt — das vergrößert die Gewinnspanne. Auch Hamburger Händler beteiligen sich am anrüchigen Geschäft — z. B. die Firma Woelber & Brohm. Wieviel sie der Woermann-Linie für den Menschen-Transport bezahlt, ist unbekannt.

Als sozialdemokratische Zeitungen wie der „Vorwärts" und das „Hamburger Echo" über das einträgliche Menschengeschäft berichten, gerät auch Adolph Woermann in die Schlagzeilen. „Sklavenhandel unter deutscher Flagge?" fragt im Dezember 1893 die bürgerliche „Vossische Zeitung". Sie druckt den Augenzeugenbericht eines Arztes, der im Auftrag von Woelber & Brohm Dahome-Sklaven vor der Abreise in den Kongo auf ihre Tauglichkeit überprüft hat: „In einem Schuppen von ca. 25 Meter Länge und 6 bis 7 Meter Breite knieten zusammengepfercht 281 Menschen, 201 Männer und 80 Weiber. Wenn man in den Schuppen hineinsah, bemerkte man zunächst nichts als eine Unmenge zur Hälfte geschorener Köpfe, die mit angsterfüllten Augen nach der Tür zu starrten. Bei näherem Zusehen sah man, daß jeder der Unglücklichen, die nur mit einem Tuche um die Lenden bekleidet waren, einen Ring um den Hals trug und durch diesen mit seinen Nachbarn verbunden war. Der Ring war aus Eisen, vorn mit einem Scharnier, hinten mit zwei Ösen und einem Schloß versehen. Durch diese Ösen zog sich eine schwere eiserne Kette, so daß allemal 6 bis 50 Menschen zusammengekettet waren."

Es ist nicht die einzige Ladung „freigekaufter" Sklaven, die zur Zwangsarbeit in den Kongo gebracht wird. Die deutsche Regierung weiß von diesem Handel. In den Akten des Reichskolonialamts findet sich ein Bericht des deutschen Konsulats in Wydah, der von 309 Männern und 149 Frauen spricht, die von Woelber & Brohm „freigekauft" und am 2. Mai 1892 mit der „Marie Woermann" zum Kongo verschifft worden sind. In Deutschland gewinnt Adolph Woermann diesem Geschäft noch humanitäre Gesichtspunkte ab: „Ich möchte aber doch darauf hinweisen, daß es mir als ein Akt der Menschlichkeit erscheint, wenn Kriegsgefangene und Sklaven des Königs von Dahome durch Loskaufung befreit wurden, da sie sonst, wie allgemein bekannt, nur zu Menschenopfern und anderen Greueln dieses Fürsten benutzt werden sollten."

Trotz einer hitzigen Debatte über die Geschäftsmoral der Hanseaten kann der „königliche Kaufmann" Woermann sein Gesicht wahren. Die Regierung sitzt mit ihm im selben Boot — schließlich kauft das Gouvernement in Kamerun auf dem Sklavenmarkt von Wydah Arbeiternachschub und Soldaten ein. Der Skandal wird unter den Teppich gekehrt. In Liberia, Arbeiter-Lieferant für ganz Westafrika, erhält Woermann 1898 über einen Strohmann das Monopol für die Arbeiter-Ausfuhr.

Der „königliche Kaufmann" steht auf dem Höhepunkt von Macht und Ansehen. Als im Januar 1898 im Berliner „Kaiserhof" Industrie- und Handelsvertreter die Flottenpolitik des Reichs erörtern und die Presse von einer der glanzvollsten Versammlungen der deutschen Wirtschaft spricht, hält Adolph Woermann das Hauptreferat. Schon früh hat sich der größte Privatreeder der Welt für die Marine stark gemacht — zur Sicherung des Handelskapitals. In allen Weltteilen — so sein Argument auch im

WOERMANN-LINIE.

ab Hamburg: **Häfen:**

am 3. jeden Monats	nach Monrovia, Goldküste, Lagos und den Oelflüssen.
am 7. jeden Monats	nach Madeira, Sénégal, Gambia, Portug. und Franz. Guinea.
*am 10. jeden Monats	nach Monrovia, Goldküste, Togo, Lagos und dem Kamerun-Gebiet.
am 13. jeden Monats	via Madeira, Teneriffe, Las Palmas nach Swakopmund.
*am 15. jeden Monats	nach Monrovia, Togo, Kotonou und Kamerun.
am 16. jeden Monats	nach Monrovio, Goldküste, Togo, Lagos und Forcados.
am 19. jeden Monats	nach Conakry, Sierra Leone, Liberia und Elfenbeinküste.
am 22. jeden Monats	nach Goree, Conakry, Lagos, Kamerun, Congo und Angola.
am 27. jeden Monats	nach der Goldküste, Togo, Dahomey, Kotonou.
*am 30. jeden Monats	via Madeira, Teneriffe nach Deutsch-Südwest-Afrika.

*) Schnelldienst für Post und Passagiere.

Näheres erteilt wegen Fracht und Passage die

Woermann-Linie, Hamburg

Afrikahaus, Gr. Reichenstr. No. 27.

Deutsche Ost-Afrika-Linie

Regelmässige Reichspostdampfer-Verbindung nach

Ost- und Süd-Afrika

Expeditionen von Hamburg

nach Durban und Delagoa Bay   alle 14 Tage
„   Ost-Afrika   alle 14 Tage
„   Capstadt, Port Elisabeth, East London   alle 4 Wochen.

Vergnügungsreisen

nach Lissabon, Marseille, Neapel, Egypten sowie nach den Canarischen Inseln.

Nähere Nachricht erteilen:

wegen Passage   wegen Fracht und Passage:
Hamburg-Amerika-Linie   **Deutsche Ost-Afrika-Linie**

Deutsche Kolonialzeitung, 1.12.1904

„Kaiserhof" — müsse der Wagemut deutscher Kaufleute mit Kriegsschiffen geschützt werden. Die Industrie applaudiert, Admiral Tirpitz schickt ihm ein Dankschreiben, der Kaiser den Königlichen Kronen-Orden II. Klasse. Als noch im gleichen Jahr der „Deutsche Flottenverein" gegründet wird, um für den Aufbau einer Seekriegsmacht die Werbetrommel zu rühren, gehört Adolph Woermann zu den Gründungsmitgliedern. Der hamburgische Landesverband wird in seinem Privathaus ins Leben gerufen.

Allerdings ist Woermann durchaus „wagemutig" genug, zwei seiner Schiffe, die den deutschen Sicherheitsbestimmungen nicht entsprechen, unter der Flagge des zur See ohnmächtigen Belgiens fahren zu lassen. Trotz aller Sparsamkeit läßt sich der Firmenchef seine Vaterlandsliebe etwas kosten: Auf seine ausdrückliche Anweisung bunkern Woermann-Schiffe westfälische Fettkohle und nicht britischen Brennstoff, obwohl der für 14 statt für 21 Mark je Tonne zu haben wäre.

> *„Bei den von Ihnen mit unseren Dampfern zur Verladung kommenden Waren, welche von Ihnen hergestellt sind, sehen wir häufig den folgenden Vermerk: ‚This side up', ‚Keep away from the boiler.'*
>
> *Wir machen Sie darauf aufmerksam, daß diese englische Inschrift durchaus unangebracht erscheint, denn die Arbeiter, welche mit den Kisten hier zu tun haben, sind deutsche Arbeiter; an Bord unserer Schiffe haben wir nur deutsche Seeleute, so daß die englische Bezeichnung durchaus unnütz und verfehlt ist.*
>
> *Wir halten es auch im allgemeinen Interesse für dringend wünschenswert, daß endlich einmal für die mit deutschen Schiffen verladenen Waren auch deutsche Inschriften benutzt werden.*
>
> *Die von Ihnen gelieferten Waren sind ferner für eine deutsche Kolonie bestimmt, in welcher ebenfalls beim Entladen von Waren nur deutsch gesprochen wird, so daß wir darum bitten müssen, diese englischen Inschriften vollständig zu unterdrücken.*
> *Hochachtend*
> *Woermann-Linie*
> *(gez.) Adolph Woermann"*
>
> *Rundschreiben an die Kunden der Woermann-Linie, zit. n. „Deutsche Kolonialzeitung" Nr. 49/1904*

Bei den Löhnen seiner Seeleute zeigt sich Woermann knauserig. Für die Ladungsarbeiten an der afrikanischen Küste nehmen die Dampfer in Liberia Kru-Leute an Bord — Arbeiter, die nach mehreren Monaten Dienst wieder zu Hause abgesetzt werden. Als einige 1903 statt einen eineinhalb Shilling Monatslohn fordern und in Streik treten, antwortet Woermann mit Aussperrung. Der Firmenchef, zufällig gerade auf Afrika-Reise, fürchtet, der Streik könne sich innerhalb eines Monats auf seine 700 Kru-Leute ausweiten. Er greift persönlich ein und läßt Vorarbeiter, die den Ausstand anführen, auf Lebenszeit sperren. Als er bei den Häuptlingen Ersatz sucht, sehen sie an seinen Goldzähnen, daß sie „Big Woermann" vor sich haben, wie der Kaufmann an der Küste genannt wird: „Him be big Woermann for true, true", meinen sie im besten Beach-Englisch, „him get only gold for his mouth."

In Deutschland redet man bald von seiner „goldenen Nase". Der Reeder hat für den Transport nach Deutsch-Südwest ein Monopol. Verträge mit dem Reich verpflichten die Woermann-Linie zu monatlichem Anlaufen von Swakopmund, Lüderitzbucht und Kapstadt und sichern ihr das Beförderungsrecht für Regierungspersonen und -güter. Als am 12. Januar 1904 die ersten Nachrichten vom Herero-Aufstand aus Südwest in Hamburg eintreffen, macht das Reich mobil. Soldaten, Pferde, Waffen und Munition werden ans Kap geschickt. Am Petersenkai steht Zoodirektor Hagenbeck und begutachtet die Woermann-Dampfer. „Kein Schwanz kommt lebendig hinüber", soll er gesagt haben, nachdem er den Laderaum für die Pferde gesehen hat: kein Bullauge nach draußen, nur eine dünne Trennwand zu den heißen Maschinen, alles unter der Wasserober-

Pferdetransport auf Dampfer „Lucie Woermann"

fläche, eine Sprossenrampe zum Deck. Eine andere Transportmöglichkeit aber gibt es nicht. Am 30. März laufen die ersten beiden Woermann-Dampfer mit 1.151 Pferden an Bord aus. Nur zehn Tiere gehen auf der fast 11.000 Kilometer langen Seereise ein. Das Entladen in Südwest ist kompliziert: Lüderitzbucht hat keinen Anlegeplatz für Seedampfer, und die Mole in Swakopmund versandet immer wieder. Manchmal ist sie nur drei Stunden am Tag in Betrieb — und 20 Schiffe liegen draußen auf Reede und warten. Adolph Woermann reist selbst in die Kolonie. Eine neue Landungsbrücke und Lagerschuppen werden gebaut, Flöße und Leichter sollen das Löschen der Ladung beschleunigen.

Fast drei Jahre dauert der Herero-Aufstand. Mehr als 11.000 Pferde und 15.000 Soldaten gehen von Hamburg aus nach Südwest in den Krieg. Ihre ganze Ausrüstung von der Kanone bis zum Kochgeschirr reist mit. 12.000 Kru-Leute werden von der Woermann-Linie in dieser Zeit beschäftigt. Sogar das Trinkwasser wird mitgenommen — 500 Tonnen jeden Monat allein für den eigenen Bedarf der Reederei. Hochprozentiges hält die kämpfende Truppe bei der Stange. Auf dem Deutschen Abstinenzlertag in Flensburg empört sich Oberstleutnant a. D. Dr. Fiebig, Südwest habe im Aufstandjahr 1904 für 888.000 Mark Alkohol eingeführt: „An ‚Liebesgaben' bekamen die dort kämpfenden Truppen 6.815 Kisten alkoholischer Getränke, und die Sammlung dieser ‚Liebesgaben' wird jetzt noch von den Alkoholkapitalisten eifrig fortgesetzt."

Die horrenden Ausgaben für den Kolonialkrieg rufen im Reich die Opposition auf den Plan. 400 Millionen Mark läßt sich die Regierung die Vernichtung der Herero kosten. Der Zentrumsabgeordnete Matthias Erzberger, neu im Parlament, erkennt seine Chance. Schon bald wird er durch seine scharfen Attacken gegen die Kolonialpolitik bekannt. Auch die Monopolverträge der Regierung mit der Berliner Firma Tippelskirch, an der der preußische Landwirtschaftsminister beteiligt ist, und mit der Reederei Woermann nimmt er aufs Korn. Im Reichstag rechnet Erzberger öffentlich vor: „Von Hamburg nach Swakopmund bei einer Reisedauer von 25 Tagen werden für Lebensmittel an Woermann pro Kubikmeter bezahlt 43 Mark; für die Fracht von Hamburg nach Tsingtau auf einem Lloyddampfer bei einer Reisedauer von 50 Tagen, also noch mal so lang, werden 37 Mark 50 Pfennig berechnet... Was die Regierung jetzt jedes Jahr nach Swakopmund befördern läßt, sind zirka 250.000 Kubikmeter. Daran hat die Firma Woermann einen Überverdienst von drei Millionen Mark... (D)em deutschen Volke kann nicht zugemutet werden, nach den großen Opfern, die es für Südwestafrika bringt, auch noch solche Opfer für eine potente Firma in Deutschland zu bringen. Fürst Bismarck sagte einmal, die Kolonialpolitik sei dazu da, um Millionäre zu züchten. Es scheint mir fast so; allerdings wachsen sie nicht in den Kolonien, sondern in Berlin und Hamburg."

Adolph Woermann sieht sich zu einem ungewöhnlichen Schritt gezwungen: Er geht mit einer Verteidigungsschrift an die Öffentlichkeit, verweist auf die schwierigen Transportbedingungen, seine hohen Investitionen, den volkswirtschaftlichen Nutzen, spricht von „ganz unsachverständigen Berechnungen" seiner Gewinne durch Erzberger & Co. In den Aufstandsjahren habe er 18 Millionen Mark investiert. Die Regierung weigert sich, zwei ausstehende Rechnungen an die Linie zu bezahlen; Woermann ruft, wie vertraglich festgelegt, ein Schiedsgericht an. Die Reeder-Kollegen bestätigen ihm preiswerte Frachtraten und die Richtigkeit einer Rechnung. Im anderen Fall geben sie dem Reich recht: Statt der geforderten 1,2 Millionen, so urteilen sie, stünden der Woermann-Reederei lediglich 450.000 Mark zu.

In der Öffentlichkeit gilt Adolph Woermann als Kriegsgewinnler. Als Kaiser Wilhelm II. 1908 die Hansestadt besucht, wird dem Senat vorher unauffällig bedeutet, die Gegenwart des „königlichen Kaufmanns" sei Seiner Majestät unerwünscht.

Auch ökonomisch ist die Reederei angeschlagen. Ihre auf 48 Schiffe vergrößerte Flotte erhält Konkurrenz: Mit billigen Frachtraten drängt eine Bremer-Linie ins Westafrika-Geschäft. Als der kapitalstarke Norddeutsche Lloyd sich in den Kampf einschaltet, muß Woermann kapitulieren: Er verkauft einige Schiffe an die Hamburg-Amerika-Linie, um seine Schulden zu bezahlen, und muß jetzt mit der HAPAG eine Betriebsgemeinschaft bilden. Adolph Woermann fährt nicht mehr allein nach Westafrika — für den Firmenchef noch eine Niederlage. 1910 zieht er sich verbittert und krank aus dem Tagesgeschäft zurück. Am 4. Mai 1911 stirbt er. Ein christliches Begräbnis hat er sich verbeten. So steht Reeder-Kollege Albert Ballin auf dem Ohlsdorfer Friedhof an seinem Sarg: „Holt die Flagge auf Halbstock, Ihr Hanseaten, der größte Hanseat ist tot!"

Ein Grund, Bilanz zu ziehen.

In den Nachrufen wird Adolph Woermann als ein Unternehmer gewürdigt, der mit nie versiegender Kraft dem Vaterland gedient habe — ein „feingebildeter Mann", dessen Worte „für den größten Theil unserer Kolonialschwärmer als ein Evangelium" gegolten hätten. Die kleinen Leute haben ihn anders in Erinnerung — als jemand, der Passanten, die sich bei Regen im Eingang des Afrika-Hauses unterstellten, beiseite schiebt: „Das haben wir gleich an Ihrer Grobheit gemerkt, daß Sie Adolph Woermann sind", haben sie ihm nachgerufen. Für den Sozialdemokraten Gustav Noske war Woermann ein „geriebener Großkaufmann", der „sich in der skrupellosesten Weise um die Förderung seiner Profitinteressen bemühte".

Eine staatliche Sozialversicherung hat Adolph Woermann stets abgelehnt. Der Patriarch alter Schule nimmt die Fürsorge für seine Angestellten selbst in die Hand. 1903 gründet er mit anderen Schiffahrtslinien die

„Versorgungskasse Vereinigter Rhedereien auf Gegenseitigkeit in Hamburg", die 1914 7.700 Seeleuten eine Alters- und Invaliditäts-Absicherung bietet. Seine Witwe schenkt das Wohnhaus der Familie in der Neuen Rabenstraße 17 dem Verein Deutscher Seeschiffer — im „Adolph-Woermann-Haus" treffen sich Kapitäne während ihrer Liegetage in Hamburg.

Kolonial-Hotel, Hamburg — Große Allee 51
(in nächster Nähe vom Hauptbahnhof)
Vornehme u. bes. ruhige Lage

BESITZER: WILHELM HESSELBEIN
Langjähriger Obersteward der „Woermann"- u. „Ost-Afrika-Linie"
:: :: Vollständig neu eingerichtet :: ::
Jedes Zimmer mit Frühstück 3 Mark

Telephon: Gruppe „3": 2407   **Modernes Restaurant**

98

Ihn interessiere nur das Geschäft und nichts sonst: So hat sich Adolph Woermann selbst charakterisiert. Die Bilanzen seiner Firmen sind nicht veröffentlicht, ihnen nachzuspüren, gleicht einem Puzzlespiel. Sicher ist: Er hinterläßt ein Vermögen. Adolph Woermann gehört zu den großen Gewinnern deutscher Kolonialpolitik, die kaum einer so vielseitig für seine geschäftlichen Interessen zu nutzen verstand.

Seine Reedereien laufen 141 Plätze in Afrika an. DOAL und Woermann-Linie verfügen 1914 über 72 Schiffe; alle 36 Stunden läuft ein Afrika-Dampfer aus dem Hamburger Hafen aus. Das Handelshaus ist in ganz Westafrika präsent. Mit Plantagen ist das Unternehmen auch direkt in der Exportproduktion engagiert.

Adolph Woermann sitzt in 14 Aufsichtsräten — bei der Disconto-Gesellschaft, der wohl einflußreichsten Bank des Deutschen Reichs, der Norddeutschen Bank, der Brasilianischen Bank für Deutschland und im Zentralausschuß der Reichsbank; bei der Hamburg-Amerika-Linie, der Hamburg-Südamerikanischen Dampfschiffahrtsgesellschaft, der Deutschen Levante-Linie und bei Blohm & Voß; bei der Norddeutschen Versicherungs-Gesellschaft, der Dynamit AG in Hamburg und dem Nobel Dynamite Trust in London. Auch bei der Hammonia Stearin Fabrik ist Woermann im Aufsichtsrat: Im Gewerbegebiet in der Barmbeker Straße 10 wird Palmöl aus Westafrika verarbeitet. Die Kerzenfabrik wirft gute Dividenden ab — und stinkt entsetzlich. Als später die Siedlung an der Jarrestraße gebaut wird, muß die Produktion gestoppt werden — der Hamburger Senat stellt offiziell fest: „Die Ausdünstungen der Fabrik sind derartig stark, daß zahlreiche Neubauwohnungen eigentlich unbewohnbar sind."

Grenzen haben das Engagement des deutschnationalen Unternehmers nicht aufgehalten. Um an der Kongo-Schiffahrt beteiligt zu sein, gründet Adolph Woermann 1895 in Antwerpen die „Société Maritime du Congo", und ein Anteil an der „Deutsch-Belgischen Kongo-Handelsgesellschaft" soll dafür sorgen, daß auch das Handelshaus am Kongo-Geschäft verdient. Für die britische „Sambesi-Navigation Company" stellt die beteiligte DOAL Passagierdampfer und Schlepper, und mit den amerikanischen „Elder-Dempster-Lines" wird 1911 eine direkte Verbindung USA-Afrika vereinbart.

Adolph Woermanns Geschäftsinteressen reichen von Westafrika über Deutsch-Südwest und -Ostafrika bis hin nach Neu-Guinea. Südwest hat er schon früh als profitabelste deutsche Kolonie erkannt. Woermann hält Anteile an der wichtigsten Landgesellschaft, der „South West Africa Company", beteiligt sich an der „Hanseatischen Land-, Minen- und Handelsgesellschaft für Deutsch-Südwestafrika", der „Kaoko Land- und Minengesellschaft" und der „Damara-Namaqua-Handels GmbH". Manche Vorgänge um derartige Kolonialgesellschaften provozieren im Reich das Wort von der „legalen Korruption": Die „Entschädigungszahlungen" an das Kameruner Eisenbahn-Konsortium bei dem Bau der Nordbahn sind kein Einzelfall. Die „Neu-Guinea-Kompagnie" zum Beispiel — ein Konglomerat einiger der reichsten Leute Deutschlands um die Disconto-Gesellschaft, das die Südseeinsel („Disconto-Eiland") zur deutschen Kolonie machen will — wird als „notleidend" eingestuft und vom Reich mit vier Millionen Mark subventioniert. Auch hier mit dabei: Adolph Woermann.

Seine weltumspannenden Wirtschaftsinteressen hat der „königliche Kaufmann" politisch überall abgesichert. Von 1880 bis 1904 ist er Mitglied der Hamburger Bürgerschaft, 1884 wird er für sechs Jahre nationalliberaler Abgeordneter im Reichstag. In die Hamburger Handelskammer wird er 1879 berufen und ist 1884 und dann noch einmal 1899 bis 1902 ihr Präses. In der Deutschen Kolonialgesellschaft ist er ein sehr aktives Vorstandsmitglied, und dem Kolonialrat, der die Regierung berät, gehört er seit seiner Gründung 1891 bis 1907 an. Zu Bismarck hat Woermann direkten Zugang gehabt — seine Briefe gehen an den Reichskanzler persönlich und nicht den Dienstweg. Gertrud, seine zweite Frau, lernt Adolph Woermann in Friedrichsruh, auf Bismarcks 70. Geburtstag, kennen, und der „Eiserne Kanzler" besucht den „königlichen Kaufmann" auch nach seinem Rücktritt. 1892 gibt Woermann in der Neuen Rabenstraße für Bismarck ein fürstliches Diner:

> Austern.
> Suppe mit Spargel.
> Steinbutt, neue Kartoffeln.
> Kalbsrücken, gebratene Bananen.
> Warme Gänseleber.
> Glacierte Kückenfilets.
> Schnepfen.
> Artischocken, Crosnes, Endivien.
> Käse.
> Eisbälle.
> Nachtisch.
>
> Moet et Chandon.
> 1838er Madeira.
> 1886er Deidesheimer Auslese.
> 1878er Chât. Cantemerle.
> 1874er Chât. Lafitte.
> 1886er Rüdesh. Berg-Rießling.
> 1870er Romané Conti.
> 1886er Deidesh. Dopp.-Auslese.
> Portwein.
> Vve. Cliquot Ponsardin, dry.
> 1874er Chât. Léoville Lascazes.

Der 1874er Château Lafitte mundet Bismarck am besten.

Als Rudolf Martin, früher Regierungsrat im Reichsamt des Innern, 1912 ein „Jahrbuch des Vermögens und Einkommens der Millionäre in den drei Hansastädten" veröffentlicht, dürften die verschwiegenen Buchhalter in der Großen Reichenstraße die Broschüre mit Mißfallen gelesen haben. Als einzige Quelle ermöglicht sie Außenstehenden eine Art Bilanz des geschäftlichen Erfolgs von Adolph Woermann. 1866, so schreibt Martin, hat es in Hamburg nur knapp 500 Personen gegeben, die mehr als 30.000 Mark Einkommen im Jahr hatten. 1912 sind es bereits 2.400, darunter 700 Millionäre: „(D)er gegenwärtige Reichtum Hamburgs (ist) erst in dem letzten halben Jahrhundert erstanden." Adolph Woermann nimmt einen guten Mittelplatz ein: Seine Witwe wird auf drei Millionen Mark Vermögen und 160.000 Mark Jahreseinkommen taxiert. Nimmt man die beiden Söhne (je eine Million Mark Vermögen und 40.000 Mark Jahreseinkommen) und den amtierenden Firmenchef Eduard (drei Millionen Mark Vermögen, 200.000 Mark Jahreseinkommen) hinzu, gehören die Woermanns zu den 30 reichsten Familien der Hansestadt.

In der Kolonial-Bilanz des Reiches stehen auch Millionen — allerdings auf der Negativseite. Bis die überseeischen „Schutzgebiete" verlorengehen, bleiben sie ein Verlustgeschäft für den Staat — und damit für den Steuerzahler. Alles zusammengenommen, hat der „Platz an der Sonne" ihn mehr als eine, wenn nicht zwei Milliarden Mark gekostet. Für die Rohstoffversorgung bleiben die Kolonien unbedeutend, auch wenn sich der Export ins Reich zwischen 1905 und 1913 verdreifacht: Ihr Anteil am gesamten deutschen Außenhandel macht nicht einmal ein Prozent aus. Die „Inwertsetzung" der Übersee-Gebiete bleibt den Siegern des Ersten Weltkriegs überlassen. Auf deutschen Wegen setzen sie die Einbindung Afrikas in den Weltmarkt fort.

"Mich hat oft die Frage beschäftigt: Wie mag der Neger uns Weiße empfinden? Ich glaube, der Eindruck, den wir auf ihn machen, ist auch ziemlich reich an Komik, aber bei weitem nicht ebenso harmlos. Ich glaube, der Neger empfindet uns als höchst merkwürdige, oft äußerst putzige und lächerliche, aber oft auch sehr gefährliche und böse, koboldartige Wesen. Respekt hat er nicht vor uns, wohl aber Furcht. Wir können viele Künste, die er nicht kann, aber darüber mag er eigentlich nicht lange reflektiren. Wie eine Dampfmaschine arbeitet, ist ihm gänzlich gleichgültig. Er würde ja doch niemals eine betreiben. Unsere europäischen Zeuge und Perlen sind ihm viel interessanter, denn die kann er sich aneignen, um sich damit zu schmücken. Daß wir sie ihm nicht ohne weiteres geben, sondern Palmöl und Elfenbein dafür haben wollen, erscheint ihm mehr als eine Laune von uns. Daß wir damit unsern Lebensunterhalt erwerben müssen, glaubt er nicht gerne, weil es ihm nicht paßt. Die Willens- und Begehrens-Impulse sind bei ihm mächtiger als die Hemmungen. Er ist beständig in der Stimmung eines Menschen, der über theoretische Dinge absolut nicht nachdenken mag. Er ist ein reiner Praktikus. Er wünscht nur immer."

*Max Buchner
1887 in „Kamerun. Skizzen und Betrachtungen"*

Und die Afrikaner? Einige Kameruner haben von den Missionaren Lesen und Schreiben gelernt; sie kennen den lamettageschmückten Weihnachtsbaum. Alle haben Arbeit — bei den Weißen. Sofa, Frack und Zylinder sind erstrebenswerte Symbole europäischer Lebensart. Der Handel ist ihnen aus der Hand genommen und umgeleitet worden. Kamerun ist an die Peripherie der Weltwirtschaft herangerückt, liefert Palmöl, Kakao und Gummi ans Reich. Die Duala sind entmachtet, ihre Einnahmen gesunken. Auch ihre Häuptlinge spüren den Preis der „Schutzherrschaft". Mehrere Petitionen und Bittschriften an den Reichstag, gegen die Willkür der Kolonialbeamten einzuschreiten, bleiben erfolglos. Als Mpundo Akwa in Hamburg die Herausgabe einer Illustrierten „Elolombe ya Kamerun" („Sonne von Kamerun") organisiert, die auf Deutsch und Duala nicht nur Nachrichten über Wilhelm II., sondern auch kolonialkritische Artikel veröffentlicht, ermitteln die Behörden gegen den deutschen Verleger und hoffen, den Häuptlingssohn wegen Landesverrats „nach einer Insel in der Südsee dauernd zu verbannen". Mpundo kehrt 1911 nach Duala zurück, um ein Kaufhaus zu gründen und Plantagen anzulegen. Er wird schnell zum Volkshelden — und vom Gouvernement wegen Verbreitung deutschfeindlicher Gerüchte zu Gefängnis mit Zwangsarbeit verurteilt.

Zivilisation

Sie fanden mich im wohligen Dämmer
meiner Bambushütte
sie fanden mich
in Baumrinde und Tierfelle gekleidet
mit meinen Palavern
mit meinem sturzbachgleichen Lachen
mit meinem Tam-Tam
meinen Gris-Gris
und meinen Göttern

Barmherziger!...
Ist der primitiv!...
Zivilisieren wir ihn!...

Also wuschen sie mir den Kopf
mit ihren geschwätzigen Büchern
und putzten mich heraus
mit ihren eigenen Gris-Gris
impften mir in mein Blut
den Geiz
den Alkoholismus
die Prostitution
den Inzest
die Brudermörder-Politik

Hurraaa
endlich
geschafft —
ein zivilisierter Herr!

René Philombe
Kameruner Schriftsteller

Gris-Gris: afrikanischer Zauberfetisch

1910 wollen die Deutschen die Duala enteignen und umsiedeln, um am linken Ufer des Kamerunflusses eine reine Europäersiedlung zu schaffen. Rudolf Manga Bell, seit zwei Jahren Oberhäuptling der Bell-Familie, pocht auf den „Schutzvertrag" von 1884, der seinem Volk das Eigentum an Grund und Boden garantiert. Für die Deutschen findet die Umsiedlung „ihre Berechtigung in der Bedeutung und dem Gegensatz der weißen Rasse gegenüber der schwarzen. Sie muß aus diesem Gesichtspunkt heraus gebieterisch gefordert werden, um der Gefahr,... der wir gerade in Duala ziemlich nahe sind, rechtzeitig oder wenigstens solange wie möglich, zu entgehen, nämlich dem Ansetzen und Entwickeln zur sozialen und politischen Gleichstellung mit den Eingeborenen."

Der „Schutzvertrag" bleibt Makulatur, auch wenn die Auseinandersetzungen sich hinziehen. Die Duala schicken Telegramme an den Kaiser und — trotz Ausreiseverbot — einen Emissär nach Berlin. Zunächst haben sie Erfolg: Der Reichstag fordert eine genaue Untersuchung der Vorwürfe, die Enteignung muß aufgeschoben werden. Dann wendet sich das Blatt. Die „Hamburger Nachrichten" wettern gegen „Negrophile im Reichstag", das Reichskolonialamt findet mit seiner Warnung, „die Autorität der Regierung und der weißen Rasse" sei in Gefahr, bei den Abgeordneten Gehör. Als ein Aufruhr in der Kolonie an die Wand gemalt wird, fällt der Reichstagsbeschluß; Rudolf Manga Bell, der Kontakt zu anderen Häuptlingen aufgenommen hat, wird wegen Hochverrats verhaftet. Als der Weltkrieg beginnt, macht das Gouvernement kurzen Prozeß. Ein Verhandlungstag genügt für das Urteil: Tod durch Erhängen. Es wird sofort vollstreckt. Ein Kameruner notiert die letzten Worte Rudolf Manga Bells vor dem Galgen: „Verdammt seien die Deutschen! Gott! Ich flehe Dich an, höre meinen letzten Willen, daß dieser Boden niemals mehr von Deutschen betreten werde!"

Vom Werden deutscher Größe
oder:
Wie Woermanns Afrika-Haus zwei Weltkriege übersteht

„Die Bestrebungen fast aller Länder, die Kolonialbesitz in Afrika haben, den Verkehr zwischen dem Mutterlande und den Kolonien dem eigenen Handel und der eigenen Schiffahrt zuzuführen, teilweise auch verschärfte Vorzugsbestimmungen, haben im Zusammenhang mit der geringen Kaufkraft Deutschlands sich im Betriebsjahr nachteilig für die Deutschen Afrika-Linien ausgewirkt. Wir hoffen, daß unsere Regierung ihr Augenmerk mit größtem Nachdruck auf Wiedererlangung deutscher Kolonialgebiete in Afrika richten wird, damit die deutsche Industrie, die große Mengen afrikanischer Rohprodukte verwendet, die Möglichkeit hat, diese Produkte aus eigenen Gebieten zu beziehen."

Aus dem Geschäftsbericht der Woermann-Linie,
1933

Mitten im ersten Weltkrieg läßt sich absehen, daß ein Wiederaufbau der Afrika-Flotte die Finanzkraft des Hauses C. Woermann übersteigen würde. 1916 kappt Eduard Woermann die Kapitalverbindungen zwischen Handelshaus und Reederei: Seine Aktien an der Woermann- und der Deutschen Ost-Afrika-Linie verkauft er an ein Konsortium, das HAPAG, Norddeutscher Lloyd und der Industrielle Hugo Stinnes bilden. Adolph Woermanns Erben konzentrieren sich wieder ganz auf das Handelsgeschäft.

Die neuen Besitzer werben weiterhin mit der Kontinuität in der Afrika-Schiffahrt: Ihre Büros bleiben im Afrika-Haus, Arnold Amsinck und Lothar Bohlen, die beide durch Heirat dem Woermann-Clan angehören, verlassen das Handelshaus und entscheiden sich für die Reederei. Amsinck wird Vorstandsvorsitzender beider Linien. Für die Woermann-Linie wird die traditionsreiche Flagge beibehalten. 1913 sind ihre Buchstaben „C.W.", im Hamburger Hafen mit „Cognac und Whisky" übersetzt, durch „WL" ersetzt worden.

Als der Weltkrieg zu Ende geht, sind 42 Schiffe der Woermann-Linie verloren — alle außer dem kleinen Küstendampfer „Gouverneur von Puttkamer". Mit gecharterten Frachtern wird der Afrika-Dienst wieder aufgenommen. „(F)ür uns bedeutet der Ausfall der Kolonien einen Verlust, der uns beim Wiederaufbau unseres Geschäftes sehr fühlbar sein wird", heißt es im ersten Unternehmensbericht nach dem Krieg. Dank des Reederei-Abfindungsgesetzes, mit dem der Staat den Firmen den „Friedenswert" ihrer Schiffe von 1914 erstattet, können die Afrika-Linien wieder die ersten eigenen Dampfer in Auftrag geben. 1922 wird der Passagierdienst nach Westafrika aufgenommen, und im November liefert Blohm & Voß den Turbinendampfer „Adolph Woermann." Mit dieser Namensgebung, heißt es im Geschäftsbericht, „haben wir einer Dankesschuld an unseren Gründer Rechnung getragen". Auf der Jungfernfahrt dieses Passagierschiffs nach Afrika ist der fast 80jährige Professor Karl Woermann, erster Sohn des Firmengründers Carl und jetzt Direktor der Dresdner Gemäldegalerie, mit an Bord.

Bald laufen immer mehr deutsche Überseeschiffe vom Stapel. Als „neuer deutscher Dampfer auf Fahrt nach Afrika" geben sich die Kapitäne ihren Kollegen auf hoher See zu erkennen. „Dann war der ganze Weltkrieg nicht nötig", soll ein Brite zurücksignalisiert haben. Fünf Jahre nach der deutschen Kapitulation laufen wieder neun Woermann- und sechs DOAL-Schiffe nach Afrika, Absprachen über Frachtraten mit der britischen und niederländischen Konkurrenz sichern die Gewinne, im Jahre 1926 schüttet die Woermann-Linie sechs Prozent Dividende aus. Ein Jahr später kommt eine Agentur in Douala hinzu, die Afrika-Flotte hat sich auf 19 Schiffe vergrößert, die Dividende beträgt sieben Prozent. Erst die Weltwirtschaftskrise stoppt den Aufschwung. Der Ruf nach Kolonien wird unter Reedern wieder lauter. Die Afrika-Linien klagen über Benachteiligungen und „hoffen, daß unsere Regierung ihr Augenmerk mit größtem Nachdruck auf Wiedererlangung deutscher Kolonialgebiete in Afrika richten wird, damit die deutsche Industrie, die große Mengen afrikanischer Rohprodukte verwendet, die Möglichkeit hat, diese Produkte aus eigenen Gebieten zu beziehen".

Im Handelshaus ist Kurt Woermann, Adolphs zweiter Sohn, seit dem Tod seines Onkels 1920 Firmenchef. Eduard Woermanns Erben einigen sich, das Geschäft aufzuteilen: Kurt übernimmt die Firma C. Woermann, Eduards Sohn Paul und sein Vetter Max Brock erhalten das 1907 gegründete Unternehmen Woermann, Brock & Co., das vor allem in Deutsch-Südwest und -Ostafrika Handel treibt.

Das Haus C. Woermann kehrt zu den Anfängen zurück und versucht, zunächst in Liberia und dann an der Goldküste wieder Fuß zu fassen. Ein Laden mit „Eingeborenenbedarf" oberhalb des Fischereihafens von Accra, in Fort James — das ist dort der Neuanfang. Bald sind die ersten Filialen gegründet, vor allem an der Küste — aber jetzt ist Woermann nicht mehr das größte Handelshaus am Platz. Holländer und Briten sind starke Konkurrenten.

In Kamerun dauert es etwas länger, bis die Deutschen sich wieder niederlassen können. Unmittelbar nach Kriegsende 1918 sucht die englische Seifenfabrik „Sunlight Company" der Gebrüder Lever Kontakt zu den deutschen Kamerun-Pflanzern. Sie braucht Ölpalmen-Plantagen für ihre Seifen-Produktion. Der Handel platzt: Erst nach Abschluß eines Friedensvertrages gibt die britische Regierung den ehemaligen deutschen Besitz zum Verkauf frei. 1924 werden die Plantagen in London versteigert. Über einen britischen Strohmann gelingt es den Vorkriegs-Besitzern, fast alles Land zurückzukaufen. Auf der Auktion wird ihm mit Bleistift-Stößen in den Rücken heimlich signalisiert, wie er zu bieten hat. Das Reich hat den Pflanzern einen Vorschuß auf die zu erwartende Kriegsentschädigung ausgezahlt. Auch C. Woermann ist dabei und ersteigert die alte „Bimbia-Pflanzung". 120.000 Hektar am Kamerunberg sind wieder deutsch — für einen günstigen Preis: Der Wert des Plantagenlands wird auf mindestens 150 Millionen Mark geschätzt, und man munkelt, die neuen alten Besitzer hätten nur 4,5 Millionen Mark bezahlt.

Viel Freude bereitet die „Bimbia-Pflanzung" der Großen Reichenstraße nicht. Die Weltwirtschaftskrise Ende der 20er Jahre macht vor dem Kamerunberg nicht halt. Die Preise für Kautschuk, Kakao und Palmöl fallen in den Keller, die Nachfrage sinkt. Ein Pflanzungsleiter: „Ähnliches haben wir in Kamerun seit dem Bestehen unserer Unternehmungen jedenfalls noch nicht erlebt." Kurt Woermann muß „Bimbia" wieder verkaufen.

Für „Deutschlands Recht auf Kolonien" trommeln im Reich zahllose Organisationen vom „Bund deutscher Kolonialpfadfinder" bis zur „Kolonialen Reichsarbeitsgemeinschaft". Im Programm dieser Dachorganisation aller kolonialen Verbände heißt es 1928: „Der afrikanische Kontinent ist (der) große Reserveraum für das übervölkerte Europa, und Deutschland verlangt nichts als einen angemessenen Anteil an diesem Reserveraum unter denselben politischen und wirtschaftlichen Bedingungen, unter denen die anderen europäischen Großmächte der Wirtschaft diesen Reserveraum verwalten und verwerten." Doch die Siegermächte zeigen wenig Neigung, von ihrer Kriegsbeute wieder abzurücken.

Für Hans Zache, Regierungsrat im Hamburger Weltwirtschaftsarchiv und eifriger Kolonial-Agitator, rechtfertigt sich Kolonialpolitik durch das „wirtschaftliche Missionsgebot". Im HWWA-Büro am Neuen Jungfernstieg entwirft er eine klar gegliederte Ordnung für „die größtmögliche Ausnutzung der Erzeugungsmöglichkeiten der Welt": Der Weiße stellt die Intelligenz, der „Eingeborene" die Arbeitskraft. Zache: „Die eingeborene Bevölkerung der Kolonialstaaten zerfällt in weltwirtschaftlich wertvolle und wertlose Rassen. Rein weltwirtschaftlich betrachtet, ist die Ausrottung der letzteren zweckmäßig." Da aber, wie der Regierungsrat einräumt, Menschen „gewiß kein Sachgut" und nicht ausschließlich „unter weltwirtschaftlichen Gesichtspunkten" zu betrachten seien, müsse man erreichen, daß die „Eingeborenen" zumindest „zu einem möglichst vollwertigen Faktor der Weltwirtschaft werden, d. h. die Arbeitsunlust ist ihnen durch Zwangserziehung, z. B. des Plantagensystems, abzugewöhnen." Eine weitergehende Ausbildung der Kolonisierten sei von Übel und führe lediglich zu einer „Europäeraffenschicht".

Solche Theorien interessieren die Hamburger Kaufleute wenig. Sie wollen Märkte wiedergewinnen, kein Land. Als Deutschland 1924 in den Völkerbund aufgenommen wird, ist ihnen der Zugang zu den früheren Kolonien zwar wieder möglich, gute Beziehungen zu den Mandatsmächten aber bleiben für den Handel wichtig. Lautstarke Forderungen nach neuem Besitz in Übersee würden die Geschäfte nur stören. Noch 1930, trotz Wirtschaftskrise, empfiehlt der Syndicus der Hamburger Handelskammer, Rosenbaum, in einer Denkschrift den völligen Verzicht auf deutsche Kolonialpolitik. Freier Handel und wirtschaftliche Gleichberechtigung — das haben die Hanseaten wieder auf ihre Fahnen geschrieben.

Kurt Woermann fällt aus der Rolle; seinen Kaufmanns-Kollegen gilt er als „schrullig" und „enfant terrible". Er engagiert sich stark in der Kolonialbewegung, die Ende der 20er Jahre ihre Kampagne gegen die „Kolonialschuldlüge", den Vorwurf, die Deutschen seien schlechte Kolonialherren gewesen, intensiviert. Ansichtskarten, Liederbücher und Presseartikel, Bierdeckel und Aschenbecher mit kolonialen Motiven sollen die Erinnerung an den deutschen „Platz an der Sonne" wachhalten. Alle führenden Politiker der Weimarer Republik wie etwa Außenminister Stresemann sind eingeschriebene Mitglieder der Kolonialbewegung.

In der großbürgerlich-aristokratischen Deutschen Kolonialgesellschaft (DKG) versucht Kurt Woermann, die Führung zu einem vermeintlich massenwirksameren Kurs zu überreden. Für ihn heißt das: Zusammenarbeit mit den Nationalsozialisten. Woermann ist vermutlich schon 1929 Parteimitglied. Im gleichen Jahr wird er in den Vorstand der DKG berufen. Sein Programm ist fest umrissen: Koloniale Expansion, Raumerwerbung und Siedlungstätigkeit sollen zum nationalen Wiederaufstieg führen. Die durch eine „übersteigerte Weltwirtschafts- und Großstadtpolitik" bewirkte Massenarbeitslosigkeit will er mit „Raumpolitik", d.h. zunächst der Besiedlung des deutschen Ostens, und einer Arbeitsdienstpflicht bekämpfen. Hinter dieser, so Woermann, „vordringliche(n) nationale(n) Großaufgabe" müsse die „afrikanische Kolonialpolitik für kurze Zeit — nämlich so lange, bis die Ostsiedlung ernstlich in Gang ist — etwas in den Hintergrund treten".

Kurt Woermann kommt zu früh. In der Kolonialgesellschaft stößt er auf Ablehnung. Nach eineinhalb Jahren scheidet er aus dem Vorstand wieder aus. Schon im Sommer 1930 hat Woermann den Vorsitz einer Ortsgruppe Hamburg des NSDAP-nahen Deutschen Kolonialvereins übernommen. Im „Völkischen Beobachter" veröffentlicht er eine Rezension des Buches „Erbe der Enterbten", derem Autor, Rudolf Böhmer, er die Theorie der „Raumpolitik" verdankt.

Auch bei seinen Kollegen kann der Chef des Hauses C. Woermann mit seiner Vorstellung, Kolonien seien mehr als Rohstoff- und Handelsgebiete, nicht landen. Im März 1931 teilt ihm die Handelskammer kühl mit, eine weitere Diskussion seiner Ideen verspreche keinen Erfolg. Eduard Rosenbaum, Syndicus der Handelskammer und Direktor der Commerzbibliothek, ist, wie er sagt, „ganz gut befreundet" mit Kurt Woermann, den er „des öfteren in Frau Brockmüllers Milchkeller unter den Hamburger Nachrichten" zum Frühstück trifft. „Jetzt wissen wir ja endlich, für wen wir bei den nächsten Wahlen zu stimmen haben", sagt Nationalsozialist Woermann dem Juden Rosenbaum nach der Reichstagswahl vom Juli 1932. Er beginnt, so erinnert sich Rosenbaum, „sich ziemlich ausschließlich über seine innere Vorbereitung auf den Nationalsozialismus zu äußern und mir die Vorzüge darzulegen". Erst der Hinweis Rosenbaums, er wisse, daß die Juden von den Nazis keinerlei Schonung erwarten dürften, lenkt die Frühstücksgespräche auf andere Themen.

Im Mai 1933, nach der „Machtergreifung", bittet Kurt Woermann den Syndicus um Hilfe. Jüdische Firmen in Afrika boykottieren Schiffe der Woermann-Linie. Ob die jüdische Gemeinde in Hamburg diesen Firmen nicht klarmachen könne, daß den Juden in Deutschland nichts angetan werde und sie ihren Boykott daher aufgeben sollten?

Auch die „Versammlung Eines Ehrbaren Kaufmann" zeigt ihm die kalte Schulter, als Woermann wenige Tage nach der Reichstagswahl, in der die NSDAP 52 Prozent erreicht hat, ein Loblied auf die nationalsozialistische Regierung anstimmen will. Doch die neue Herrschaft etabliert sich. Als die Nationalsozialisten im Juni 1933 den „Reichskolonialbund" als Dachverband aller Kolonialgesellschaften bilden, wird die Firma C. Woermann Mitglied, ebenso wie die Woermann- und die Deutsch-Ost-Afrika-Linie. Deren Vertreter, Lothar Bohlen, ein Enkel von Carl Woermann, sitzt auch im Vorstand der Deutschen Kolonialgesellschaft und ihrer Abteilung in Hamburg. „Wir hoffen, daß unsere Regierung ihr Augenmerk mit größtem Nachdruck auf Wiedererlangung deutscher Kolonialgebiete in Afrika richten wird", heißt es erwartungsvoll im Geschäftsbericht der Woermann-Linie. Die Weltwirtschaftskrise hat den Hamburger Hafen zum Schiffsfriedhof werden lassen. Der NS-Staat beauftragt Reeder John T. Essberger mit der Neuordnung der deutschen Seeschiffahrt. Woermann-Linie und DOAL verbinden sich mit der Hamburg-Bremer-Afrika-Linie zur DAL: Deutsche Afrika-Linien. Es geht wieder aufwärts. Die DAL expandieren, verdoppeln die Zahl ihrer Angestellten innerhalb von sechs Jahren auf über 2.600 Beschäftigte. 1938 sitzt Kurt Woermann mit im Aufsichtsrat.

Die Kolonialverbände machen unverdrossen Stimmung im Reich. Die „Koloniale Arbeitsgemeinschaft Groß Hamburg" sammelt 18- bis 25-jährige in Schutztruppenanzügen jede Woche zu Vorträgen ins Barmbeker „Kolonialheim", und im Sommer bauen sie Sandburgen am Elbstrand

Deutscher Tag am Kamerunberg

bei Blankenese mit Parolen wie „Kolonien! Volk ohne Raum! Raum ohne Volk! Ehre, Arbeit und Brot!" Ein von der DKG bestallter „Schulführer" sorgt für koloniale Propaganda in Hamburger Klassenzimmern, und keine deutsche Hochschule bietet bald so viele kolonialwissenschaftliche Vorlesungen und Seminare an wie die in der Hansestadt.

Die Forderung nach Kolonien bleibt für Hitler lange Zeit ein rein taktisches Mittel im diplomatischen Schachspiel. Berlin beginnt erst 1937 mit konkreten Vorbereitungen für deutsche Kolonien. Als Polen überfallen wird, liegen im Kolonialpolitischen Amt der NSDAP, einem inoffiziellen Ministerium, nicht nur fertige Verwaltungsrichtlinien in den Schubladen; 1.100 Beamte des Postministeriums sowie 280 Offiziere und 20 Wachtmeister der künftigen Kolonialpolizei sind bereits ausgebildet. Als der Angriff auf die Sowjetunion beginnt, ist die Kolonial-Besoldungsordnung fertig und geklärt, daß für Deutsch-Südwest vom Gouverneur bis zu den Magazinmeistern insgesamt 790 weiße Beamte benötigt werden. Pläne „für die Stellenbesetzungen von Nigerien, Äquatorialafrika, Kenya und Uganda" sind ebenfalls ausgearbeitet, nur die Verwaltung des belgischen Kongogebietes ist noch nicht durchdacht. Im Sommer 1941, als Rommel nach Ägypten vorstößt, liegen die Fibel über „Einführung technischer Fachausdrücke in Suaheli" vor und das Muster eines „Arbeitsbuchs für Eingeborene und gleichgestellte Fremde". Leitsätze des Rassenpolitischen Amtes der NSDAP zur Kolonialpolitik lesen sich wie eine Anleitung für das heutige Apartheid-Regime in Südafrika. Der Afrika-Verein in Hamburg sieht im April 1942 die „Vorbedingung einer gedeihlichen kaufmännischen Arbeit" als gegeben.

„Man kann sich wirklich fragen, ob irgendwann in der Geschichte ein nicht vorhandenes Reich so perfekt verwaltet wurde", meinen Historiker. Ein deutsches Reich in Mittelafrika — davon träumen die Kolonialplaner. Das letzte Afrika-Memorandum des Auswärtigen Amts in Berlin wird im Januar 1942 vorgelegt — verfaßt von Unterstaatssekretär Ernst Woermann, einem Neffen Adolph Woermanns. Der Leiter der politischen Abteilung geht davon aus, daß Großbritannien seinen Kolonialbesitz verliert, Frankreichs Position in Afrika im wesentlichen unangetastet bleibt und das Gebiet von Nigerien bis Kenia und „vielleicht Nord-Rhodesien" deutsch sein wird. Madagaskar haben die Nazis für die Juden reserviert. Schon einen Monat später allerdings, nach der „Wannseekonferenz", erfährt Ernst Woermann, daß die Juden nach dem Osten abgeschoben werden sollen — „Madagaskar braucht mithin nicht mehr für die Endlösung vorgesehen (zu) werden", meldet er weiter. Am 26. Januar 1943, wenige Tage vor der Kapitulation der 7. Armee in Stalingrad, trifft ein Fernschreiben aus dem Führerhauptquartier im Kolonialpolitischen Amt ein. Dort wird gerade letzte Hand an die „Kolonialblutschutzgesetze" gelegt. Hitler weist an, die Arbeiten einzustellen. Der Traum von Mittelafrika ist zu Ende.

27 Schiffe fahren bei Kriegsbeginn unter den Flaggen der Afrika-Linien; 1949 sind der halb fertige Rumpf eines Neubaus und die zerbombte „Daressalam" im Hamburger Hafen übriggeblieben. Reeder John T. Essberger, der 1940, als die Kolonial-Kurse an den deutschen Börsen steigen, zusammen mit dem Hamburger Kaufmann Hermann F. Reemtsma die Aktien der Deutschen Afrika-Linien aufgekauft hat, eröffnet auf den Schiffsrümpfen in Lübeck und Hamburg schwimmende Hotels. Seine alte Dreimastbark „Seute Deern" wird vor der Fähre 7 im Hafen verankert und bald ein gastronomischer Anziehungspunkt. Viele Seeleute müssen vorübergehend umsatteln, werden Koch, Kellner oder Parkplatzwächter.

In den Büros im Afrika-Haus arbeiten Vorstandsmitglied Lothar Bohlen und andere am Wiederaufbau der Reederei. 1951, als die Besatzungsmächte es erlauben, läuft das erste eigene DAL-Schiff nach Südafrika aus, und im Winter steuert das zweite, MS „Kamerun", Westafrika an. 1959, als Essberger stirbt und seine Tochter, Lieselotte von Rantzau-Essberger, die Geschäftsführung übernimmt, ist die DAL-Flotte auf 15 Schiffe angewachsen, heute sind es — inklusive der gecharterten — 47. Bei den Westafrika-Schiffen weht immer noch die alte „WL"-Flagge am Heck, und alle tragen wieder den Namen „Woermann" am Bug. Trotzdem ist vieles anders geworden. Seit fast 15 Jahren wird auch in der Westafrika-Fahrt mit Containern gearbeitet, am Petersenkai im Hamburger Hafen haben die 70 Jahre alten Schuppen 1971 dem „Afrika-Terminal" der DAL weichen müssen — bei Inbetriebnahme eine der modernsten Umschlagsanlagen Europas —, und mit ihren Chemietankern hat sich die Reederei in einem neuen, expandierenden Markt fest etabliert.

Die wirtschaftlichen Schwierigkeiten des schwarzen Kontinents haben sich in den 70er Jahren auch in der DAL-Bilanz niedergeschlagen. Nigeria, vom Ölboom verführt und jetzt vor dem Devisen-Bankrott, hat seine Importe reduzieren müssen, und auch im Südafrika-Geschäft ist Frachtraum leer geblieben. Umstrukturierungen in der Firma sowie Entlassungen und Zulagen-Kürzungen beim Personal haben die Rendite gesichert. Heute schreibt die DAL-Geschäftsführung im neuen Glasbau in der Palmaille wieder schwarze Zahlen.

Im November 1985, zum hundertsten Jubiläum der „Afrikanischen Dampfschiff-Actiengesellschaft (Woermann-Linie)", wird in Hamburg gefeiert. Lieselotte von Rantzau-Essberger lädt ins Nobel-Hotel „Atlantic", und mehr als 500 Gäste kommen zum Gala-Diner. Die DAL haben einen guten Namen. Afrikaner zu Gast in Deutschland werden von der Reederei gern empfangen, und im Sommer 1984, als in Togo der Beginn deutscher Kolonialherrschaft gefeiert wird, sitzt Lieselotte von Rantzau-Essberger gemeinsam mit Franz-Josef Strauß neben Präsident Eyadema auf der Ehrentribüne in Lomé.

Vom Werden deutscher Größe

Ergreifen Sie eine seltene Gelegenheit.
Werden Sie Partner der Deutschen Afrika-Linien.

Die Deutschen Afrika-Linien Hamburg sind eine
der großen deutschen traditionsreichen Reedereien
und bedeutend in der Linienfahrt nach Afrika –
seit mehr als 130 Jahren.

Beteiligungsangebot der DAL, 1983

Einer der Gäste im Festsaal des Hotel „Atlantic" wird in den Presseberichten des nächsten Tages besonders herausgehoben: Heinrich Woermann, der heutige Chef des Handelshauses C. Woermann. Nach 1945 muß der Enkel Adolph Woermanns in Westafrika mit Vertretern und Musterkoffern neu anfangen. Liberia und die Goldküste, das spätere Ghana, werden schnell wieder die wichtigsten Stützpunkte. Seine Niederlassung in Monrovia arbeitet noch um 1960 wie vor 125 Jahren eine Faktorei, bietet also auf eigene Rechnung importierte Waren an und kauft Landesprodukte für den Export nach Deutschland auf; die Niederlassungen in Accra haben bereits Musterlager und nehmen spezielle Bestellungen entgegen, und für den technischen Service liegen Ersatzteile bereit. Ausgenommen Textilien gibt es kaum ein Produkt, das C. Woermann nicht nach Westafrika liefert. „Das Exportgeschäft nach Übersee ist nicht mehr so unkompliziert wie vor 125 Jahren", vertraut Heinrich Woermann 1962 der „Frankfurter Allgemeinen Zeitung" an, es „erfordert sehr viel mehr Beweglichkeit und Marktkenntnis". Heute ist das Handelshaus ein reines Exportgeschäft. Am 1. Oktober 1987 wird es sein 150jähriges Bestehen feiern. Eine Festschrift ist schon in Auftrag gegeben.

Spurensicherung:
Muster ohne Wert

Mehr als zwei Stunden sitzen wir schon in Robinson Lambes Haus in Groß Soppo und reden mit dem alten Mann über die Vergangenheit. Er zeigt keine Anzeichen von Müdigkeit, bedauert nur, daß er nicht aufstehen und uns Buea zeigen kann. Zum Abschied wollen wir wissen, was für ihn der größte Fehler ist, den die Deutschen damals in Kamerun gemacht haben. Seine Antwort kommt prompt.

„Schlägerei. Die Schlägerei, die 25 — das war nicht gut."
Und das Positive?
„Gut ist nur die Sache, die sie gebracht haben. Die Kleider, die Sachen in der Faktorei. Sehr billig. Die ganze Faktorei war gut."

Die Teilung Kameruns nach dem Ersten Weltkrieg, die unterschiedlichen Werte und Methoden der neuen Kolonialherren Großbritannien und Frankreich — das hat für Robinson die Zeit nach den Deutschen geprägt. Groß Soppo liegt im ehemals britischen, noch heute englisch-sprachigen Gebiet, und mit den Leuten in der Hauptstadt Yaoundé, im dominierenden, früher französischen Landesteil, gebe es immer Schwierigkeiten.

„Wir verstehen uns nicht mit denen, weil, wir waren mit den Engländern so lange Zeit, und die anderen hatten diese französische Zeit. Die haben was von französischen Leuten gelernt. Die Sitten sind verkehrt, aber diese Seite hatte auch verkehrte Sitte. Das Leben war verschieden. Die Europäer, die sollten uns nicht teilen, die sollten Kamerun so lassen. Aber wir verstehen uns, weil, wir sind Kameruner. Wir versuchen das — wir sollen die zwei Sprachen lernen. Die Kinder, die lernen das, aber ich nicht."

Offiziell ist Kamerun zweisprachig — aber ohne Französisch kommt kein Kameruner weit. Das staatliche Schulgeld stört Robinson Lambe aber mindestens ebensosehr.

„Wir, die Väter, wir haben soviel zu bezahlen. Viel Geld! Deutsche Zeit war kein Pfennig."

Missionsschulen waren kostenlos. Auch dort, wo die Bewohner für den Schulbau und das Lehrergehalt zur Kasse gebeten wurden, war das Interesse am Unterricht groß.

„Bücher frei, Tafel frei, Griffel frei! Habt Ihr Griffel in Deutschland? Wir hatten Griffel. Aber die Kinder, die jetzt schreiben, die schreiben sehr schlecht. Die schreiben nicht wie wir. Wenn ich schreibe, schreibe ich sehr schön."

Deutsche Eingeborenenerziehung

Kaisergeburtstag

Ich bin ein Bub' aus Kamerun,
Der deutschen Kolonie!
Fürst Bismarck hatte viel zu tun,
Bis er erworben sie.

Der Kaiser baute Schulen bald;
Die Freude drob ist groß;
Denn lernen will hier jung und alt,
Und kräftig geht's jetzt los!

Ob wir auch schwarz, wir fühlen warm:
Der Kaiser ist uns gut!
Drum weihen wir ihm Herz und Arm
Und unser heißes Blut!

Herr Wilhelm, Kaiser zu Berlin,
Bist unserm Herzen nah!
Dein Glück mög' leuchten, wachsen, blühn!
Hurra, Viktoria!

Emil Sembritzki,
Kaiserlicher Gouvernementslehrer
zu Viktoria, 1898

Robinson kann sogar noch die alte Sütterlin-Schrift.

„Kann ich auch. Ja, die beiden, ich schreibe die beide. Es ist schwer, aber ich kann das: ‚An das kaiserliche' undsoweiter, ich kann die alte Schrift. Aber man braucht die nicht mehr."

Zum Beweis reißt er einen Bogen von unserem Schreibblock, halbiert ihn sorgfältig und greift zum Kugelschreiber.

Robinson Lambe
Great Soppo
P. B. 65
Buea

In Schönschrift — schöner als die Schrift unserer Großeltern. Wir stecken den Zettel ein, versprechen zu schreiben.

„Ich habe viele Freunde in Deutschland."

Zwei Monate nach unserem Gespräch schickt Robinson Lambe selbst einen Brief nach Hamburg, in die Große Reichenstraße. Die Adresse von C. Woermann hat er sich bei unserem Besuch notiert. Ein Lebenszeichen aus Groß Soppo für Heinrich Woermann, gespickt mit Namen aus der deutschen Zeit am Kamerunberg.

Das Hauptgebäude der Firma C. Woermann ist im Stadtplan von Hamburg verzeichnet: „Afrikahs." Es hat die beiden Weltkriege überstanden, ist immer noch Bürohaus. Aber was früher ein eindrucksvolles Gebäude gewesen sein mag, wirkt heute ziemlich schmuddelig. Der nackte Wahehe-Krieger aus Bronze, den schon Adolph Woermann auf dem Weg zum Kontor passierte, unten am Eingang, hat Patina angesetzt. Nur die beiden schwarzen Elefantenköpfe mit den weißen Stoßzähnen am Hinterhaus strahlen noch ein wenig kolonialen Glanz aus. „AFRIKAHAUS" prangt in goldfarbenen Lettern vorne über dem Torbogen, der — „Sonnabends ab 13 Uhr verschlossen" — mit einem Eisentor aus der guten alten Zeit dichtgemacht werden kann. Heute residieren hier eine Vielzahl von Firmen: die PAK-AMEX Trading Co. und die Malermeister Lange + Hinz, die Redaktion ost-west-commerz und das Institut für Hypnose- und Mentaltherapie, die Dataplus GmbH und die Wanderbewegung Norddeutschland e. V.: C. Woermann muß man suchen. Ein Schild im Torbogen mit dem Firmensymbol hilft weiter: „Vorderhaus rechts 1. Stock".

Oben der Firmeneingang: Die alte „C. W."-Flagge, umfaßt von einem großen Anker, ist in die schwere Holztür eingelassen. Ein erstes Zeichen, daß C. Woermann kein Kleinkrämer ist. Den ganzen ersten Stock des Afrikahauses hat die Firma mit Beschlag belegt. Wir haben einen Termin mit dem jetzigen Firmenchef: Heinrich Woermann, einem Enkel des großen Adolph. Ein stattlicher, freundlicher Sechziger begrüßt uns. Den Backenbart kennen wir schon — von einem Foto seines Großvaters.

HEINRICH WOERMANN
3. 12. 1919 geb., Sohn von Kurt und Marie W., verheiratet mit Sabine von Stumpfeldt, Kinder: Detlev, Amalie, Gabriele. Hobby: Hochseesegeln, Religionsphilosophie. Geschäftsführender Gesellschafter bei C. Woermann GmbH & Co., Hamburg; Geschäftsführer der C. Woermann Verwaltungsgesellschaft mbH, Hamburg; Mitinhaber von C. Woermann & Co., Accra/Ghana; im Vorstand von C. Woermann (Nigeria) Ltd., Lagos. Ehrenämter: Afrika-Verein e. V., Hamburg; Adolph-Woermann-Gedächtnis-Stiftung, Hamburg.

nach „Who's who",
„Who's who in the international trade"

„Heute habe ich Zeit für Sie. Die Geschäfte sind ruhig geworden."

Sein Büro ist klein. Der Schreibtisch, drei Sitzplätze, ein Glastisch — und eine antike Holztruhe, voll mit „alten Dingen". Ein Fotoalbum wird hervorgekramt. Erinnerungen.

„1953 habe ich dann wieder jemanden nach Ghana geschickt — aber mangels Masse, mangels Kapitalkraft haben wir da keinen Warengroßhandel mehr betreiben können, sondern wir waren ‚indent agent': Einer von unseren Leuten hat mit einem Musterkoffer bei den einzelnen Importeuren Besuche gemacht und denen anhand von Mustern Waren verkauft bzw. Bestellungen aufgenommen, die dann ein Vierteljahr später oder so von hier nach draußen gegangen sind."

In Westafrika hatten sich, auch bedingt durch die Kriegszeit, die Libanesen, traditionelle Kleinhändler, einen soliden Marktanteil erobert. Sie machten einen Großteil Kunden der Männer mit dem Musterkoffer aus.

„Später, in den 60er Jahren, wurde das Geschäft komplizierter. Einfache Vorhängeschlösser oder Emaille-Sachen, Schuhe oder andere Dinge, das kann man nach Muster handeln, aber wenn es technisch wird — Ersatzteile für Automobile, Kugellager, kleinere Maschinen —, das wurde zu kompliziert. Da haben wir einen eigenen Großhandel aufgemacht: Waren gekauft und sie dann in kleineren Mengen an die dortigen Händler weiterverkauft. Und damit haben wir das Lagergeschäft angefangen — auch mit solchen Waren, die nur in kleineren Quantitäten verkauft werden können, dann aber einen besseren Gewinn bringen."

Ein junger Mann schaut zur Tür herein: Sohn Detlev, bereits Mitinhaber von C. Woermann. „Was kümmern Sie sich um die Vergangenheit", lächelt er, als er hört, was wir im Afrikahaus suchen, „ein Kaufmann muß in die Zukunft sehen!" Schnell ist der Junior wieder hinaus. Noch paßt er nicht ganz in die Firmentradition: Detlev Woermann trägt Vollbart.

Kamerun ist für das Handelshaus heute kein großer Kunde mehr. In der Handelsstatistik der Bundesrepublik steht das Land weit hinten, auf Platz 66. Es ist auf die Nachfolger der Deutschen ausgerichtet: Den

Markt von Kamerun beherrschen französische Firmen. C. Woermann hat heute wieder Niederlassungen in Ghana und Nigeria. Das Unternehmen ist nicht mehr Alleininhaber dieser Zweigstellen: Die „Afrikanisierung", die Beteiligung schwarzer Geschäftsleute, macht auch vor traditionsreichen Firmen nicht Halt. 60 Prozent der Niederlassung in Lagos gehören heute Nigerianern — eine Tatsache, die eher zufällig ins Gespräch einfließt. Neugierige Fragen werden in der Großen Reichenstraße auch heute noch freundlich, aber unbestimmt beantwortet. Welche Rolle das Handelshaus in Westafrika spielt, welchen Marktanteil es dort hat, ist nicht zu ergründen. Immerhin: Ganz stellt Heinrich Woermann das Licht seiner Firma nicht unter den Scheffel. In Ghana hat er dafür gesorgt, daß der tropische Regenwald heute nicht mehr mit der Axt, sondern mit Sägemaschinen gerodet wird, und in Nigeria kann C. Woermann dem Volkswagenwerk im Ersatzteilgeschäft Konkurrenz machen.

„Im Laufe der Jahre haben die Afrikaner gelernt, wie man Autos repariert. In Nigeria gibt's in jedem kleinen Ort Leute, die kaputte Autos wieder in Gang bringen — ‚Auto-Väter'. Dafür braucht man nicht wie in Deutschland eine große Halle, da genügt auch eine kleine Palme am Straßenrand. Die ‚Auto-Väter' sind sehr geschickt — und sie brauchen Ersatzteile. Und wenn zum Beispiel ein Kolben bei der VW-Vertretung sehr viel kostet, dann versuchen sie, ihn woanders zu kaufen. Es gibt viele kleine Händler, mittlerweile große Händler, Afrikaner, die in Deutschland, England, Brasilien, Japan Ersatzteile kaufen und sie in Nigeria wieder verkaufen."

Auch C. Woermann liefert Dichtungen und Kurbelwellen für die „Auto-Väter" nach Nigeria — billiger als VW.

„30 Millionen Mark Umsatz hat das im letzten Jahr ausgemacht."

Containerweise werden die Ersatzteile nach Westafrika verschifft — einer im Wert von einhundert-, zweihunderttausend Mark. 3.000 solcher Container passen auf einen modernen Frachter wie die „Transvaal", die wir bei einer Hafenrundfahrt am Afrika-Terminal liegen sehen. Knapp ein Drittel der 200 Millionen Mark Baukosten für dieses Schiff der Deutschen Afrika-Linien, so erzählt Guntram Witte von der ÖTV über Bordlautsprecher, sind Subventionen aus Steuermitteln.

„Solch ein Containerschiff der dritten Generation ersetzt etwa sieben konventionelle Stückgutschiffe. Auf einem alten Frachter gibt es, mit Urlaubern und Kranken, rund 40 Arbeitsplätze — für sieben Schiffe insgesamt also 280. Hier auf der ‚Transvaal' fahren 24 Mann. Rechnen wir wieder Urlauber und Kranke großzügig dazu, steht es 40:280. Die 240, die übrig bleiben, stehen dann an der Pier und gucken der ‚Transvaal' beim Auslaufen zu — sie haben sie ja mitfinanziert, weil sie auf den alten Schiffen Geld reingefahren haben."

Für die Gewerkschaft sind die von Rantzaus, die DAL-Eigner, ein rotes Tuch, das ist auf dieser Hafenrundfahrt schnell klar. Während wir in dem kleinen Boot durch eine Schleuse in das nächste Hafenbecken schippern, erklärt Guntram uns, weshalb das alte schleswig-holsteinische Adelsgeschlecht in seinen Augen zu den größten Arbeitsplatzvernichtern in der bundesdeutschen Seeschiffahrt gehört:

„Vor ein paar Jahren hatten die DAL noch rund 40 Schiffe unter deutscher Flagge, jetzt sind es ungefähr vier. Der Rest fährt unter Billig-Flaggen und wird von Tochterfirmen gemanagt, und die benehmen sich so, daß es einem wirklich hochkommen kann. Der Seebetriebsrat der DAL ist 1979 zurückgetreten, um auf diese Zustände aufmerksam zu machen: Auf der ‚Selinda', einem dieser DAL-Billig-Flaggen-Schiffe, verdiente ein philippinischer Matrose 250 US-Dollar im Monat, plus 1 Dollar 25 je Überstunde. Rund 1.650 Mark betrug die Grundheuer eines deutschen Seemanns. Nach 12 Tagen Streik mußte die Reederei dann insgesamt 180.000 Dollar Heuer nachzahlen."

Die „Transvaal" ist nicht so leicht auszuflaggen, wegen der Steuer-Subventionen. Das Handelshaus Woermann ist heute ein DAL-Kunde wie jeder andere Überseekaufmann auch; die Verbindungen sind — so Heinrich Woermann — „freundschaftlich". Im Afrikahaus wollen wir wissen, ob die Tradition für seine Firma überhaupt eine Rolle spielt.

„Das Interessante im Geschäft ist immer der Wiederholungsauftrag. ‚Bitte liefern Sie noch mal zwei Kisten wie gehabt' — das bringt Kontinuität, und das kann man nur machen mit Leuten, die man öfters mal sieht. Es ist ein Vertrauensverhältnis: Ich muß den Leuten vertrauen, daß sie das, was sie bestellen, auch abnehmen, und sie müssen mir vertrauen, daß ich das, was sie bestellen, auch liefere. Die Tradition selber, die vielen ‚Jahrenden', die wir da in Afrika tätig sind — die sind nur wie eine Visitenkarte: Sie öffnen die Türen, bestenfalls. Die Leistung, der Service, die gute Lieferung, der richtige Preis — all das muß stimmen. Viele von den Kunden wechseln ja auch, und denen ist es ziemlich gleichgültig, ob die Firma nun schon 100 Jahre mit Afrika handelt oder nicht — die Hauptsache ist das Vertrauen."

Der afrikanische Markt — so sieht es der Firmenchef — ist nur durch persönlichen Kontakt zu ergründen. Statistischen Marktanalysen mißtraut er.

„Das sind auch nur viele Worte. Gerade gestern habe ich einen dicken Marktforschungsbericht in den Papierkorb geworfen."

Flexibilität und das richtige Gespür — das muß ein Kaufmann haben. Heinrich Woermann nimmt seine Preisliste als Beispiel: 1.000 Waren standen einmal darauf — und innerhalb von zehn Jahren änderten sich zwei Drittel der Produkt-Palette.

„Wir haben in früheren Zeiten Sandalen verkauft, die hier in Hamburg hergestellt wurden. Es muß so 1938 gewesen sein, als die erste Sendung zur Goldküste abgeschickt wurde. ‚Moses-Sandalen' hießen die, und sie gingen gut. Nach dem Krieg haben wir das dann wieder aufgegriffen, aber mittlerweile läuft da nichts mehr. Jetzt sind richtige Schuhe gefragt. Glasperlen werden heute nicht mehr geliefert, dafür wollen die Leute vielleicht Fotoapparate haben."

Ein Geheimnis des Erfolgs: das Gespür für die richtige Ware am richtigen Ort zum richtigen Zeitpunkt.

„Ein Tannenbaum zu Ostern in der Wüste — den können Sie gleich abschreiben."

Bei aller Marktkenntnis sei es ein Geschäft mit vielfältigem Risiko, da der Exporthändler viele Rollen spiele: Auslandsvertreter und Zwischenfinanzier des Herstellers sowie Spediteur seiner Ware.

„Unsere Aufgabe ist eine Service-Leistung mit erheblichem Risiko. Und dies Risiko sind nicht die Kunden, es ist nicht die Ware, das Risiko heutzutage sind insbesondere die Regierungen. Unsere Kunden sind gut, unsere Ware ist gut, nur die fremden Regierungen sind schlecht. Die haben Gesetze gemacht, die einer Enteignung gleichkommen."

Nicht alles ist in der Großen Reichenstraße kalkulierbar. Mit Nigeria zum Beispiel, dem wichtigsten Markt an der westafrikanischen Küste, hat Woermann besonders große Schwierigkeiten. Nicht nur, daß Nigerianer mittlerweile an seiner Filiale in Lagos mehrheitlich beteiligt sind; die katastrophale Wirtschaftslage des Landes hat dazu geführt, daß in der Großen Reichenstraße kaum noch Bestellungen aus Nigeria einlaufen. Die Devisen dort sind knapp, der Schuldenberg wird immer höher. Die Regierung hat die Einfuhr ausländischer Waren drastisch gedrosselt. Nichts geht mehr.

„Das macht die Situation sehr schwierig draußen."

Die Krise ist alt. Die Europäer, die wie Carl und Adolph Woermann nach Afrika kamen, haben die Afrikaner, ihre Wirtschafts- und Sozialstrukturen, auf die Interessen der weißen Welt ausgerichtet. „Elfenbeinbündel" für die Zwischenhändler und Schnaps für die Lastenträger — das ist Geschichte. Frack und Zylinder sind heute durch Farbfernsehen und die Staatskarosse aus Untertürckheim ersetzt. Vor 100 Jahren war Palmöl Kameruns wichtigstes Exportprodukt, heute bringt das Erdöl dem Land die meisten Devisen. Die Frühstücksmarmelade im Hotel kommt aus Frankreich, unser „Busch-Taxi" nach Groß Soppo ist ein Peugeot. Das koloniale Muster, die Bindung der Peripherie an die Metropole, ist unverändert; die Schuldenfalle funktioniert immer noch. Sie fesselt die Dritte Welt weiter an das Zentrum. Alles ist anders geworden — und doch gleich geblieben. Geschäfte machen wir mit Afrika noch immer.

Als wir uns in der Großen Reichenstraße verabschieden, stehen auf dem Tisch im Konferenzzimmer zwei Pappkartons für uns bereit. Unser dash. Der Firmenchef gibt uns echten schottischen Whisky mit auf den Heimweg.

„Den können Sie hier in Hamburg nicht kaufen."

Auf dem Etikett, unter der „C. W."-Flagge, steht, warum nicht:

> *This fine*
> *Old Scotch Whisky*
> *has been selected and bottled by*
> *C. Woermann, Hamburg*
> *for the Senior Staff of their*
> *Enterprises in Hamburg and West Africa*

Er schmeckt. Das angenehme Kratzen im Hals kommt bestimmt nicht vom Vitriol.

Literatur

Original Woermann-Material und Berichte über Handelshaus und Reederei sind spärlich und verstreut. Der Haus-Chronist (bis zur Weimarer Republik) ist *Theodor Bohner: Die Woermanns. Vom Werden deutscher Größe. Berlin 1935.* Wer Original-Zitate, Reden, Vorträge von Adolph Woermann sucht, wird noch am schnellsten in den *Stenographischen Berichten* und den *Drucksachen* des *Deutschen Reichstages* fündig. Auch die Hauszeitung der Woermann-Linie, die *Afrika-Post*, haben wir, soweit zugänglich, durchgesehen. Das *HWWA-Firmenarchiv* hat uns mit Pressemeldungen und Geschäftsberichten weitergeholfen. Eine Fundgrube für die Geschichte Kameruns sind die beiden Bände von *Helmuth Stoecker (Hg.): Kamerun unter deutscher Kolonialherrschaft. Berlin 1960/1968.* Aus den folgenden drei wissenschaftlichen Büchern haben wir ebenfalls viele Informationen verarbeitet: *Harry R. Rudin: Germans in the Cameroons 1884-1914. New Haven 1938; Karin Hausen: Deutsche Kolonialherrschaft in Afrika. Wirtschaftsinteressen und Kolonialverwaltung in Kamerun vor 1914. Zürich 1970; Albert Wirz: Vom Sklavenhandel zum kolonialen Handel. Wirtschaftsräume und Wirtschaftsformen in Kamerun vor 1914. Zürich 1972.* Weitere Informationen und viel Atmosphäre haben uns historische Zeitschriften wie *Deutsche Kolonialzeitung* und *Kolonie und Heimat* vermittelt.

Im folgenden Hinweise auf Literatur, die speziell für einzelne Kapitel ausgewertet wurde.

Wie Pfeffersäcke wachsen

Theodor Seitz: Vom Aufstieg und Niederbruch deutscher Kolonialmacht. Erinnerungen. Bd. 1: Aus dem alten Kamerun. Karlsruhe 1927;

Adolph Woermann: Kultur-Bestrebungen in West-Afrika. In: Mittheilungen der Geographischen Gesellschaft, Jg. 1878/79, S. 58-123;

Helmut Washausen: Hamburg und die Kolonialpolitik des Deutschen Reiches 1880 bis 1890. Hamburg 1968;

Eckart Kleßmann: Geschichte der Stadt Hamburg. Hamburg 1981.

Von Kru, Dash und Trust

Max Buchner: Kamerun, Skizzen und Betrachtungen. Leipzig 1887;

August Seidel: Deutsch-Kamerun. Wie es ist und was es verspricht. Berlin 1906;

Adolph Woermann: Über Tauschhandel in Afrika. In: Mittheilungen der Geographischen Gesellschaft, Jg. 1880/81, S. 29-71.

Kamerun wird Kolonie

Klaus J. Bade: Friedrich Fabri und der Imperialismus in der Bismarckzeit. Freiburg 1975;

Max Buchner: Aurora colonialis. Bruchstücke eines Tagebuches aus dem ersten Beginn unserer Kolonialpolitik 1884/85. München 1914;

Eduard Woermann: Wie Kamerun deutsch wurde. In: Hans Zache (Hg.), Das deutsche Kolonialbuch, Berlin-Schmargendorf und Leipzig 1925, S. 261-264.

Die Branntweinpest

„Allgemeine Missions-Zeitschrift", 1885ff.;

Klaus J. Bade (Hg.): Imperialismus und Kolonialmission. Wiesbaden 1982;

Horst Gründer: Kirchliche Mission und deutscher Imperialismus 1884-1914. Paderborn 1982;

Adolph Woermann: Mission und Branntweinhandel. Offene Antwort an Herrn Missionsinspektor Zahn auf seinen offenen Brief in der Weserzeitung vom 3., 4. Februar. Hamburg 1886;

F. M. Zahn: Der westafrikanische Branntweinhandel. Erwiderung auf die offene Antwort des Herrn Reichstagsabgeordneten A. Woermann. Gütersloh 1886.

Die Züchtigung der Kameruner
Fritz Maywald: Die Eroberer von Kamerun. Berlin. o.J. (1933);
Gustav Noske: Kolonialpolitik und Sozialdemokratie. Stuttgart 1914;
Jesko von Puttkamer: Gouverneursjahre in Kamerun. Berlin 1912.

Aus Menschen Neger machen
W. Schneider (Hg.): Mission der Väter. Wuppertal 1975;
Thomas Theye (Hg.): Wir und die Wilden. Einblicke in eine kannibalische Beziehung. Reinbek bei Hamburg 1984;
F. M. Zahn: Handel und Mission. Gütersloh 1886.

Agro-Business
Fritz Ferdinand Müller: Kolonien unter der Peitsche. Berlin 1962;
Patrice Mandeng: Auswirkungen der deutschen Kolonialherrschaft in Kamerun. Diss. Hamburg 1973.

Monopole kontra Freihandel
Wolfgang Jünger: Kautschuk. Vom Gummibaum zur Retorte. München - Wien 1952;
Heinrich Loth: Kolonialismus und „Humanitätsintervention". Berlin 1966;
Heinrich von Poschinger (Hg.): Koloniale und politische Aufsätze von Dr. Scharlach. Berlin 1903;
Ernst Samhaber/Otto A. Friedrich: Hundert Jahre Weltwirtschaft im Spiegel eines Unternehmens. Freiburg 1956.

Die Afrikaner als Aktivposten
Entwicklungspolitische Korrespondenz (Hg.): Deutscher Kolonialismus. Hamburg 1983;
Helmuth Stoecker (Hg.): Drang nach Afrika. Berlin 1977.

Gewinn und Verlust
Ekkehard Böhm: Überseehandel und Flottenbau. Düsseldorf 1972;
Karl Brackmann: Fünfzig Jahre deutscher Afrikaschiffahrt. Berlin 1935;
Hans H. Hermann/Bernt Federau: Westafrikafahrt 1849-1974. Hamburg 1974;
George F. W. Hallgarten: Imperialismus vor 1914. 2 Bände. 2. Aufl. München 1963;
Günther Jantzen: Adolph Woermann. In: O. Brunner/D. Gerhard (Hg.), Europa und Übersee, Hamburg 1961, S. 171-196;
Heinrich Loth: Sklaverei. Wuppertal 1981;
Rudolf Martin: Jahrbuch des Vermögens und Einkommens der Millionäre in den drei Hansastädten. Berlin 1912;
Die Woermann-Linie während des Aufstandes in Deutsch-Südwest-Afrika. Hamburg 1906.

Vom Werden deutscher Größe
Deutsche Afrika-Linien (Hg.): Im Dienste der Afrika-Schiffahrt. Hamburg 1980;
Hans Bielfeldt: Politik und Personalia im Dritten Reich. In: Stadt und Wirtschaft. Hamburg 1980, S. 135-243;
Klaus Hildebrand: Vom Reich zum Weltreich. Hitler, NSDAP und koloniale Frage 1919-1945. München 1969;
Marlis Lüth: Hamburg und die Kolonialpolitik im Dritten Reich. In: Zeitschrift des Vereins für Hamburgische Geschichte, Bd. 59, Hamburg 1973, S. 55-87;
Hans Zache: Weltwirtschaft und Kolonialpolitik. Berlin 1928 (Sonderdruck).